Saneamento Básico e Direitos Humanos

Saneamento Básico e Direitos Humanos

2024

Fabíola Vianna Morais

ALMEDINA

SANEAMENTO BÁSICO E DIREITOS HUMANOS
© Almedina, 2024
AUTORA: Fabíola Vianna Morais

DIRETOR ALMEDINA BRASIL: Rodrigo Mentz
EDITORA-CHEFE: Manuella Santos de Castro
EDITOR PLENO: Aurélio Cesar Nogueira
PRODUTORA EDITORIAL: Erika Alonso
ASSISTENTES EDITORIAIS: Letícia Gabriella Batista, Tacila da Silva Souza e Laura Pereira

DIAGRAMAÇÃO: Almedina
DESIGN DE CAPA: FBA

ISBN: 9788584936861
Março, 2024

Dados Internacionais de Catalogação na Publicação (CIP)
(Câmara Brasileira do Livro, SP, Brasil)

Morais, Fabiola Vianna
Saneamento básico e direitos humanos / Fabiola Vianna Morais. – São Paulo: Almedina, 2024.

Bibliografia.
ISBN 978-85-8493-686-1

1. Desenvolvimento sustentável 2. Direitos humanos 3. Mudanças climáticas 4. Organização Mundial de Saúde 5. Saneamento básico 6. Saúde I. Título.

24-192449 CDD-628

Índices para catálogo sistemático:

1. Saneamento, saúde e ambiente: Engenharia sanitária 628
Eliane de Freitas Leite – Bibliotecária – CRB 8/8415

Este livro segue as regras do novo Acordo Ortográfico da Língua Portuguesa (1990).

EDITORA: Almedina Brasil
Rua José Maria Lisboa, 860, Conj.131 e 132, Jardim Paulista | 01423-001 São Paulo | Brasil
www.almedina.com.br

AGRADECIMENTOS

O presente trabalho de investigação é fruto da realização do Doutorado na Faculdade de Direito da Universidade Federal Fluminense, sobre Participação Popular no Processo Tarifário do Serviço de Saneamento Básico.

Cabe-me agradecer de forma especial ao Professor Doutor Cândido Francisco Duarte dos Santos e Silva a orientação da tese, com os valiosos ensinamentos e o apoio constante desde a candidatura ao Doutorado até o seu resultado final na tese.

Acrescento, ainda, as críticas e manifestações de apoio, bem como sua permanente disponibilidade em me responder ao longo da elaboração da tese, e em me transmitir inestimáveis ensinamentos científicos em todas as etapas superadas na construção desse trabalho de investigação.

NOTA DA AUTORA

O Novo Marco Regulatório do Saneamento Básico, de 2020, estabeleceu como meta a universalização do serviço e fixou o prazo até dezembro de 2033 que 99% da população brasileira tenha acesso à água potável e 90% a coleta e tratamento do esgoto.

Além disso, ampliou a atribuição da ANA que até então regulava os recursos hídricos, passando a normatizar e fiscalizar o setor e a ser denominada Agência Nacional de Águas e Saneamento Básico. Concomitantemente extinguiu os contratos de programa (respeitados os seus termos finais vigentes), submetendo todas as relações jurídicas a concessão.

Diplomas internacionais seguem os mesmos planos de acesso à água e ao esgotamento sanitário, ao mesmo tempo em que preocupa a escassez da água provocada pelas mudanças climáticas. Em certos lugares do mundo, o movimento de privatização da exploração do serviço de saneamento básico teve retomada pelo Estado, dentre os principais motivos estava a má qualidade do serviço e o aumento abusivo das tarifas.

Nesse diapasão, o presente trabalho tem por objetivo analisar em que medida esses impactos negativos podem ser evitados, minorados e de modo a que se tenha uma prestação de acordo com o Estado Democrático de Direito. Após verificar o regime jurídico vigente no que concerne a essa relação jurídica e suas interpretações, concluímos pela necessidade de uma releitura ou (re)interpretação a partir da teoria discursiva de Habermas, na qual a participação popular é inexorável para proteger todos os direitos fundamentais que o saneamento básico compreende, bem como para conferir autonomia privada e pública.

SUMÁRIO

INTRODUÇÃO

Antes de introduzir propriamente a tese, convém apresentar os aspectos gerais da justificação das escolhas do método científico adotado para o desenvolvimento do presente trabalho de tese, que conjuga o Direito e a Filosofia, especialmente a Filosofia de Habermas.

A ciência é o conjunto de atitudes e atividades racionais dirigidas do sistemático conhecimento com objetivo limitado, capaz de ser submetido à verificação.

Visa à emancipação da humanidade e, desta forma, não pode ser um instrumento de dominação, poder e exploração.

A investigação científica parte de um problema que se pretende resolver e também agregar ou ampliar o conhecimento sobre esse problema. A ciência é uma atividade humana e social, avança sempre onde é possível, e opera numa atmosfera político-social.

A ciência é progressiva, porque vai se autocorrigindo das melhores soluções, e é fundamental para o desenvolvimento humano.

É mister seja desenvolvida com atitudes prospectivas, cujo fundamento se baseia em cenários, permitindo dessa forma a manobra do seu empreendimento, ou seja, preparar para o enfrentamento das novas questões e alterar as probabilidades de ocorrência de certos acontecimentos indesejáveis.

Não se trata de previsão, mas de estimativas, isto é, devem-se observar os fatores existentes no passado e presente que podem condicionar o desenvolvimento de realidades futuras e as tendências correspondentes aos fatos que vêm acontecendo e devem continuar no futuro. A análise prospectiva visa identificar forças e fraquezas, oportunidades e perceber ameaças.

São métodos de prospecção do futuro o aprimoramento da criatividade e a geração de ideias e questões diferentes para produzir diferentes juízos.

Particularmente as ciências sociais são sempre reinterpretadas, pois não são ciências exatas, dessa forma repetir o que outro autor já concluiu em nada agregará de original ao trabalho científico e tampouco à humanidade. Por conseguinte, cabe ao cientista observar os fatos e concluir inferências, ou seja, hipóteses.

Além disso, cada vez mais se verifica a interdisciplinaridade e a integração de saberes, por necessidade dos conceitos de outras áreas, no sentido de cooperação e colaboração.

Apesar de a ciência ainda estar baseada no método cartesiano-newtoniano, a perspectiva hoje é ecológica, ou seja, tem em consideração fenômenos biológicos, psicológicos, sociais e ambientais, de modo que a ideia de causa e efeito na ciência mudou. Passou-se de uma concepção mecanicista para uma concepção holística da realidade.

Quanto ao Direito em si, superou-se a ideia da plenitude da lei e do sistema c, que é autônomo e se esgota em si mesmo, e vai se servir de outras ciências, sendo, assim, um instrumento de transformação e não mais de conformação.

O Direito é um fato social, isto é, a verdade e a falsidade de uma proposição na experiência sensível jurídica dependem da sua verificação e constatação.

Na pós-modernidade traz-se um valor para dentro do Direito que é a dignidade da pessoa humana, insculpido na Constituição da República Federativa do Brasil desde sua promulgação, em 1988, como fundamento no seu art. 1º, inciso III.

O Direito, então, passa a ser interpretado conforme esse preceito fundamental. O Estado, por sua vez, passa a ter o dever de proteção para equilibrar as relações particulares para defender os direitos, bens e interesses. A mera subsunção do fato à norma não é mais suficiente. Ao mesmo tempo, o Direito não se separa da linguagem, tampouco da política, como nenhuma outra ciência, sendo a linguagem uma escolha epistemo-política.

As relações jurídicas, por seu turno, deixam de ter o foco nelas mesmas, ou nas normas. O sujeito não é mais instrumento da relação jurídica para alcançar um determinado resultado. A relação jurídica passa a ser centrada no sujeito, o qual é valorado juridicamente.

Adentrando os aspectos dessa investigação científica propriamente dita, importante salientar inicialmente os vários aspectos da água – previstos na Constituição – que é o primeiro bem do saneamento básico, desde o abastecimento até a distribuição e geradora do esgoto sanitário.

A água possui diversas funções, destinando-se muitas vezes a finalidades econômicas, destacando-se no mar, com as navegações – as grandes navegações, em direção a novos territórios para a descoberta de riquezas.

No entanto, a função mais primordial e essencial que exerce a água é garantir a vida do ser humano. A água nos serve como alimento vital e é indispensável à higiene, e portanto, mantenedora da saúde humana.

Durante a pandemia do COVID-19[1][2] se pôde ter ideia da importância da água e da falta que nos faz e pode nos fazer se não for bem gerida desde sua captação, distribuição e uso/destinação. Foi preciso rever tarifas de consumo, ceder a atrasos de pagamento, abastecer com caminhões-pipa localizações aonde a água não chega, instalar torneiras de água nas ruas, reforçar o abastecimento em hospitais e em ambientes de maior vulnerabilidade para a vida humana. A qualidade e a intermitência da água foram questionadas. A (não)acessibilidade, física e financeira, foi evidenciada.

Outrossim, porque possui múltiplas funções, desde o vital até o patrimonial, a água passa a ser motivo de disputa entre nações, nomeadamente quando a degradação ambiental desafia a abundância, nunca antes problematizada, desse bem.

No Brasil, assevera-se que o país possui cerca de doze porcento da disponibilidadede água doce do planeta. Contudo a distribuição natural desse recurso não é equitativa.

A região Norte concentra aproximadamente oitenta porcento da quantidade de água disponível, no entanto representa apenas cinco porcento da população brasileira. Já as regiões próximas ao Oceano Atlântico com-

[1] A Covid-19 é uma infecção respiratória aguda causada pelo coronavírus SARS-CoV-2, potencialmente grave, de elevada transmissibilidade e de distribuição global. O SARS-CoV-2 é um betacoronavírus descoberto em amostras de lavado broncoalveolar obtidas de pacientes com pneumonia de causa desconhecida na cidade de Wuhan, província de Hubei, China, em dezembro de 2019. (Ministério da Saúde. O que é a Covid-19? Publicado em 08/04/2021. Disponível em: https://www.gov.br/saude/pt-br/coronavirus/o-que-e-o-coronavirus

[2] A Lei 13.979/2020 tratou das medidas para enfrentamento da emergência de saúde pública de importância internacional decorrente do coronavírus.

postas por mais de quarenta e cinco da população possuem menos de três porcento dos recursos hídricos do país.[3]

Problemas como esses apontados nos levam a refletir sobre os vários aspectos da água. É o que se faz na primeira sessão que nos dará suporte para as demais sessões, avançando-se para o ciclo da água na segunda sessão e caminhando-se em seguida para o saneamento básico em si, já na terceira sessão, para tratar dos problemas de saúde decorrentes da falta de saneamento básico, agravando a vulnerabilidade social,

A água apresenta também aspectos patrimoniais. Segundo a Constituição da República Federativa do Brasil, ao delimitar os bens dos entese federados, estabelece que são bens da União os lagos, rios e quaisquer correntes de água em terrenos de seu domínio, ou que banhem mais de um Estado, sirvam de limites com outros países, ou se estendam a território estrangeiro ou dele provenham, bem como os terrenos marginais e as praias fluviais (Art. 20, III).

Igualmente atribuiu à União a exploração, direta ou mediante autorização, concessão ou permissão os serviços e instalações de energia elétrica e o aproveitamento energético dos cursos de água, em articulação com os Estados onde se situam os potenciais hidroenergéticos (Art. 20, XII, b).

No entanto, deixou aos estados as águas superficiais ou subterrâneas, fluentes, emergentes e em depósito, ressalvadas, neste caso, na forma da lei, as decorrentes de obras da União (Art. 26, I).

Quanto ao saneamento básico em si, a Constituição estabelece à União competência para instituir diretrizes para o desenvolvimento urbano, inclusive habitação, saneamento básico e transportes urbanos (Art. 21, XX, CRFB). A competência para legislar, disposta no artigo 22 da Constituição Federal, é prevista como privativa da União sobre águas, energia, informática, telecomunicações e radiodifusão. Sendo certo que Lei complementar poderá autorizar os Estados a legislar sobre questões específicas das matérias (IV e parágrafo único). Ao mesmo tempo, é permitida a competência comum da União, dos Estados, do Distrito Federal e dos Municípios para promover programas de construção de moradias e a melhoria das condições habitacionais e de saneamento básico (Art.23, IX).

[3] JADE, Líria. *Onde está a água do Brasil? In* 8 Forum Mundial da Água. Brasília, 2018. Disponível em: https://www.ebc.com.br/especiais-agua/agua-no-brasil/#:~:text=De%20acordo%20com%20dados%20do,Roraima%2C%20Par%C3%A1%20e%20Mato%20Grosso.

No que concerne à competência regulatória, de acordo com o artigo 175, da Constituição da República Federativa do Brasil, incumbe ao Poder Público, na forma da lei, diretamente ou sob regime de concessão ou permissão, sempre através de licitação, a prestação de serviços públicos. Sendo certo que o parágrafo único prevê que a lei disporá sobre: I – o regime das empresas concessionárias e permissionárias de serviços públicos, o caráter especial de seu contrato e de sua prorrogação, bem como as condições de caducidade, fiscalização e rescisão da concessão ou permissão; II – os direitos dos usuários; III – política tarifária, e IV – a obrigação de manter serviço adequado.

O art. 173 da Lei Maior permite a exploração direta de atividade econômica pelo Estado, se for necessário à segurança nacional ou ao relevante interesse coletivo, nos termos da lei. Verifica-se que o legislador constituinte atribuiu ao particular a iniciativa para as atividades econômicas de um modo geral, exercendo, porém, a função de normatização e fiscalização, instituindo o Estado Regulador (art. 174).

Desta forma, a atividade econômica do serviço de saneamento básico, uma vez prestado pelo particular, embora a titularidade permaneça com a entidade federada, está sujeito ao regime da regulação que se faz por meio das agências reguladoras[4].

Outrossim, a Constituição Federal atribui ao Sistema único de Saúde o poder e o dever de Art. 200, fiscalizar e inspecionar alimentos e água para o consumo humano (Art. 200, VI). E ainda a de participar da formulação da política e da execução das ações de saneamento básico (IV).

Além disso, o artigo 43, 2º, IV, da Constituição da República determina a prioridade para o aproveitamento econômico e social dos rios e das massas de água represadas ou represáveis nas regiões de baixa renda, sujeitas a secas periódicas. Sendo certo que a União deve incentivar a recuperação de terras áridas e cooperar com os pequenos e médios proprietários rurais para o estabelecimento, em suas glebas, de fontes de água e de pequena irrigação (conforme §3º).

[4] No caso específico, a ANA – Agência Nacional de Águas e Saneamento Básico, tendo sido função estendida pelo Novo Marco Regulatório do Saneamento Básico, primordialmente se ocupa, por força de lei, com a elaboração de normas de referência com o fito de uniformizar as normas em âmbito nacional do setor. (https://www.gov.br/ana/pt-br/assuntos/saneamento-basico)

Destaca ainda o Ato das Disposições Constitucionais Transitórias a importância da desapropriação para saneamento básico (Art. 103, parágrafo único).

A água também serve ao tráfego, nos termos da Lei 9.537/1997, sob jurisdição nacional.

É importante observar a relação entre água e energia, porquanto a geração de energia requer água para resfriar usinas térmicas, cultivar biocombustíveis, extrair combustíveis fósseis primários e gerar energia hidrelétrica. Constatou-se que em um ano em torno de dez porcento das retiradas de água globais foram usados para produzir energia (excluindo a energia hidrelétrica), sendo que aproximadamente doze porcento destas retiradas foram utilizados para produzir combustíveis primários.

Essas notas iniciais visaram trazer à baila a importância que o constituinte originário conferiu à água e demonstrar que além de ser um bem vital, é também um bem dotado de valor econômico que, entretanto, não pode estar acima do primeiro valor.

O saneamento básico parte da água. O novo Marco Legal do Saneamento Básico, estabelecido pela Lei 14.026/20 que alterou a Lei 11.445/07, trouxe grandes desafios ao setor, mas tem como finalidade universalizar o serviço, de modo a garantir o direito de acesso à água potável a 99% da população brasileira e a pelo menos 90% de esgotamento sanitário até 2033, passando para a Agência Nacional de Águas doravante Agência Nacional de Águas e Saneamento Básico o papel de fiscalizar e controlar essa atividade econômica e nomeadamente de criar normas de referência para harmonizar o setor, mas não uniformizar, haja vista as desigualdades regionais e as peculiaridades que cada município ou grupos de municípios demandam no caso concreto.

O objetivo de dar à população mundial acesso à água potável e saneamento básico em geral faz parte do plano de ação da Organização das Nações Unidas, como se pode verificar na Agenda 2030 da ONU, como parte do comprometimento com o planeta para o desenvolvimento sustentável, também com o controle das perdas d'água e escassez hídrica com uma população em crescimento, poluição, erradicação da pobreza e igualdade de gênero, dentre outros.

A via eleita pelo legislador para o cumprimento da meta da universalização do saneamento básico foi a privatização, com a extinção, no seu termo final, dos contratos de programa celebrados entre entes federados, submetendo todas as hipóteses à licitação.

A finalidade da privatização, no caso, é obter os investimentos necessários que o setor demanda, sobretudo em infraestrutura, num território que apresenta problemas decorrentes da superpopulação, da desorganização urbana e, por conseguinte, da inacessibilidade física para o saneamento básico, como em zonas rurais e em comunidades onde sequer é possível passar um automóvel.

Em contrapartida, o empresário foca nos custos, riscos e obviamente nos lucros da atividade que desempenha. Aqui o problema se torna maior e mais grave, porque a água e todo o processo de saneamento básico – a envolver desde a gestão dos recursos hídricos, abastecimento de água potável, a coleta e o tratamento do esgoto, o lixo privado e o público, bem como a drenagem das águas pluviais – é bem essencial à vida e o saneamento básico como um todo é um serviço indispensável à dignidade da pessoa humana.

A água não apenas é um alimento em si mesma, sendo parte maioria do corpo humano, sem a qual não é possível viver, mas também é indispensável para alimentar tudo o que a Terra produz para os seres humanos, para alimentar os animais, para a indústria e todas as atividades de que depende o homem.

Os impactos da falta de saneamento básico na vida das pessoas provocam-lhes problemas de saúde de primeira ordem – gastrointestinais, ginecológicos, oftalmológicos, pulmonares, dermatológicos e doenças transmitidas por vetores – sendo responsável pela morte de milhões de crianças no mundo, por internações, por perda escolar, e por todos os consectários que as doenças hídricas ocasionam.

Especialmente durante a pandemia do COVID-19, quando a higiene se mostrou vital, foi a oportunidade de se conscientizar sobre a importância da água para a vida. Foram muitas faltas, sobretudo para a população mais carente que sofreu os maiores danos nesse período. Além da ausência de água, identificou-se a contaminação do vírus nas águas pelo esgoto.

A vulnerabilidade e a falta de cidadania tornaram-se alarmantes como nunca durante a pandemia do coronavírus. Por outro lado, a pandemia pôde trazer outros controles normativos em prol da solidariedade, restringindo o hedonismo.

Ao mesmo tempo em que água é vital, se vislumbra uma potencial guerra pela água, que seria causada pela sua escassez decorrente das alterações climáticas que não são capazes de dar uma resposta à altura das necessidades do crescimento populacional e da poluição decorrente principalmente de fontes não renováveis de energia.

A dependência dos combustíveis fósseis, maiores causadores do efeito estufa (responsável pelo aquecimento global) tem previsão de ainda durar algumas décadas, não obstante o estudo e a implementação, ainda lenta, de fontes de energia renováveis.

A água, que se tinha por um recurso inesgotável, começa a mostrar que vai entrar em disputa, o que se torna um problema em termos de valoração de um bem que não pode ser objeto de especulação financeira, pois vital.

Com a privatização, existe a tendência de aumento das tarifas pelo prestador privado do serviço público, a uma porque é da natureza da atividade empresarial privada buscar o lucro, a duas porque visa a recuperar os investimentos realizados no setor com vistas à universalização.

Esse é o principal motivo pelo qual em diversos países ocorreu o retorno da atividade às mãos públicas, acrescido dos problemas decorrentes da má prestação do serviço.

Nesse diapasão, é preciso atenção não apenas ao contrato administrativo, desde o edital de licitação, como ao contrato de consumo cuja tarifa é a contraprestação do serviço. E, além disso, uma presença ativa dos órgãos de controle e fiscalização.

Como o consumidor é o maior interessado, vez que está na ponta da cadeia econômica, suportando todos os ônus da atividade, é fundamental uma participação mais ativa nas decisões, mesmo porque quem paga também está a pagar pelos que não o podem, cumprindo o dever de solidariedade previsto na Lei Fundamental e criadora do Estado Democrático de Direito, de maneira a contribuir efetivamente para a erradicação da pobreza e a diminuição das desigualdades sociais e regionais, como forma de garantir a todos a cidadania e uma vida digna.

Mister considerar que o serviço de saneamento básico está sujeito ao monopólio natural, ou seja, ainda que várias empresas participem do processo licitatório para exercer essa atividade, apenas uma poderá prestar o serviço em determinada região.

É fisicamente impossível existir alternativas de escolha de qual empresa dentre tantas o usuário contratará para ter água potável e esgotamento sanitário.

Essa situação deixa o consumidor do bem e do serviço mais vulnerável do que já é por previsão legal objetiva, pois o não fornecimento do bem e do serviço coloca em risco a vida e a saúde.

Por esses motivos, a atividade empresarial, nomeadamente nesse setor, deverá considerar os impactos sociais das suas decisões. Ela deve servir de benefício à sociedade, aumentando-lhe o bem-estar geral, provocando mudanças positivas sociais.

Essa pesquisa se propôs investigar como contribuir na gestão da água, no contexto do saneamento básico, de modo a garantir a cidadania por meio da universalização do serviço, haja vista as consequências da privatização no novo Marco Legal.

No entanto, verificaram-se falhas no atual Estado Regulador que em outros países acabou por reconduzir o serviço de saneamento básico privatizado às mãos do Estado.

Apesar da evolução de uma democracia liberal para uma democracia republicana, estampada na Constituição da República Brasileira com instituições e institutos de direito privado nela e sob ela presentes, o equilíbrio que se busca entre o privado e o coletivo e para a autonomia da pessoa como indivíduo e como membro político de uma coletividade merecem uma reinterpretação, no sentido de tornar o sujeito mais ativo nas decisões do Estado.

Essa observação aconteceu depois de se ter investigado, na pesquisa, a pergunta de por que se frustrou a privatização do saneamento básico em determinados lugares e quais seriam, portanto, os riscos de acontecer o mesmo no Brasil e em que medida esse cenário pode mudar, e ainda que isso não acontecesse no Brasil, de que forma pode a privatização, de fato, ser benéfica para todos e não somente para o concessionário privado que certamente adentra a atividade econômica na busca de lucros.

Nesse sentido, procura-se o fundamento e a eficácia de uma releitura do Direito vigente, ou uma (re)interpretação, a partir de Habermas, que possa contribuir para decisões mais democráticas no setor, nomeadamente sobre o esclarecimento em torno do bem e do serviço em si – e da sua universalização – e do pagamento a ele correspondente, que fica totalmente, ou se não totalmente – majoritariamente – nos bolsos do consumidor, da população, e quem menos interfere ativamente nesse processo, embora seja o protagonista da sustentabilidade do serviço uma vez que paga as respectivas tarifas em grau individual e coletivo.

Desta forma, é preciso investigar primeiramente algumas razões para a escassez cada vez maior da água e suas consequências em termos de prevenção, medidas e políticas de todas as ordens. Isso se dá no Capítulo I, onde também se analisam a essencialidade do bem público água e do serviço público do saneamento básico em geral para a vida e para a dignidade humana, os problemas da falta de saneamento básico, as vulnerabilidades, bem como as inovações legislativas no setor do saneamento básico em âmbito nacional com aportes ao âmbito internacional. A releitura se faz com a inserção de uma participação ativa, nos termos de Habermas, dos indivíduos nessas transformações.

O Capítulo II se destina a verificar a proteção do usuário do serviço público de saneamento básico, já consumidor, o que recebe o serviço e por ele paga, a evolução de proteção do contrato do indivíduo no sentido da sua emancipação – desde o modelo liberal até o modelo do Estado do bem-estar social, e em que medida as normas jurídicas atuais são suficientes para essa proteção, ressaltando que o saneamento básico não é um bem privado e, portanto, seus impactos estão além da relatividade própria das relações contratuais privadas tradicionalmente estudadas. E nesse sentido, a releitura das relações contratuais se faz pelo interesse direto que tem o consumidor no assunto e a necessidade, portanto, de uma participação mais ativa no discurso habermasiano.

No Capítulo III enfrentamos a privatização e a reestatização do setor do saneamento básico, bem como o mais novo e utilizado método de interpretação do Direito – a análise econômica do Direito – que troca o seu fundamento pela sua eficiência, nos debruçamos sobre a atividade reguladora, nomeadamente a Agência Nacional de Águas e Saneamento Básico como o mais novo agente decisório no setor e as dificuldades de um país com desigualdades regionais e sociais. Não perdemos, todavia, o olhar para o consumidor, que a essa altura já é reforçado como pagador da tarifa e quem, portanto, merece e precisa do respeito correspondente, mas que, no entanto, é o menos ativo nossos processos decisórios. A (re)interpretação das normas jurídicas é não apenas da função social da atuação empresarial, mas de um agir não estratégico, mas discursivo que abarque todos os concernidos como nos ensina Habermas.

Finalmente o Capítulo IV, onde tratamos da tarifa, o objeto de investigação é a equação democrática dessa relação entre o consumidor e o prestador do serviço, com a regulação que lhe é peculiar. Apontam-se as dificuldades e os desafios da regulação frente à dominação técnica empresarial do setor e os impactos disso no pagador da tarifa – o consumidor – e a população de um modo geral. O Direito, aqui, já com todas as ponderações anteriores realizadas nos Capítulos antecedentes, poderia mudar para uma interferência maior do consumidor? Por quê? E em que medida? Habermas nos orienta para a emancipação do indivíduo e autonomias privada e política para o Estado Democrático de Direito.

São essas as hipóteses do presente trabalho. Justifica-se pelo caráter inovador da participação popular no processo tarifário, cujo objetivo é contribuir com a sociedade, legislação, administração pública e para que outros pesquisadores, da comunidade científica, possam avançar nos temas aqui discorridos com fins à cidadania, democracia e dignidade humana. O método adotado é o analítico interpretativo, com a releitura ou (re) interpretação de diversas normas jurídicas, visando um olhar democrático, inclusivo.

Destarte, a presente pesquisa traz à comunidade científica e à sociedade em geral uma releitura e uma (re) interpretação do Direito vigente na área do saneamento básico, nomeadamente na relação entre o prestador privado do serviço público essencial e o consumidor, pagador da tarifa, com o agente regulador, a partir dos problemas identificados.

Como estamos num Estado Democrático de Direito, essa releitura e (re) interpretação é ampliada, no presente trabalho, pela Filosofia de Habermas que visa à construção das normas jurídicas pelos concernidos que as tornam legítimas.

CAPÍTULO 1
DA ESSENCIALIDADE DO BEM ÁGUA E DO SERVIÇO DE SANEAMENTO BÁSICO

1.1. Mudança climática e recursos naturais

1.1.1. Causas e efeitos

O acesso à água potável demanda a análise crítica a respeito das mudanças climáticas que aponta a crise dos recursos hídricos. Secas provavelmente influenciadas pelo aquecimento global demonstram que a água vem se tornando um recurso cada vez mais escasso.[5][6]

A água também tem sua qualidade afetada na proporção dos danos ambientais causados pela expansão industrial e o consumo de massa. Igualmente há aumento do volume do esgoto, da quantidade de lixo e riscos à potabilidade da água.

De outro lado, há muito desperdício de água nas estações de tratamento e pelos próprios consumidores/usuários deste bem essencial à vida, mas essas ações são passíveis de controle e reversão em curto prazo. Acrescenta-se o crescimento populacional.

Como mais afetados pela mudança climática e danos ao meio ambiente estão obviamente as pessoas que vivem em situações de vida precárias,

[5] O aumento da temperatura leva à crescente falta de água. E também à maior acidez da água, comprometendo a vida marinha. Conforme European Environment Agency. *Alterações climáticas e água – Oceanos mais quentes, inundações e secas*. Disponível em:Alterações climáticas e água – Oceanos mais quentes, inundações e secas – Agência Europeia do Ambiente (europa.eu). Capturado em Junho de 2023.

[6] Não apenas a água, mas os recursos naturais como um todo, que vêm sendo cada vez mais alvo de preocupação dos Estados (V. GIDDENS, Anthony. *A Política da Mudança Climática*. Trad. Vera Ribeiro, Zahar, 2009, pp. 79, 80, 84, 85 e 97).

onde não há coleta de esgoto, nem tratamento, onde o esgoto corre a céu aberto, onde a água potável não chega e o lixo é despejado no entorno de seus lares.

Paradoxalmente essas pessoas, as mais afetadas pela mudança climática e danos ambientais, no modelo democrático estabelecido como padrão no Estado brasileiro não ocupam espaço de atuação para as transformações necessárias, sucumbindo cada vez mais a uma vida não digna quiçá à perda da vida.

Essa transformação na vida material nota-se com mais vigor a partir da Segunda Guerra Mundial, com a ascensão das indústrias petroquímicas, o alvorecer da era nuclear e as tendências de superprodução e consumo, que impactaram sobremaneira o meio ambiente.[7]

É notório na história das civilizações o fim apocalíptico provocado pelas alterações climáticas.[8]

A mudança climática se refere ao fato de que as emissões de gases geradores do efeito estufa[9], produzidas nomeadamente pela indústria moderna e setor de transportes [10], vêm fazendo o clima da Terra se aquecer, com consequências potencialmente devastadoras no futuro.[11/12/13]

[7] Após a Segunda Guerra Mundial, alguns países da Europa (BENELUX – Bélgica, Netherlands (Países Baixos), Luxemburgo), França, Itália e Alemanha Ocidental), continente nuclear da Guerra, assina o primeiro Tratado europeu visando à contenção do uso da energia nuclear e a pacificação dos Estados. O Tratado da Comunidade Económica Europeia (CEE) e o Tratado que institui a Comunidade Europeia da Energia Atómica (CEEA ou EURATOM) foram assinados em 1957. Conforme Parlamento Europeu. *Tratado EURATOM*. Disponível em: Tratado EURATOM (europa.eu). Capturado em Junho de 2023.

[8] MEDEIROS, Júlio César. *Os Desafios das Alterações Climáticas para o Mundo.*2017. Disponível em: Prof. Júlio César Medeiros (uff.br). Capturado em Junho de 2023.

[9] Dentre os mais poluentes estão as fontes de energia como petróleo, carvão e energia elétrica, sendo o gás menos poluente. (GIDDENS, *op. cit.*, p. 25-26).

[10] "Cada motorista é o engarrafamento de trânsito." (GIDDENS, *op. cit.*, p. 77).

[11] GIDDENS, *op. cit.*, p. 8.

[12] Há três correntes a respeito da ideia dos impactos das mudanças climáticas. Para uns, a Terra é robusta e nada do que façamos tenderá a ter grande impacto sobre ela. Para a corrente dominante a Terra ou seus ecossistemas é frágil e tem que ser protegida de nossas intromissões nocivas. E a última corrente entende que a Terra é um animal selvagem, pronto e apto a reagir de maneira violenta e impetuosa, uma vez suficientemente provocado. (Em GIDDENS, *op.cit.*, p. 19).

[13] O número de catástrofes naturais aumentou significativamente nas últimas décadas, sendo a maioria relacionada com o clima, demonstrando o liame causal entre esse aumento e a elevação das temperaturas mundiais. Pode-se conferir esse fato observando a ascensão do

Especialmente, para se mitigar as mudanças climáticas é preciso reduzir radicalmente a dependência global dos combustíveis fósseis por meio da inovação tecnológica.

Desde que se teve notícia científica dos problemas decorrentes da grande proporção da emissão de gases de efeito estufa[14] a nível global[15], em economias de alta produção[16] e consumo para populações em crescimento[17/18], Estados implementaram em seus sistemas jurídicos princípios de proteção ao meio ambiente, de maneira a articulá-los ao desenvolvimento premente operado pela globalização[19].[20]

mercado de seguros e dos pedidos de indenização nessa área, que, aliás, já não conseguem prever mais os riscos do evento. (Cfe. GIDDENS, *op. cit.*, p. 82 e 83).

[14] Destaca Giddens que nos últimos 150 anos, mais ou menos, os gases do efeito estufa na atmosfera aumentaram progressivamente com a expansão da produção industrial. (GIDDENS, *op.cit.*, p. 15).

[15] Diz "os gases de efeito estufa são, se podemos nos exprimir dessa forma, os mais tradeable entre os poluentes. Não importa a origem de suas moléculas; a partir do momento em que se acumulam na atmosfera, amplificam o aquecimento global." (Em GIDDENS, *op.cit*, p. 7)

[16] É de se salientar a concorrência direta no fornecimento de energia ocorrida no fim dos anos 70 com desregulamentação do mercado, sem haver uma política energética que viesse a garantir a segurança do fornecimento. A conseqüência foi a baixa de investimentos com interrupção em larga escala do fornecimento de energia (GIDDENS, *op.cit.*, p. 27). Sobre a política energética nomeadamente na União Europeia, pode-se ler também GOMES, Fabio Luiz. *Política Energética na Comunidade Europeia. In* Estudos Multidisciplinares sobre Integração. Org. Fabio Luiz Gomes. Rio de Janeiro: Lumen Iuris, 2004, p. 71-102.

[17] De se destacar que nomeadamente China e Índia aumentaram sua demanda por petróleo correspondente, em 2009, a 1/7 do total dos países industrializados numa medição per capita cuja demanda já era de 65%. (GIDDENS, *op. cit.*, p. 28).

[18] A expansão populacional aumenta o risco da pobreza, haja vista que os recursos não são inesgotáveis e há sempre a ganância humana de não desejar distribuí-los dignamente.

[19] Ulrich Beck assinala a globalização a perda perceptível das fronteiras da vida cotidiana em diversas dimensões: da economia, da informação, da sociedade civil, das técnicas, da cultura, ressaltando que é um termo mais utilizado e sentido que definido. O autor explica que a própria vida ("globalização da biografia") não é ligada, presa a um lugar, a vida é nômade, de viagens (em trens, aviões, ônibus) e pelos meios de comunicação, que anulam distâncias, criam proximidade nas distâncias e distâncias na proximidade. A vida é transnacional. Mas esclarece que deve-se ter bem presentes os contrastes entre os quais sua vida transcorre. Assim, ressalta a força do globalismo sobre os Estados Nacionais, de impor às sociedades e à política os interesses econômicos. (BECK, Ulrich. *Qué es la globalización? Falacias del globalismo, respuestas a La globalización*. Barcelona: Paidós, 1998).

[20] Ressalta-se a "transferência das emissões de gases de efeito estufa do Ocidente para o Oriente", que se deu m razão do declínio ocorrido na produção industrial desses países, que passaram a depender de bens de consumo fabricados na China e em outros países em

Assim foi criado o princípio do desenvolvimento sustentável, no sentido de garantir às gerações presentes e futuras vida, saúde e acesso aos recursos naturais, bem como a exploração desses últimos de maneira que não os torne inacessíveis a outros seres humanos.[21/22/23]

Como direito fundamental de terceira geração, o Plenário do Supremo Tribunal Federal reconheceu ao meio ambiente natureza transindividual e transgeracional, pois:

> constitui prerrogativa jurídica de titularidade coletiva, refletindo, dentro do processo de afirmação dos direitos humanos, a expressão significativa de um poder atribuído, não ao indivíduo identificado em sua singularidade, mas, num sentido verdadeiramente mais abrangente, à própria coletividade social.[24]

A ideia é a continuidade da humanidade, a preservação da existência humana digna, em torno da que todo trabalho científico circunda.

As figuras jurídicas vão desde o poluidor pagador[25], avançando, contudo, para os que antecedem os resultados e se ocupam da causa como o princípio da precaução[26].

desenvolvimento, o que impediu que níveis de emissão produzidos pelos países desenvolvidos fossem ainda mais altos do que são hoje, sem essa. (GIDDENS, *op. cit*, p. 46).

[21] A Constituição Cidadã Brasileira prevê em seu artigo 225: "Todos têm direito ao meio ambiente ecologicamente equilibrado, bem de uso comum do povo e essencial à sadia qualidade de vida, impondo-se ao Poder Público e à coletividade o dever de defendê-lo e preservá-lo para as presentes e futuras gerações.".

[22] Esse princípio determina perquirir o ponto de equilíbrio entre o desenvolvimento econômico e a conservação dos recursos naturais. (GOMES, Fabio Luiz, *op. cit.*, p. 93).

[23] Como sustenta Giddens, "o debate sobre o petróleo e o gás natural diz respeito a quando os estoques disponíveis estarão reduzidos à metade, e, por conseguinte, em que data estarão praticamente esgotados. No entanto, poderíamos e deveríamos perguntar até que ponto nós (a atual geração) temos maior ou menor direito de destruir para sempre esse recurso natural, sejam quais forem as outras fontes de energia que se desenvolvam no futuro. A mesma pergunta pode e deve ser feita a respeito de outros recursos minerais." (*Op. cit.*, p. 58).

[24] Plenário do Supremo Tribunal Federal. Julgamento do Mandado de Segurança nº 22.164, Rel. Min. Celso de Mello. Diário de Justiça de17/11/1995).

[25] Cuja função é preventiva, ou seja, os custos da prevenção da poluição devem ser suportados pelos poluidores de modo a assegurar à população um nível aceitável de ambiente. (Conforme GOMES, *idem*).

Ainda como explica Giddens, os causadores da poluição que estão no topo da lista dos responsáveis pelas emissões de carbono devem receber uma cobrança proporcional aos danos que provocam, princípio que orienta os países que mais contribuíram para os gases do efeito

Também se passou a estudar um novo padrão de eficiência energética e a superação das energias sujas, tudo no sentido de garantir um desenvolvimento sustentável[27].[28/29/30]

estufa no passado a fazerem os maiores cortes no presente, proporcionalmente àqueles que precisam se desenvolver. (GIDDENS, *op. cit.*, p. 36).

[26] A Organização das Nações Unidas invocou 27 princípios a partir da Eco 92a serem observados como medidas de sustentabilidade ambiental, sendo o 15º o princípio da precaução, *in verbis*: com o fim de proteger o meio ambiente, o princípio da precaução deverá ser amplamente observado pelos Estados, de acordo com suas capacidades. Quando houver ameaça de danos graves ou irreversíveis, a ausência de certeza científica absoluta não será utilizada como razão para o adiamento de medidas economicamente viáveis para prevenir a degradação ambiental (ONU, 2016).

[27] A expressão "desenvolvimento sustentável" foi introduzida no relatório de 1987 da Comissão Mundial sobre Meio Ambiente e Desenvolvimento – hoje comumente chamado de Relatório Brundtland, visto que a conferência foi presidida pela ex-primeira-ministra norueguesa Gro Harlem Brundtland. (GIDDENS, *op. cit.*, p. 34).

[28] Sobre energias que causam menos danos ambientais estão a hidroeletricidade, a geotermia, biomassa (madeira e esgoto), eólica, solar. (GOMES, *op. cit.* , pp. 80-81). Acrescenta-se o hidrogênio, o carvão purificado (captura e sequestro de carbono, ou CCS, na sigla em inglês); a energia das marés ou das ondas; redes elétricas inteligentes; tecnologias de geoengenharia, como escudos contra o calor que invertam parte do rumo dos raios solares; e depuradores – dispositivos que sugariam o CO2 e outros gases do efeito estufa, retirando-os da atmosfera. (GIDDENS, *op. cit.*, p. 65). Exemplo na Na Grã-Bretanha, a energia nuclear gerou 19% da eletricidade do país em 2006, sendo que 36% é gerada pelo gás natural e 38% pelo carvão. (*Idem*).

No entanto, nota-se, por exemplo, que apesar de o nível de emissão de gases do efeito estufa pela Grã-Bretanha ter caído 2,2% em 2007, comparado ao ano anterior, o que se deveu principalmente à transição contínua para o gás na geração de eletricidade, nos dez anos decorridos de 1997 a 2007, o número de carros de propriedade das unidades familiares teve um aumento total líquido de 5 milhões, a quilometragem média coberta pelos automóveis subiu cerca de 2% a cada ano e o número de passageiros das linhas aéreas teve um aumento de 54 milhões nos cinco anos decorridos de 2002 a 2007 (Cfe. GIDDENS, *op. cit.*, p. 45), sendo, portanto, o petróleo ainda a fonte dominante de energia para o funcionamento dos transportes.

Ainda sobre as energias renováveis, adiciona-se a dificuldade de se aceitar, por exemplo, o uso da energia nuclear pelo risco de produção de armas nucleares e rejeito do lixo atômico; da energia eólica pela morte de pássaros e pela influência que pode exercer no tráfego aéreo além de ser uma energia instável; o carvão limpo em razão do número de mortes relacionadas com as minas, bem como o fato de que até o carvão descarbonizado contribui para problemas como a asma e as doenças cardíacas; o cultivo de biocombustíveis que pode afetar a produção mundial de alimentos; a energia solar que só funciona bem em lugares onde há longos períodos ensolarados. Além disso, é preciso estocar energia para se ter em reserva e os custos da extração e armazenamento podem ser altos. (GIDDENS, *op. cit.*, p.65-66). Nessa

A essa altura já não se advoga o *status quo ante*, a uma porque no estado atual da natureza não seria possível, a duas porque ainda que possível os custos seriam elevadíssimos.

Nesse sentido argumenta Giddens:

> Não é possível – ou assim pretendo argumentar – endossar nenhuma abordagem que tente "retornar à natureza" em algum sentido. O conservacionismo pode ser um valor defensável, mas não tem nada a ver, intrinsecamente, com o combate ao aquecimento global. Na verdade, pode até prejudicar nossos esforços. Em decorrência do avanço da ciência e da tecnologia, faz muito tempo que atravessamos as fronteiras que nos separavam do mundo natural. Será necessária uma dose maior – e não menor – desse mesmo avanço, se quisermos enfrentar com seriedade os problemas da mudança climática. Em parte, por essa razão, rejeito uma das ideias centrais do movimento verde – o princípio da precaução que manda "não interferir na natureza". Além disso, na tentativa de refrear a mudança climática, a despeito do que muitas vezes se diz, não estamos procurando "salvar o planeta", que sobreviverá, independentemente do que façamos. A ideia é preservar e, se possível, aprimorar um estilo de vida digno para os seres humanos que vivem na Terra.[31]

Pondera-se também que a mudança para um padrão de baixo teor de carbono seria uma forma promissora de acelerar o desenvolvimento

linha constrói-se de "capitalismo natural", que tem por fundamento o aumento da eficiência energética de modo a valorizar economicamente dos ecossistemas naturais. (A expressão e a ideia são de Amory Lovins citado por GIDDENS, *op. cit.*, p. 67). Explica-se mais: "Ele implica assegurar que os recursos naturais – não só a energia, mas também os minerais, a água e as florestas – se ampliem muitas vezes mais do que hoje. A meta última do autor não é só reduzir o lixo, mas eliminá-lo por completo. Nos sistemas fechados de produção, qualquer produto seria devolvido ao ecossistema como nutriente, ou se transformaria em insumo para outro produto manufaturado. Um objetivo adicional seria sair da noção costumeira de produzir bens a serem comprados pelos consumidores; em vez disso, estes os alugariam. Ao final de um dado período, a empresa produtora os compraria de volta. Com isso, os fabricantes teriam interesse em se concentrar na durabilidade de seus produtos; ao serem trocados por produtos novos, eles seriam inteiramente reciclados."(*Ibidem*).

[29] Os três princípios aqui citados provieram do movimento verde que será abordado mais à frente. (V. GIDDENS, *op.cit.*, p. 32).

[30] Até mesmo impostos sobre os combustíveis de caráter ambiental foi implantado no Reino Unido, posteriormente tido como uma cortina de fumaça para o governo aumentar impostos. (GIDDENS, *op. cit.*, p. 44).

[31] GIDDENS, *op.cit.*, p. 10.

humano e aumentar a eficiência e a competitividade da economia brasileira.[32]

No entanto, a crescente demanda por recursos naturais, suprimentos de energia cada vez mais escassos e, em especial, o petróleo e as lutas centradas nele são os principais pontos em disputa. Como salienta Giddens, "o que deveria ser a meta prioritária de reduzir as emissões de poluentes pode tornar-se vítima de uma luta competitiva pelos recursos naturais, exacerbando tensões e divisões já existentes."[33/34/35]

Apesar disso, a comunidade internacional tem buscado celebrar negociações destinadas a limitar o aquecimento global por meio de reuniões promovidas pela Organização das Nações Unidas, de início ocorrida do

[32] VIANNA. Em GIDDENS, *op. cit.*,, p. 7.

[33] GIDDENS, *op. cit*, p. 6.

[34] Em 2009 o referido autor previa com lucidez os tempos atuais da Guerra entre Rússia e Ucrânia com impactos diretos na União Europeia e países dependentes do gás russo, como a Alemanha, o que constitui uma ameaça à geopolítica nomeadamente europeia e ao projeto de combate ao aquecimento global, *in verbis*: "Os países da União Europeia importam quase metade de seu gás da Rússia, assim como uma parcela substancial de seu petróleo. Por ambos os lados, as implicações para a política da mudança climática são consideráveis. A Rússia está maximizando sua receita do petróleo e do gás sem a modernização que poderia ter ocorrido, se o país houvesse permitido a introdução de investimentos estrangeiros e incentivado a administração eficiente. A Gazprom, maior empresa estatal russa, é notoriamente ineficiente e mal dirigida. Os consumidores domésticos e industriais da Rússia recebem sua energia a preços maciçamente subsidiados – uma política que só vem mudando lentamente, mas não contribui em nada para promover a conservação de energia. A liderança russa desenvolveu uma abordagem de confronto com a UE, com consequências que também respingam na área da mudança climática. Rejeitou com firmeza as tentativas da UE de chegar a um ponto de convergência: "Pretendemos manter o controle estatal do sistema de transporte do gás natural e da Gazprom. Não dividiremos a Gazprom. E a Comissão Europeia não deve alimentar ilusões. No setor de gás, terá de lidar com o Estado." A Rússia teve muita facilidade para fechar negócios individuais com Estados-membros da UE, com isso minando a união entre os europeus. Um exemplo notável é o projeto do gasoduto NordStream, que reúne a Gazprom e duas das maiores empresas de energia alemãs." (GIDDENS, *op. cit.*, p. 27).

[35] Sobre a incursão agressiva da China no mercado energético, que não opera por meio de empresas petrolíferas, mas compra campos de petróleo em países diferentes para uso próprio e estabelece localmente os termos da venda, tanto no Ocidente quanto no Oriente Médio, vide também GIDDENS, *op. cit.*, p. 28. O mencionado autor ali também relata que em 2007, o país asiático respondeu por cerca de 40% do aumento mundial da demanda de petróleo, sendo que o seu nível de demanda tenderia a subir cerca de 6% ao ano na década seguinte se as taxas de crescimento persistissem e a política energética se mantivesse a mesma. (*Idem*)

Rio de Janeiro em 1992 e por último em Paris, no ano de 2015, na busca de reduções globais nas emissões dos gases causadores do efeito estufa.[36]

A Conferência da Organização das Nações Unidas, ocorrida em 1992, na cidade do Rio de Janeiro[37], estabeleceu 27 princípios do desenvolvimento sustentável e recomendou que todos os países produzissem uma estratégia nacional para alcançar esses objetivos.

Deu-se posteriormente à primeira reunião mundial dos "Verdes", cujos princípios que proclamam compreendem: harmonia ou equilíbrio ecológicos (sabedoria ecológica), justiça social, democracia participativa e não violência. Esses princípios foram originalmente estabelecidos pelos ambientalistas alemães há duas décadas.[38]

Nomeadamente quanto ao princípio da democracia participativa, o movimento verde tem preferência pela democracia das bases e o localismo. Posicionam-se contra a política parlamentar e ao gigantismo estatal do qual derivam suas instituições.[39]

No entanto, é de se ressaltar que ideias e valores do movimento verde foram absorvidos pelos Estados, vindo a compor a respectiva política ambiental.

[36] ConformeMinistério do Meio Ambiente. *Linha do tempo das medidas envolvendo Mudanças Climáticas*. Disponível em: mma.gov.br. Acesso em: 10. Abr. 2023.

[37] Decreto nº 2.652, de 1º de Julho de 1998, que promulga a Convenção-Quadro das Nações Unidas sobre Mudança do Clima, assinada em Nova York, em 9 de maio de 1992.

[38] O movimento verde moderno originou-se na Alemanha na década de 1970. GIDDENS, *op. cit.*, p. 30). "Influenciados por protestos sociais anteriores dos anos 60 e início dos 70 (por exemplo, contra a Guerra do Vietnã), os verdes despontaram como um movimento que em parte se coloca contra a política parlamentar, e que teme um envolvimento excessivo com o Estado. É por isso que tende a enfatizar a democracia das bases e o localismo. Os verdes se opõem às instituições estabelecidas do poder, quer sob a forma do gigantismo do governo, quer sob a das grandes empresas. Também contestam o "produtivismo" na economia – a ênfase no crescimento econômico como o valor primordial. O crescimento que reduz a qualidade de vida, ou, em particular, que prejudica a biosfera, é um crescimento "antieconômico". A economia ortodoxa é "cinzenta" – a vida humana e a natureza figuram nela como "fatores de produção", ao lado de outras mercadorias. A maioria dos verdes tende a desconfiar do capitalismo e dos mercados, e a ver as grandes corporações com considerável hostilidade. Muitas vezes, os verdes se descrevem não como contrários à ciência, mas ao "cientificismo" – opostos à confiança irrestrita na ciência e, em especial, na tecnologia. Um aspecto-chave do pensamento verde em relação à tecnologia é o princípio da precaução." Com base neste princípio eliminaram-se gradativamente as usinas nucleares na Alemanha. (GIDDENS, *idem*).

[39] GIDDENS, op. *cit.*, p. 30.

Por influência dos movimentos verdes, foi inserida na Declaração do Rio decorrente desta Conferência da ONU de 1992, o princípio da precaução, também denominado princípio cautelar.

O princípio da precaução tem seu conceito mais aceite definido como conjunto de medidas de proteção por parte dos órgãos reguladores para evitar danos potenciais, ainda que as causas dos danos não sejam claras nem se saiba se eles se produzirão.[40]

Contudo todas as ações humanas produzem riscos. E a precaução contra certos riscos pode levar a outros. O risco se conceitua para efeitos jurídicos como algo a que está sujeito à perda ou deterioração.[41] Os danos como prejuízo causado a bens ou pessoas, sendo de ordem patrimonial ou não-patrimonial.

O princípio da precaução, assim, conduz ao esgarçamento de duas máximas que parecem se opor: uma que é invocada para o desenvolvimento econômico e mais detidamente o tecnológico, de quem não arrisca não petisca; de outro lado, a sua origem, de que é melhor prevenir do que remediar. Essa última mais associada às correntes ecologistas.

A ponderação entre prevenir e desenvolver conduz à análise da própria normativa constitucional brasileira no que tange à ordem econômica. A Constituição Federal ao mesmo tempo em que adota como princípios da ordem econômica (art. 170) o da livre iniciativa, da livre concorrência estabelece o Estado Regulador (arts. 173 e 174), típico de um modelo econômico que visa à descentralização das atividades econômicas nomeadamente nas mãos do particular, insere no contexto da ordem econômica o princípio do desenvolvimento sustentável do meio ambiente, assim como a proteção do consumidor.

Neste sentido, a aplicação do princípio da precaução há de se fazer dentro do princípio da proporcionalidade, de modo que os princípios da ordem econômica constitucional brasileira estejam em harmonia entre si e não contraditórios, o que seria juridicamente e existencialmente impossível, pois todos decorrentes do poder constituinte originário.

Desta forma, há de se ponderar nos casos concretos os bens jurídicos tutelados em questão, assim como os interesses jurídicos que estão na balança da justiça.

[40] C.R. Sunstein, *Laws of Fear,* p.4, *apud* GIDDENS, *op. cit.*, p. 32.

[41] WALD, Arnold. *Direito Civil. Direito das Obrigações e Teoria Geral dos Contratos.* São Paulo: Saraiva, 2010, p. 25.

Luiz Roberto Barroso, ao tratar dos princípios instrumentais de interpretação constitucional, explica que o princípio da proporcionalidade pode ser utilizado para graduar o peso da norma, em determinada incidência, fazendo a justiça do caso concreto. Para tanto, o autor estabelece os seguintes critérios: adequação (entre o fim perseguido e o instrumento empregado); necessidade da medida (não há outra meio alternativo menos gravoso para chegar ao mesmo resultado) e os ganhos sejam maiores que as perdas (proporcionalidade em sentido estrito).[42]

De toda forma, como ressaltado por Giddens, a introdução do princípio do desenvolvimento sustentável ajudou a reunir duas comunidades anteriormente discrepantes, os verdes e os outros que eram anticrescimento, e os autores favoráveis ao mercado[43].

Isso porque não se pode fechar os olhos para a pobreza mundial e deve-se garantir a justiça social por meio do desenvolvimento econômico de modo que as pessoas tenham acesso a bens que lhes sejam indispensáveis à dignidade.[44] Ao mesmo tempo deve-se combater a ganância humana, que opera uma balança desequilibrada, e, portanto, desigual, de oportunidades, acessos e direitos.

Como medida de justiça e equilíbrio, Giddens assume que:

> Os países desenvolvidos devem almejar fazer grandes cortes em suas emissões de gases do efeito estufa, a partir de agora. As nações em desenvolvimento podem aumentar suas emissões por um período, a fim de que se permita seu crescimento, e depois deverão começar a reduzi-las. A partir daí, os dois grupos convergirão progressivamente.[45]

O conceito de desenvolvimento sustentável vai ao encontro do que se denomina de modernização ecológica, entendida como uma parceria em que governos, empresas, ambientalistas moderados e cientistas que cooperam entre si para reestruturar a economia política capitalista em moldes mais defensáveis em termos ambientais.[46]

[42] Barroso, Luís Roberto. *Curso de Direito Constitucional Contemporâneo. Os conceitos fundamentais e a construção do novo modelo.* São Paulo: Saraiva, 2009, p. 305.

[43] Giddens, *op. cit.*, p. 34.

[44] Merece referência as noções de crescimento econômico e desenvolvimento econômico. Enquanto o primeiro diz respeito à medição pelo PIB, o segundo está relacionado aos processos econômicos de redução ou eliminação da pobreza. (V. Giddens, *op. cit.*, p. 35).

[45] Giddens, *op. cit.*, p. 35.

[46] V. Giddens, *op. cit.*, p. 38.

Outrossim, o desenvolvimento tecnológico impulsionado pela ciência e pela livre iniciativa, donde provém a economia criativa, e pela livre concorrência, desde que o mercado das fontes renováveis de energia ganhe o devido relevo, é um associado da sustentabilidade ambiental.

O Fórum Econômico Mundial elaborou, em 2002, o índice de Sustentabilidade Ambiental, que foi aplicado a mais de 100 países. A sustentabilidade ambiental é definida em termos de cinco elementos: o estado de sistemas ecológicos como o ar, o solo e a água; as pressões a que esses sistemas estão sujeitos, inclusive seus níveis de poluição; o impacto dessas pressões na sociedade humana, medido em termos de fatores como a disponibilidade de alimentos e a exposição a doenças; a capacidade social e institucional de a sociedade lidar com riscos ambientais; a capacidade de criar uma supervisão de bens públicos globais, especialmente a atmosfera.

Ressalta Giddens:

> O conhecimento científico de ponta em 2007, apresentado nos cenários do IV relatório do IPCC, indicava que seria extremamente perigoso admitir um aumento da temperatura superior à faixa entre 2,0ºC e 2,4ºC. Acima desse patamar, as ameaças passam a incluir consequências como mais de 1 bilhão de pessoas sofrendo de crescente falta de água, quedas expressivas de rendimentos agrícolas, comprometimento irreversível da maior parte da floresta amazônica e outras florestas tropicais, desaparecimento de geleiras, duas centenas de milhões de refugiados ambientais ou mais, e muitos outros efeitos igualmente impactantes.[47]

Nesse contexto, os chefes de Estado assumiram em nome das suas nações o compromisso de evitar um aquecimento global superior a 2ºC neste século no Painel Intergovernamental sobre a Mudança Climática das Nações Unidas (IPCC), ocorrido em 2015 em Copenhagen.

Mais recentemente, em 2022, as Nações Unidas, por meio do Painel Intergovernamental sobre Mudança Climática, conferiram destaque as expressões vulnerabilidade e desenvolvimento resiliente.[48]

[47] GIDDENS, *op.cit.*, p. 4.

[48] Organização das Nações Unidas. Painel Intergovernamental sobre Mudanças Climáticas. *Mudanças Climáticas 2022: Impactos, Adaptação e Vulnerabilidade*. Contribuição do Grupo de Trabalho II para o Sexto Relatório de Avaliação do IPCC. Disponível em AR6 ClimateChange 2022: Impactos, Adaptação e Vulnerabilidade – IPCC. Acesso em 10.Abr.2023.

A resiliência no referido relatório é definida como:

> a capacidade dos sistemas sociais, econômicos e ambientais de lidar com um evento, tendência ou perturbação perigosa, respondendo ou reorganizando-se de maneiras que mantenham sua função, identidade e estrutura essenciais, mantendo também a capacidade de adaptação, aprendizagem e transformação. A resiliência é um ponto de entrada comumente usado, embora sob um amplo espectro de significados. A resiliência como traço do sistema se sobrepõe aos conceitos de vulnerabilidade, capacidade adaptativa e, portanto, risco, e resiliência como estratégia se sobrepõe ao gerenciamento, adaptação e transformação de riscos. A adaptação implementada é muitas vezes organizada em torno da resiliência como se recuperar e retornar a um estado anterior após uma perturbação.

A resiliência é fundamental para se traçar estratégias de recuperação e não perdas ambientais.

O Relatório do IPCC de 2022 destacou que atualmente cerca de metade da população mundial está experimentando grave escassez de água por pelo menos um mês ao ano devido a fatores climáticos e outros. E ainda que essa insegurança hídrica manifesta-se através da escassez e dos perigos da água induzidos pelo clima, mas agrava-se pela governação inadequada da água.[49]

As secas e inundações (decorrentes das alterações climáticas) diagnosticadas no referido Relatório impactaram negativamente a agricultura e a produção de energia e aumentaram a incidência de doenças transmitidas pela água.[50]

Verificou-se redução da disponibilidade de alimentos e aumento dos preços dos mesmos, ameaçando a segurança alimentar e nutricional e os meios de subsistência de milhões de pessoas em todo o mundo, com os pobres em partes da Ásia, África e América do Sul e Central sendo desproporcionalmente afetados.[51]

Constatou-se que os anos de seca reduziram a produção de energia termelétrica e hidrelétrica em cerca de 4-5% em comparação com a produção média de longo prazo desde a década de 1980, reduzindo o crescimento

[49] *Idem.*

[50] *Idem.*

[51] *Idem.*

econômico na África e com bilhões de dólares americanos de ativos de infraestrutura hidrelétrica existentes e planejados em regiões montanhosas em todo o mundo e na África expostas a riscos crescentes.[52]

O Relatório do IPCC, de 2022, demonstrou que mudanças na temperatura, precipitação e desastres relacionados à água estão ligados ao aumento da incidência de doenças transmitidas pela água, como a cólera, especialmente em regiões com acesso limitado a água potável, saneamento e infraestrutura de higiene.[53]

Nota-se que os países de baixa renda são os que mais sofrem os impactos econômicos e sociais da insegurança hídrica[54], o que deve orientar os Estados a implementarem conjuntamente políticas de reequilíbrio ambiental global, uma vez que quando se fala em globalização e interdependência estatal, também se considera a dimensão ecológica, nos termos de globalização tratados por Beck, e como ressaltado por Giddens na esteira de estímulo ao desenvolvimento dos países mais pobres e maior controle na emissão de gases de efeito estufa por parte dos países mais ricos.

Não obstante, existem medidas que podem fazer diferença rapidamente no sistema hídrico, tais como instalar bocais de chuveiro e reguladores de torneiras eficientes em termos hídricos, toaletes munidos de válvulas de descarga com dois níveis diferentes de água, mictórios secos ou sem água, torneiras operadas por sensores e coleta e reciclagem locais da água.

Além disso, os sistemas de abastecimento de água, de esgotos e de drenagem de águas pluviais podem ser considerados e planejados separadamente para maior eficiência hídrica.

Considera-se ainda que tendo em vista o gasto excessivo de água por parte da indústria para resfriamento possa ser transferida para o resfriamento a ar.[55]

Mesmo com o compromisso acima assumido pelos Estados, a articulação política doméstica associada aos investimentos em tecnologias que produzam energias que atenuem os impactos negativos no clima são de crucial importância para diminuir os riscos provocados pelo aquecimento global.

[52] *Idem.*

[53] *Idem.*

[54] *Idem.*

[55] *Idem.*

Como anuncia Giddens:

> Serão necessárias mudanças muito profundas em nossas formas de pensamento político já estabelecidas. Não obstante, temos de trabalhar com as instituições existentes e de modos que respeitem a democracia parlamentar. O Estado será um ator importantíssimo, uma vez que inúmeros poderes continuam em suas mãos, quer falemos de política interna, quer de política internacional. Não há como obrigar os Estados a assinarem acordos internacionais e, mesmo que eles optem por fazê-lo, a implementação de qualquer acordo será responsabilidade, em larga medida, de cada Estado. Os mercados de emissões só poderão funcionar se for estabelecido um teto para o preço do carbono, e num nível exigente – uma decisão a ser tomada e implementada politicamente. O avanço tecnológico será vital para nossas chances de reduzir as emissões de gases do efeito estufa, mas o apoio estatal será necessário para dar a partida nesse avanço.[56]

Destarte surge a importância de um Estado facilitador, cujo papel primordial seja acionar uma diversidade de grupos para que eles cheguem a soluções de problemas coletivos, sendo que muitos desses grupos atuarão de baixo para cima. E ao mesmo tempo assegurador, que monitore os objetivos públicos e certifique-se de que eles se concretizem de forma visível e aceitável.[57]

1.1.2. Esfera pública, em Habermas, e mudança climática

É fundamental considerar os Estados democráticos como os facilitadores e asseguradores de um desenvolvimento sustentável, na medida em que os encorajam o desenvolvimento da ciência e proporcionam a mobilização de movimentos sociais, grupos de pressão ambientalistas e ONGs.[58]

Neste diapasão, alguns pontos merecem destaque. A implementação de impostos sobre o carbono há de ser feita de maneira a garantir a justiça social. Assim como as energias renováveis precisam ser subsidiadas pelo Estado de modo a se tornarem competitivas com a energia de combustíveis fósseis, sendo inclusive desejável a diversidade no abaste-

[56] GIDDENS, *op.cit*, p. 9.

[57] GIDDENS, *op. cit.*, p. 37.

[58] Giddens considerou um vasto conjunto de indicadores de critérios ambientais, que apontam que todos os países de melhor desempenho são democráticos. (*Op. cit.*, p. 39).

cimento de energia, pois agrega maior segurança caso alguma das fontes seja ameaçada. Igualmente há se ponderar o uso da energia nuclear. E também manter a pauta das mudanças climáticas para o centro dos debates políticos.[59]

Giddens advoga também o planejamento estatal sem supressão, mas ao contrário, ampliação das liberdades democráticas, como medida de monitoramento dos riscos ambientais.[60]

Diz o autor:

> O Estado assegurador deve trabalhar com grupos variados e, é claro, com o público, a fim de cumprir as metas ligadas à mudança climática. A visão liberal clássica sobre os direitos e responsabilidades dos indivíduos, dita em termos simples, consiste em que todo indivíduo deve ter a liberdade de escolher o estilo de vida que quiser, desde que suas escolhas não sejam prejudiciais a terceiros. Entretanto, o Estado liberal não se acostumou a estender esse princípio aos bens ambientais ou a atitudes que evitem prejuízos para futuras gerações; agora, ambos se tornaram absolutamente centrais.[61]

No processo democrático, há de questionar quais sujeitos estão autorizados a tomar uma decisão para toda coletividade, existindo diversos modelos de democracia.[62]

A atuação política para além dos partidos políticos, do Parlamento e do Congresso Nacional, instituições clássicas da política moderna, é referida como subpolítica por Beck, garantindo que o planejamento social receba influência de agentes externos ao sistema político tradicional.[63]

As soluções para as mudanças climáticas requerem atuação conjunta do Estado (como facilitador e assegurador), universidades (produção científica), empresários (iniciativas tecnológicas) e indivíduos que precisarão transformar seu estilo de vida e que são os pagadores finais (seja como

[59] Giddens, *op. cit.*, p. 46.

[60] Todavia o autor reconhece que a volta ao planejamento e um aumento do intervencionismo estatal não é simples, pois as disputas entre os centros políticos, as regiões e as localidades terão de ser resolvidas por meio de mecanismos democráticos. (*Op. cit.*, p. 49).

[61] Giddens, *op.cit.*, p. 58.

[62] Bobbio, Norberto. *O futuro da democracia; uma defesa das regras do jogo.* Tradução de Marco Aurélio Nogueira. São Paulo: Editora Paz e Terra, 1997.

[63] Beck, U. *A reinvenção da política: rumo a uma teoria da modernização reflexiva. In*: Beck, U.; Giddens, A.; Lash, S. (orgs). Modernização reflexiva. São Paulo: Editora da Unesp, 1997.

consumidores de bens e serviços, seja como contribuintes dos tributos) de todos os impactos que elas têm causado.

Destarte, é necessário pensar em mecanismos que os possibilitem a se sentirem participantes dos processos decisórios.

Como ressalta Giddens:

> Os direitos e responsabilidades ambientais, incorporando a devida atenção aos direitos das gerações vindouras, devem ser diretamente introduzidos na estrutura existente da democracia liberal. Em outras palavras, devem ser acrescentados e integrados a direitos e responsabilidades como os direitos de voto, de igualdade perante a lei e de liberdade de expressão e de reunião.[64]

O autor entende que uma estrutura que ajudaria a integrar a diversidade de grupos cujas atividades são importantes para a política da mudança climática incorpora, dentre outras ações, o fornecimento de foros públicos em que se possa avaliar o impacto ambiental de novas tecnologias ou de propostas de desenvolvimento; o direito de petição de chamamento ao processo, a fim de permitir que ONGs[65] e cidadãos conscientes assegurem o cumprimento das normas ambientais e a obrigação de cidadãos, empresas e grupos da sociedade civil de funcionarem como agentes positivos da mudança ambiental, em vez de simplesmente prevenirem atos destrutivos.[66]

Nesse sentido, por exemplo, em 2007, a Coca-Cola anunciou que o princípio norteador das atividades da empresa seria não retirar mais água de uma bacia hidrográfica do que a quantidade que fosse capaz de repor. Em parceria com o WWF, buscaram elaborar metas compulsórias para melhorar a eficiência no uso da água e lutar pela causa da conservação da

[64] GIDDENS, *op.cit.*, p. 58.

[65] Salienta Giddens: "As ONGs não apenas são grupos de pressão, como desempenham também um papel significativo ao coordenar informações científicas e levá-las à atenção dos tomadores de decisões e do público. Instalados no fim da década de 1980, os dois seminários que levaram ao surgimento do IPCC foram organizados por ONGs. Estas também se envolveram de perto no estabelecimento da política da mudança climática em muitos países, nos quais tentaram instigar a ação dos governos, e depois exerceram pressão para que os atos destes tivessem um longo alcance. Vem surgindo uma nova geração de dirigentes empresariais – os quais, muitas vezes, trabalham diretamente com ONGs –, que não apenas reconhece os perigos das alterações climáticas, como é atuante na vanguarda da reação a elas."(*Op. cit.*, p. 60).

[66] GIDDENS, *op. cit.*, p. 59.

água. A Coca-Cola implementou em 2002 projeto sobre as fontes mundiais de água potável.[67]

Outro exemplo é a da Alcoa, pois uma grande quantidade de água é usada na produção do alumínio. O processo de produção também é uma grande fonte de emissão de gases geradores do efeito estufa, ao mesmo tempo que produz dejetos que vão para aterros sanitários.[68]

Sobre o papel das partes no processo de mudança climática, Giddens aduz que:

> Na mitigação das mudanças climáticas, os mercados têm um papel muito maior a desempenhar do que na simples área do comércio de emissões. Há muitos campos em que as forças de mercado podem produzir resultados que nenhuma outra agência ou estrutura seria capaz de conseguir. Em princípio, quando for possível estipular um preço para um bem ambiental sem afrontar outros valores, isso deve ser feito, visto que em seguida a competição criará um aumento da eficiência a cada vez que esse bem for negociado. Entretanto, também nesse caso se faz necessária a intervenção estatal ativa. Os custos ambientais acarretados pelos processos econômicos formam, com frequência, o que os economistas chamam de "externalidades" – que não são pagas pelos que incorrem nelas. O objetivo da política pública deve ser o de assegurar que, sempre que possível, esses custos sejam internalizados, isto é, introduzidos no mercado.[69]

A mitigação dos efeitos provocados pela mudança climática depende do engajamento de todos os atores: sociedade, empresários e Estado (facilitador e assegurador).

A tecnologia certamente ajudará no desenvolvimento de recursos energéticos renováveis, mas é preciso investimento e, sobretudo, subsídio estatal para que possa competir com os combustíveis fósseis, e também para proteger os investimentos diante das oscilações a que ficam sujeitos os preços do petróleo e do gás natural.

Como se vê, os desafios para o enfrentamento das alterações climáticas e, por conseguinte, da gestão da água foge à ideia de uma sociedade centrada no Estado e no modelo tradicional de democracia, pois requer

[67] GIDDENS, *op. cit.*, p. 60.

[68] *Idem.*

[69] GIDDENS, *op. cit.*, p. 9.

a participação de todos os participantes: a sociedade, enquanto indivíduos (usuários, empresários, consumidores e contribuintes) e corpo social (organizações não-governamentais, corpos científicos das universidades).

O êxito do desenvolvimento sustentável e resiliente dependem da atuação coordenada e conjunta de todos que podem contribuir nesse contexto e também que serão impactados por todas as medidas.

Desta forma, Habermas propõe um modelo procedimental de democracia que exatamente estabelece esse diálogo entre os concernidos.

Tradicionalmente, entende-se a democracia como decisão da maioria legitimada pelo exercício do poder eleito. Nesse sentido, Habermas, antes de defender sua perspectiva a respeito da democracia, nos faz enfrentar duas teorias, a empirista e a normativa. Sobre o modelo empirista, aponta que:

> Existe uma interpretação, segundo a qual o 'poder social' se expressa na força de imposição de interesses superiores, que podem ser defendidos de modo mais ou menos racional; pode-se, pois, conceber o 'poder político' como uma forma de poder social abstrato e duradouro, que permite intervenções no 'poder administrativo', isto é, nos cargos organizados de acordo com as competências. Na perspectiva empirista do observador, nem a pretensão de legitimidade do direito, que se comunica ao poder político através da forma do direito, nem a necessidade de legitimação, a ser preenchida através do recurso a determinadas medidas de validade, são descritas na perspectiva dos participantes, ou seja, nesta perspectiva as condições de aceitabilidade do direito e da dominação política transformam-se em condições para a estabilidade de uma fé da maioria na legitimidade da dominação.[70]

Nesse caso, o poder em geral se manifesta na superioridade empírica do interesse mais forte e o poder do Estado se manifesta na estabilidade da ordem por ele mantida. Dessa forma, é a estabilidade que vale como medida da legitimidade, e de acordo com isso, de se considerar a ditadura se possibilitasse a estabilidade do estado como legítima.[71]

Disso decorre também a dificuldade de a minoria vencida entender porque se devem considerar válidas as regras impostas pela maioria, uma

[70] HABERMAS, Jürgen. *Direito e Democracia: entre faticidade e validade.* V. II. Trad. Flávio Beno Siebeneichler. Rio de Janeiro: Tempo Brasileiro, 1997, p. 11.

[71] HABERMAS, *op. cit.*, p. 12.

vez que a decisão foi tomada em consideração à igualdade formal (conceito voluntarista da validade normativa, direito igual e geral ao voto)[72], significando que uma parte do povo domina a outra parte.[73]

Habermas, então, critica essa ideia, na medida em que salienta que é preciso proteger a minoria da tirania da maioria, por mais pacífica que esta seja.[74]Além disso, esclarece que os partidos políticos deslocam o compromisso democrático para o âmbito da retórica, conduzindo por emoção os eleitores.[75]

Mais ainda, o autor sustenta que:

> O nervo do modelo liberal não consiste na autodeterminação democrática das pessoas que deliberam, e sim, na normatização constitucional e democrática de uma sociedade econômica, a qual deve garantir um bem comum apolítico,através da satisfação das expectativas de felicidade de privadas e condições de produzir.[76]

Contudo, assevera, o filósofo de Frankfurt, que na visão republicana, a formação política da opinião e da vontade das pessoas privadas constitui o *medium*, através do qual a sociedade se constitui como um todo estruturado politicamente, sendo democracia sinônimo de auto-organização política da sociedade.[77]

Desta forma, propõe um sistema que visa ao desenvolvimento da capacidade da sociedade civil[78] em desenvolver impulsos vitais através de esferas públicas autônomas e capazes de ressonância, as quais possam introduzir no sistema político conflitos existentes na periferia.[79]

[72] Atribuída ao liberalismo, cfe. HABERMAS, *op. cit.*, p. 19.

[73] HABERMAS citando BECKER, *op. cit.*, p. 15.

[74] HABERMAS,*op. cit.*, p. 15.

[75] HABERMAS, *op. cit.*, p. 16-17.

[76] HABERMAS, *op.cit.* p. 20-21.

[77] HABERMAS, *op. cit.*, p. 19-20.

[78] Cujo núcleo institucional é formado por movimentos, associações e organizações livres, não estatais e não econômicas, as quase ancoram as estruturas de comunicação da esfera pública nos componentes sociais do mundo da vida. Esses captam os ecos dos problemas sociais que ressoam nas esferas privadas, condensando e transmitindo para a esfera pública política. Institucionaliza os discursos capazes de solucionar problemas, transformando-os em questões de interesse geral no quadro de esferas públicas. (HABERMAS, *op. cit.*, p. 91).

[79] HABERMAS, *op.cit.*, p. 58.

Parte da teoria do discurso, na qual processos e pressupostos comunicativos da formação democrática da opinião e da vontade funcionam como a comporta mais importante para a racionalização discursiva das decisões de um governo e de uma administração vinculados ao direito e à lei.

A respeito dessas estruturas comunicativas, Habermas ressalta que:

> As estruturas comunicativas da esfera pública formam uma rede ampla de sensores que reagem à pressão de situações problemáticas da sociedade como um todo e estimulam opiniões influentes. A opinião pública, transformada em poder comunicativo segundo processos democráticos, não pode 'dominar' por si mesma o uso do poder administrativo; mas pode, de certa forma, direcioná-lo.[80]

Para tanto descreve a esfera pública como a rede adequada para a comunicação de conteúdos, tomadas de posições e opiniões. Desse agir comunicativo se extrai a opinião pública qualificada, porque oriunda de um procedimento discursivo qualificado. Assim pode exercer influência sobre o sistema político.[81]

A esfera pública constitui o âmbito onde os problemas transparecem na pressão social exercida pelo sofrimento que se reflete no espelho de experiências pessoais de vida.[82]

A tese de Habermas é proposta num cenário em que se identifica a crise do Estado de Direito, que se estabeleceu pós Estado Positivista (no qual a lei era plena), admitindo a necessidade de normas abertas, conceitos jurídicos indeterminados, princípios, de modo a garantir a subsunção fática de forma justa, devido à complexidade dos fatos que se impõem na sociedade e do aumento das tarefas do Estado.

Explica Habermas:

> Em geral, os problemas da sociedade de riscos ultrapassam as capacidades analíticas e de prognose dos especialistas e a capacidade de elaboração,

[80] HABERMAS, *op.cit.*, p. 23.

[81] HABERMAS, *op. cit.*, p. 94.

[82] Habermas alude à esfera pública burguesa moderna formada nas sociedades européias dos séculos XVII e XVIII, como esfera de pessoas privadas reunidas e formando um público. Assinala ainda o filósofo que sob o ponto de vista histórico, o nexo entre esfera pública e privada começou a aparecer nas formas de reunião e organização de um público leitor, composto de pessoas privadas burguesas que se aglutinavam em torno de jornais e periódicos. (HABERMAS, *op. cit.*, p. 98).

vontade de ação e velocidade de reação da administração encarregada de prevenir os riscos; por isso os problemas de segurança jurídica e da submissão à lei, existentes no Estado Social, se agudizam dramaticamente.[83]

Para superar a crise do Estado de Direito, advoga Habermas que é preciso se afastar da ideia preconcebida do direito fixada na atividade do Estado.[84] Desta forma, a esfera pública é o canal para a legitimidade do Direito, exercendo influência no complexo parlamentar.

1.1.3. Agir comunicativo, em Habermas, para a justiça ambiental

A justiça ambiental se refere a princípios igualitários (às vezes individualistas, mas mais frequentemente comunitários) em suas demandas por uma distribuição mais equitativa de benefícios e encargos ambientais.[85]

O meio ambiente deve incluir a totalidade das condições de vida: ar e água, empregos seguros para todos com salários justos, moradia, educação, saúde, prisões humanas, equidade, justiça.[86]

Esse movimento requer uma atitude de solidariedade, nos termos do objetivo fundamental da República (art. 3º, I), e envolve necessariamente o ideário da justiça social, cujo conceito não tem um consenso universal, implicando várias teorias que não se define qual é a mais justa[87].

No entanto, dentre as várias teorias que buscam ressuscitar alguns princípios gerais de justiça social, Habermas baseia-a num processo, de comunicação livre e desimpedida ocorrida na esfera pública da sociedade civil, como explanado na seção 1.2. O objetivo é a democratização da ação comunicativa de modo a ser portadora de poderosos princípios éticos, tais como as que se referem à justiça.

A ênfase recai sobre a comunicabilidade, observando que a razão é por sua natureza própria consubstanciada em contextos de ação comunicativa, os atos de fala conectam os planos e ações de diferentes atores num tempo histórico e através do espaço social.

[83] HABERMAS, *op.cit.*, p. 176.

[84] HABERMAS, *op. cit.*. p. 178.

[85] HARVEY, David. *Justicia, Naturaleza y la Geografía de la Diferencia*. Trad. Jose María Amoroto. Ecuador: Instituto de Altos Estudios Nacionales, 2018, p. 511.

[86] HARVEY, *op. cit.* p. 503.

[87] Cf. HARVEY, *op. cit.* p. 426.

É preciso a participação popular para mudar os rumos que impactam o meio ambiente e, por conseguinte, a vida das pessoas, "representando um desafio direto à circulação e a acumulação de capital, que atualmente dita quais transformações ambientais ocorrem"[88].

Como já discutido amplamente nesse texto, é necessário explorar modos alternativos de produção, consumo e distribuição, e isso se deve fazer por meio de espaços discursivos pela justiça ambiental.

A formação democrática da opinião e da vontade, no procedimento discursivo proposto por Habermas, converte a reivindicação de justiça ambiental e social em uma preocupação central e não periférica, como direito de todos à autodeterminação ambiental e invoca um comportamento ativo de transformação de forma a favorecer o bem-estar dos pobres, oprimidos e marginalizados.

1.2. O saneamento básico como direito humano ao mínimo existencial

A Constituição da República Federativa do Brasil, de 1988, inaugurando a nova democracia, tratou de organizar as funções do Estado e instaurar o modelo e sistemas de Estado e governo adotados num dado momento histórico de certa sociedade e de reconhecer à população direitos fundamentais que são garantidos perante o Estado, contra qualquer força opressora deste (eficácia vertical dos direitos fundamentais[89]).[90]

O rol de direitos fundamentais está previsto no seu artigo 5º e embora não tenha contemplado expressamente o direito à água potável e ao saneamento básico, esse direito decorre de expressa disposição constitucio-

[88] Harvey, *op. cit.* p. 516.

[89] Posteriormente passou-se a reconhecer em doutrina e jurisprudência, sob grande influência alemã, a eficácia (também) horizontal dos direitos fundamentais, fazendo valer como medida contra a opressão entre os particulares e não mais apenas contra o poder estatal instaurado. (Cfe. Canaris, Claus-Wilhelm. *Direitos Fundamentais e Direito Privado.* Trad. Ingo Wolfgang Sarlet e Paulo Mota Pinto. Coimbra: Editora Almedina, 2008. No Brasil, Sarmento, Daniel. *Direitos Fundamentais e Relações Privadas*, Rio de Janeiro: Lumen Juris, 2004, p. 223 a 368.

[90] Destacando a inovação da atual Constituição Federal quanto à incorporação rica de direitos fundamentais e a imunização desses à ação do constituinte derivado, v. Sarmento, Daniel, *op.cit.* p. 109. Igualmente o autor sustenta que "o mais importante, numa ordem democrática, não é a estrutura básica do Estado (-discordando, desta feita, de outros doutrinadores constitucionais-), mas os direitos fundamentais da pessoa humana, já que o Estado não é um fim em si mesmo, mas apenas um meio de proteção dos direitos humanos." (Idem, nota de rodapé nº 281).

nal pela interpretação dos seus parágrafos § 2º e 3§, que respectivamente determinam que:

> Os direitos e garantias expressos nesta Constituição não excluem outros decorrentes do regime e dos princípios por ela adotados, ou dos tratados internacionais em que a República Federativa do Brasil seja parte.
>
> Os tratados e convenções internacionais sobre direitos humanos que forem aprovados, em cada Casa do Congresso Nacional, em dois turnos, por três quintos dos votos dos respectivos membros, serão equivalentes às emendas constitucionais.

Desta forma, assegura o artigo 25, item 1, da Declaração Universal dos Direitos Humanos de 1948[91], que:

> Toda pessoa tem direito a um padrão de vida capaz de assegurar a si e a sua família saúde e bem estar, inclusive alimentação, vestuário, habitação, cuidados médicos e os serviços sociais indispensáveis, e direito à segurança em caso de desemprego, doença, invalidez, viuvez, velhice ou outros casos de perda dos meios de subsistência fora de seu controle.

Embora não tenha caráter obrigatório, nas palavras de Cabral Barreto, a Declaração Universal dos Direitos Humanos:

> encerra um conjunto de princípios que definem um ideal comum a atingir por todos os povos e por todas as nações e que devem ser considerados património comum da Humanidade e inscritos numa consciência jurídica comum aos povos de todos os continentes.[92]

Igualmente, o artigo 11, 1, do Pacto Internacional sobre Direitos Econômicos, Sociais e Culturais[93], dispõe da proteção ao enunciar que:

[91] Proclamada pela Assembleia Geral das Nações Unidas em Paris, em 10 de Dezembro de 1948, por meio da Resolução 217 A (III) da Assembleia Geral como uma norma comum a ser alcançada por todos os povos e nações. Estabelece, pela primeira vez, a proteção universal dos direitos humanos.

[92] CABRAL BARRETO, Irineu. *A Convenção Europeia dos Direitos do Homem anotada*. 3. ed. Coimbra: Coimbra Editora, 2005.

[93] Adotado pela XXI Sessão da Assembléia-Geral das Nações Unidas, em 19 de dezembro de 1966; Decreto 591, de 6 de Julho de 1992.

> Os Estados Partes do presente Pacto reconhecem o direito de toda pessoa a um nível de vida adequado para si próprio e sua família, inclusive à alimentação, vestimenta e moradia adequadas, assim como a uma melhoria contínua de suas condições de vida. Os Estados Partes tomarão medidas apropriadas para assegurar a consecução desse direito, reconhecendo, nesse sentido, a importância essencial da cooperação internacional fundada no livre consentimento.

Assim também o artigo 12, segundo o qual:

> 1. Os Estados Partes do presente Pacto reconhecem o direito de toda pessoa de desfrutar o mais elevado nível possível de saúde física e mental.
>
> 2. As medidas que os Estados Partes do presente Pacto deverão adotar com o fim de assegurar o pleno exercício desse direito incluirão as medidas que se façam necessárias para assegurar:
>
> a) A diminuição da mortinatalidade e da mortalidade infantil, bem como o desenvolvimento são das crianças;
>
> b) A melhoria de todos os aspectos de higiene do trabalho e do meio ambiente;
>
> c) A prevenção e o tratamento das doenças epidêmicas, endêmicas, profissionais e outras, bem como a luta contra essas doenças;
>
> d) A criação de condições que assegurem a todos assistência médica e serviços médicos em caso de enfermidade.

Como se verifica, não é possível a dignidade humana sem a água e o saneamento básico, pois sem água não é possível existir e sem saneamento básico não é possível existir com saúde.

Os instrumentos internacionais de que o Brasil é signatário e, portanto, a eles está vinculado e obrigado, trazem no âmago o direito à água e ao saneamento básico, que estão ínsitos aos direitos à vida, à alimentação, à higiene, à saúde, à moradia, ao nível de vida adequado.

Não obstante, o artigo 6º, *caput*, da Constituição da República, também traz ínsito o direito à água e ao saneamento básico:

> São direitos sociais a educação, a saúde, a alimentação, o trabalho, a moradia, o transporte, o lazer, a segurança, a previdência social, a proteção à maternidade e à infância, a assistência aos desamparados, na forma desta Constituição.

A saúde foi reconhecida como direito de todos e dever do Estado, garantido mediante políticas sociais e econômicas que visem à redução do risco de doença e de outros agravos e ao acesso universal e igualitário às ações e serviços para sua promoção, proteção e recuperação (Art. 196 da Constituição da República).

Desta forma, o saneamento básico constitui pilar do direito à saúde e à existência humana.

O saneamento básico contém quatro eixos: abastecimento de água, esgotamento sanitário, manejo de resíduos sólidos e drenagem pluvial, como se verá adiante.

O saneamento é entendido como o acesso e uso de instalações e serviços para a eliminação segura da urina e das fezes humanas. Um sistema de saneamento seguro é um sistema programado e utilizado para evitar o contato das pessoas com as excreções humanas em todas as etapas do serviço de saneamento, desde a contenção, transporte, tratamento até sua disposição final.[94]

Esclarece-se o ciclo da água, de modo a observar os custos mínimos do saneamento básico.

A água a ser coletada (e tratada) para consumo humano se encontra nos rios e lagos, porém oferece risco ao ser humano se consumida imediatamente, pois a ela tem acesso os animais, pessoas, é utilizada para a agricultura, na indústria e navegação.[95]

A reserva hídrica ou a fonte utilizada para o abastecimento de água denomina-se manancial, que pode ser superficial ou subterrâneo. O manancial superficial capta as águas que escoam e se acumulam na superfície, e correspondem aos reservatórios artificiais, açudes e lagos represados; ao passo que o manancial subterrâneo se encontra abaixo da superfície terrestre, constituindo os lençóis freáticos e profundos. As áreas meteóricas, encontradas na atmosfera, como a chuva, também são fontes de abastecimento, desde que possuam uma superfície de captação.[96]Além disso, há

[94] TUROLLA, Frederico Araújo. *Provisão e Operação de Infraestrutura no Brasil: O Setor de Saneamento.* Dissertação apresentada ao curso de mestrado em Economia de Empresas da EAESPIFGV como requisito para obtenção do título de mestre em Economia. São Paulo, 1999. Disponível em https://bibliotecadigital.fgv.br/dspace/bitstream/handle/10438/5424/1199902570.pdf?sequence=1&isAllowed=y.

[95] *Idem*

[96] FUNASA. *Manual de Saneamento.*Coord. Patrícia Valéria Vaz Areal e Filomena Kotaka Brasília: Ministério da Saúde, 2015, p. 78. Disponível em Manual de Saneamento (funasa.gov.br). Acesso em Fevereiro 2020.

a captação de água que aflora à superfície dos solos, que são as nascentes, minas d'água, olhos d'água e fontes. As nascentes são elementos de suma importância na dinâmica hidrológica, pois consistem nos focos da passagem da água subterrânea para a superfície, podendo resultar na formação de canais fluviais. São bastante utilizadas no abastecimento de água, principalmente no meio rural.[97]

Na hipótese de se retirar a água de um poço, de uma cisterna ou elevar a água de um ponto para outro mais alto, recorre-se a um meio elevatório, que pode ter acionamento manual ou eletromecânico.[98]

Após a coleta da água bruta, segue pela adutora de água bruta até a Estação de Tratamento de Água (ETA) ocorre o seu armazenamento, que requer a construção de reservatórios para atender o uso da sociedade, e tem a função de fazer o assentamento dos sólidos em suspensão. Ressalta-se que a água marinha, porém, é dotada de salinidade, cujo processo de purificação é de custo elevado.[99]

Procede-se ao tratamento da água no sentido da sua potabilidade por meio de peneiramento e adição de produtos químicos para ajustar a acidez, remover traços de pesticidas e cores indesejáveis; remoção de sólidos por flotação ou sedimentação; filtração primária e secundária, através de areia fina, membranas, carbono ativado e outros processos; desinfecção, visando exterminar bactérias causadoras de doenças; e amaciamento ou redução do carbonato de cálcio contido na água. E se for o caso de água marinha, dessalinização.[100]

A qualidade físico-química e microbiológica da água obtida no manancial definirá o método de tratamento necessário para atender aos padrões de potabilidade estabelecidos pela legislação vigente no país. As tecnologias de tratamento de água podem ser enquadradas em dois grupos: sem coagulação química e com coagulação química. Dependendo da qualidade da água bruta, ambos os grupos podem ou não ser precedidos de pré-tratamento ou requererem complementações com tratamentos específicos.[101]

Uma vez tratada, a água deve fluir ou ser bombeada até reservatórios fechados, cuja função principal é a de suprir as variações na demanda ao

[97] FUNASA, *op. cit.*, p. 87.

[98] FUNASA, *op. cit.*, p. 94.

[99] TUROLLA, *op. cit.*

[100] *Idem*

[101] FUNASA, *op. cit.*, p. 110.

longo do dia, além de garantir a continuidade do fornecimento em caso de problemas nas fases anteriores do fornecimento.[102]

Dos reservatórios, a água tratada alcança os pontos de consumo através de uma rede de distribuição, composta de tubos cujo diâmetro varia de acordo com o tamanho da população servida.[103]

As adutoras exercem a função de conduzir a água entre as unidades que antecedem a rede de distribuição e consistem em um conjunto de tubulações, peças especiais e obras de arte para água bruta ou água tratada.[104]

Na etapa posterior ao consumo, o descarte da água servida acontece através de uma rede de canais de esgoto, ou seja, os despejos provenientes das diversas modalidades de uso da água.

O volume de descarte oriundo do consumo doméstico e comercial soma-se às águas pluviais, que devem ser drenadas, de forma que os dois processos podem, eventualmente, ser feitos pela mesma rede. No caso da drenagem das águas pluviais, a prevenção de enchentes é uma função importante.[105]

O tratamento de esgotos é um processo mais caro e delicado que o da água bruta. Normalmente, inicia-se pela separação dos sólidos contidos, usando peneiras, e pela remoção da areia adquirida pelas águas pluviais na sua passagem pelo solo. São usados processos de assentamento, separando os sólidos que se depositam no fundo do recipiente. Após a remoção dos sólidos, uma fase típica é o chamado tratamento secundário, no qual são empregados microrganismos, especialmente bactérias, para decompor os materiais orgânicos contidos no esgoto. Um estágio adicional, o tratamento terciário, pode ser necessário para atender a certos padrões de qualidade, dependendo do conteúdo do esgoto em tratamento.[106]

Depois do processo de tratamento, a água não estará livre de uma carga poluidora, mas estará em condições mínimas para ser devolvida ao ciclo natural, com descarga em rios ou no oceano sem grande impacto ambiental.[107]

O lodo resultante das várias etapas do processo também requer tratamento.[108]

[102] TUROLLA, *op. cit.*

[103] *Idem*

[104] FUNASA, *op. cit.*, p. 105.

[105] TUROLLA, *op. cit.*

[106] *Idem*

[107] *Idem*

[108] *Idem*

A água contida pode ser removida quando economicamente viável, enquanto o lodo final pode ser aquecido liberando metano, gás que pode ser armazenado e pode ser usado para aquecimento do próprio tanque ou para geração de eletricidade.

O material seco remanescente ainda pode servir como fertilizante, ser incinerado ou descartado. O lodo ou suas cinzas pode também ser usado na fabricação de tijolos e outros artefatos.[109]

Mister ressaltar, entretanto, que nem sempre a ausência de um dos serviços compositores do saneamento básico impede a cobrança da tarifa integral ao usuário. O Superior Tribunal de Justiça, a esse respeito, entende que:

> A legislação que rege a matéria dá suporte para a cobrança da tarifa de esgoto mesmo ausente o tratamento final dos dejetos, principalmente porque não estabelece que o serviço público de esgotamento sanitário somente existirá quando todas as etapas forem efetivadas, tampouco proíbe a cobrança da tarifa pela prestação de uma só ou de algumas dessas atividades.[110]

Ainda com base no Tema Repetitivo 565, retromencionado, o Superior Tribunal de Justiça mais recentemente decidiu que:

> ...
>
> III – Conforme a construção decisória desenvolvida no Recurso Especial Repetitivo 1.339.313/RJ, a cobrança da tarifa de esgoto encontra-se justificada quando a concessionária realiza a coleta, transporte e escoamento dos dejetos, ainda que não promova o respectivo tratamento sanitário antes do deságue. Esta cobrança não é afastada na hipótese de utilização de galerias de águas pluviais para a prestação do serviço, uma vez que a concessionária não só realiza a manutenção e desobstrução das ligações de esgoto que são conectadas no sistema público de esgotamento, como também trata o lodo nele gerado.

Todavia, ressalta-se que todas as etapas referidas constituem o saneamento básico. Sem qualquer uma delas, esse direito humano resta violado. Dentre as consequências dessa falta, estão os inúmeros problemas de saúde, que prejudicam o bem estar da população, o seu direito à educação, ao trabalho, à reprodução e uma vida digna, quiçá vida.

[109] *Idem*

[110] STJ, 1ª Turma, EDcl no AgInt no REsp 2001635 / RJ, Rel. Min. Regina Helena Costa. Julg. 12/12/2022. Por unanimidade.

1.2.1. Dignidade da pessoa humana

O princípio[111] da dignidade da pessoa humana está consagrado na Constituição Federal, em seu artigo 1º, inciso III, como fundamento da República Federativa do Brasil. Como tal, nas palavras de Daniel Sarmento, o referido princípio:

> costura e unifica todo o sistema pátrio de direitos fundamentais, representa o epicentro axiológico da ordem constitucional, irradiando efeitos sobre todo o ordenamento jurídico e balizando não apenas os atos estatais, mas também toda a miríade de relações privadas que se desenvolvem no seio da sociedade civil e no mercado.[112]

Sendo o fundamento do Estado brasileiro, alcança primazia sobre este, mesmo porque o Estado não existe e nem é fundado sem as pessoas. Aliás, são as pessoas, através dos meios que são próprios, é que decidem o formato do Estado que inauguram por meio de uma Constituição (forma e regime de Estado e de governo).

O princípio da dignidade da pessoa humana decorre inicialmente da ideia do homem criado à imagem e semelhança de Deus, com o aprofundamento dos ensinamentos cristãos de amor ao próximo como a si mesmo, o que concebe a igualdade entre as pessoas.[113]

[111] Para Miguel Reale, princípios são verdades ou juízos fundamentais que servem de alicerce ou de garantia de certeza a um conjunto de juízos, ordenados em um sistema de conceitos relativos à dada porção da realidade. Também, segundo o autor, se denominam princípios certas proposições, que apesar de não serem evidentes ou resultantes de evidências, são assumidas como fundantes da validez de um sistema particular de conhecimentos, como seus pressupostos necessários". (REALE, Miguel. *Filosofia do Direito*. São Paulo: Saraiva, 1986, p 60). Para Luís Roberto Barroso, os princípios constituem o conjunto de normas que espelham a ideologia da Constituição, seus postulados básicos e seus fins. Ou, sumariamente, os princípios constitucionais são as normas eleitas pelo constituinte como fundamentos ou qualificações essenciais da ordem jurídica que institui. (BARROSO, Luís Roberto. *Interpretação e aplicação da Constituição: fundamentos de uma dogmática constitucional transformadora*. São Paulo, Saraiva, 1999, pág. 147).
E ainda, para Celso Antonio Bandeira de Mello, "princípio é o mandamento nuclear do sistema". (MELLO, Celso Antônio Bandeira de, Curso de Direito Administrativo. São Paulo: Malheiros, 2000, p. 747-748).

[112] SARMENTO, *op. cit*, p. 110.

[113] CAMPOS, Diogo Leite de. *NÓS – Estudos sobre o Direito das Pessoas*. Coimbra: Almedina. 2004.

Na filosofia iluminista, especialmente em Kant o homem constitui um fim em si mesmo e não um meio para alcançar o fim, sendo dotado de uma autonomia moral, o que lhe garante dignidade e não preço.[114]

Não obstante, é de se considerar também, sobretudo considerando os impactos que a falta de saneamento básico provoca no meio ambiente (esgoto a céu aberto, destinação inadequada do lixo, poluição das águas), que o ser humano está inserido no contexto ecológico sem o qual não sobrevive. Essa percepção traz a realidade de que somos parte de um todo maior que deveria ser o centro dos interesses, discussões e ações. Contudo, o Direito em si tem como foco a pessoa humana e as relações entre elas, de modo a garantir-lhes precipuamente a liberdade e a igualdade como instrumentos da paz social.

Dessa forma, é de se assegurar à pessoa humana o livre desenvolvimento da sua personalidade[115], servindo-lhe o Estado e não o contrário. Conforme salienta Canotilho:

> Perante as experiências históricas da aniquilação do ser humano (inquisição, escravatura, nazismo, stalinismo, polpotismo, genocídios étinicios) a dignidade da pessoa humana como base da República significa, sem transcendências ou metafísicas, o reconhecimento do *homo noumenon*, ou seja, do indivíduo como limite e fundamento do domínio político da República.Neste sentido, a República é uma organização política que serve ao homem, não é o homem que serve aos aparelhos político-organizatórios.[116]

Ao Estado é imposto, já no princípio da Constituição que o inaugurou, que é necessário assegurar à pessoa humana as condições necessárias para que tenha dignidade, ou, a dignidade, de modo a garantir o pleno desenvolvimento da pessoa humana, só é possível de ser alcançada por meio de ações que forneçam ao ser humano condições indispensáveis à sua existência e sobrevivência de maneira livre e igual ao seu semelhante.

Não é concebível ideia diversa que possa garantir a paz social almejada como fim último do complexo de normas estabelecidas pelo direito

[114] KANT, Emmanuel. *Fundamentação da Metafísica dos Costumes*. Trad. Paulo Quintela. *In:* Os Pensadores: Kant (II). São Paulo: Abril Cultural, 1980, p.135 e ss.

[115] PINTO, Carlos Alberto Mota. *Teoria Geral do Direito Civil*. Coimbra: Almedina, 1999.

[116] CANOTILHO, José Joaquim Gomes. *Direito Constitucional e Teoria da Constituição*. Coimbra: Almedina, 1998, p. 219.

objetivo. A dignidade da pessoa humana, sendo o fundamento do Estado (como fixou a Constituição Federal) é para o Direito o âmago da paz social. Ou seja, quanto mais dignidade cada pessoa tiver num Estado, mais paz social existirá.

O saneamento básico, na medida em que constitui o abastecimento de água, coleta e tratamento do esgoto, drenagem das águas pluviais e disposição adequada de resíduos sólidos e limpeza urbana, constitui ação essencial, seja do Estado, seja do particular a quem o Estado confia o fornecimento, para garantir a saúde da população e a vida das pessoas. Em síntese, o saneamento básico está entre o rol de prestações que compõem o mínimo existencial e, portanto, fundamental à garantia da dignidade da pessoa humana.

1.2.2. Problemas de saúde decorrentes da falta de saneamento básico

Um dos principais motivos para os problemas de saúde em todo o mundo são as condições não-adequadas da água e do saneamento básico. É o que mostra os dados do Relatório de Desenvolvimento Humano de 2006 "a água não limpa e as más condições de saneamento, constituem a segunda maior causa de mortalidade infantil no mundo e 443 milhões de dias de aulas são perdidos todos os anos devido a doenças relacionadas com a água."[117]

No Brasil são geradas 9,1 mil toneladas de esgoto por dia (essa carga de esgoto é medida em Demanda Bioquímica de Oxigênio (DBO), que corresponde à matéria orgânica presente nele). No entanto, conforme a Agência Nacional de Águas (ANA), 45% da população brasileira não têm acesso ao tratamento adequado de esgoto. Dessa porcentagem, 18% têm o esgoto coletado e não tratado e 27% não possuem coleta nem tratamento, ou seja, não possuem nenhum atendimento por serviço de coleta sanitário.[118]

[117] O relatório mostra que quase 2 milhões de crianças morrem todos os anos por falta e um copo de água limpa e banheiro em suas casas. Fora dos domicílios, a disputa pela água para produção se intensifica, prejudicando os menos favorecidos das áreas rurais e o meio ambiente. O texto recusa a ideia de que a crise mundial da água é resultado da escassez e defende que a pobreza, o poder e as desigualdades é que estão no âmago do problema. O relatório aponta que, no ritmo atual, as metas dos Objetivos de Desenvolvimento do Milênio relacionadas saneamento e água não serão cumpridas no prazo.
Conforme:https://www.br.undp.org/content/brazil/pt/home/library/idh/relatorios-de-desenvolvimento humano/relatorio-do-desenvolvimento-humano-20006/

[118] Dados do Sistema Nacional de Informações sobre o Saneamento.

Ainda, das 9,1 mil toneladas de esgoto geradas por dia apenas 5,5 mil toneladas são tratadas, o que representa 39% do total, por isso o impacto é cada vez maior e mais grave em nossos rios. Conforme informações da ANA, mais de 110 mil quilômetros de trechos de rios estão com a qualidade comprometida devido ao excesso de carga orgânica despejada neles, isto é, esgoto não tratado adequadamente. Desse quantitativo de trechos de rio com qualidade comprometida, em 83.450 quilômetros não é mais permitida a captação para abastecimento público devido à poluição e em 27.040 quilômetros a captação pode ser feita, mas requer tratamento avançado.[119]

A falta de serviço de saneamento adequado, diz-se, seguro, provoca problemas de saúde pública, não apenas pela contaminação das águas e transmissão de doenças infecciosas, como também pela propagação de mosquitos transmissores de doenças.

Assim, as diarreias repetitivas com resultado morte principalmente em crianças com menos de cinco anos de idade, as geohelmintoses, cólera, hepatite e febre tifóide, a esquistossomose, o tracoma, a febre do Nilo Ocidental, a filariose linfática, a disfunção entérica ambiental, responsáveis por má absorção de nutrientes (desnutrição), déficits de crescimento, da função cognitiva e desempenho escolar, bem como por mortes, sobretudo de fetos.[120]

No Brasil é comum a esquistossomose ("barriga d'água"), doença causada pelo Schistosoma mansoni, um verme encontrado em água doce, que aparece nos rios e lagos por meio das fezes de pessoas contaminadas. Esses dejetos levam os ovos do verme, que eclodem na água, liberando larvas que infestam seu hospedeiro intermediário, o caramujo.[121]

A doença é considerada um problema endêmico, com cerca de 1,5 milhão de pessoas vivendo em áreas de risco de contaminação. As regiões

[119] Agência Nacional de Águas e Saneamento Básico. *Atlas Esgotos revela mais de 110 mil km de rios com comprometimento da qualidade da água por carga orgânica*. Publicado em 25 de Setembro de 2017. Disponível em: https://www.ana.gov.br/noticias/atlas-esgotos-revela-mais-de-110-mil-km-de-rios-com-comprometimento-da-qualidade-da-agua-por-carga-organica. Dados de 03/11/2017. Capturado em Fevereiro de 2020.

[120] COSTA, André Monteiro *et all. Impactos na saúde e no Sistema Único de Saúde decorrentes de agravos relacionados a um saneamento ambiental inadequado. In* Caderno de Pesquisa em Engenharia de Saúde Pública. Brasília: FUNASA, 2004, p.5-25.

[121] *Ibidem.*

mais visadas do país são o Nordeste e estados do Sudeste como Minas Gerais e Espírito Santo.[122]

Essa triste realidade acaba por afetar também a indústria do turismo, como o caso relatado por pesquisas desenvolvidas pela Fiocruz de indivíduos da zona rural parasitados com o Schistosoma mansoni e que foram trabalhar em áreas turísticas no litoral daquele estado, como Porto de Galinhas.[123]

Sendo também o lixo o principal criadouro do mosquito da dengue.[124]

Segundo estudo recente realizado pela ONU, somadas as abstenções escolares de todos os alunos no mundo, problemas ligados à falta de saneamento e água fazem com que 443 milhões de dias letivos sejam perdidos todos os anos.[125]

Portanto verifica-se que a falta de saneamento não só gera problemas relacionados à saúde pública como também à educação.[126]

Ao revés, a disposição adequada do esgoto tem como consequência a redução dos casos de doenças; a diminuição das despesas com o tratamento de doenças evitáveis; a redução do custo do tratamento da água de abastecimento, devido à melhor qualidade da água bruta, pela prevenção da poluição dos mananciais; o controle da poluição das praias e dos locais de recreação com o objetivo de promover o turismo; a preservação da biota

[122] Portal Saneamento Básico. *Esquistossomose é considerada doença endêmica no Brasil.* Disponível em: https://www.saneamentobasico.com.br/esquistossomose-doenca-brasil/Dado de 20/2/2020. Capturado em Fevereiro de 2020.

[123] Barbosa, Constança Simões *et all. Turismo de risco para esquistossomose mansônica em Porto de Galinhas, Estado de Pernambuco, Brasil. In* Revista Pan-Amazônica de Saúde. V.6, n.3 Ananindeua, Set. 2015. Disponível em: Turismo de risco para esquistossomose mansônica em Porto de Galinhas, Estado de Pernambuco, Brasil (iec.gov.br). Capturado em Fevereiro de 2020

[124] Ministério da Saúde. *Levantamento Rápido de Índices para Aedes aegypti – LIRAa – para Vigilância Entomológica do Aedes aegypti no Brasil.* Brasília, 2013. Disponível em: manual_liraa_2013.pdf (saude.gov.br). Lixo é o principal criadouro do mosquito da dengue nas regiões Norte, Centro-Oeste e Sul – Notícia – UNA-SUS (unasus.gov.br).

[125] Nações Unidas Brasil. *Direito a água potável e saneamento básico é juridicamente vinculativo, afirma Conselho de Direitos Humanos da ONU.* 04/10/2010. Disponível em: Direito a água potável e saneamento básico é juridicamente vinculativo, afirma Conselho de Direitos Humanos da ONU | As Nações Unidas no Brasil. Capturado em Fevereiro de 2020.

[126] Maia, Keila. *Pesquisas mostram como o não acesso à água e ao esgoto afeta outros direitos sociais.* Fiocruz, 17/3/2017. Disponível em: https://portal.fiocruz.br/noticia/pesquisas-mostram-como-o-nao-acesso-agua-e-ao-esgoto-afeta-outros-direitos-sociais. Publicado em 17/03/2017. Capturado em Fevereiro de 2020.

aquática, especialmente os criadouros de peixes; a obtenção de maior disponibilidade hídrica para a instalação de indústrias devido à conservação dos recursos naturais.

1.2.3. Vulnerabilidade e ausência de saneamento básico

Relaciona-se a falta de saneamento básico à vulnerabilidade das pessoas que habitam em áreas pobres, onde há falta de água potável e coleta e tratamento do esgoto.

Etimologicamente, a palavra vulnerabilidade é originária do latim *vulnerare*, que significa ferir, lesar, prejudicar, e *bĭlis*, entendido como suscetível a.[127]

Na Bioética[128], o conceito de vulnerabilidade como condição inerente ao ser humano, naturalmente necessitado de ajuda, diz do estado de ser/estar em perigo ou exposto a potenciais danos em razão de uma fragilidade atrelada à existência individual, eivada de contradições.

Nesse caso, a vulnerabilidade – intrínseca – às vidas humanas também foi reconhecida por filósofos políticos que propuseram ordens sociais destinadas a proteger da violência a vida, a integridade corporal e a propriedade.[129]Nessa perspectiva, parte-se da premissa de que os seres humanos são vulneráveis, pois estão sob essa condição comum a todos, considerando sua finitude, fragilidade.

Além dessa vulnerabilidade que é intrínseca à existência humana, alguns indivíduos e grupos são afetados diretamente por circunstâncias desfavoráveis, nas quais a pobreza, a falta de educação, as dificuldades geográficas, as doenças crônicas, a violência, desemprego e outros infortúnios os tornam ainda mais vulneráveis. E, no geral, pessoas nessa con-

[127] OLIVEIRA, Aline Albuquerque S. de e CARREIRO, Natália Maria Soares. *Interconexão entre Direito e bioética à luz das dimensões teórica, institucional e normativa. In* Revista Bioética 21 (1), 2013.

[128] A dimensão teórica da Bioética pode ser definida como o conjunto de teorias e princípios cuja natureza é de ética aplicada e tem como objeto dilemas morais relacionados à saúde e à vida (OLIVEIRA, Aline Albuquerque S. de e CARREIRO, Natália Maria Soares. *Interconexão entre Direito e bioética à luz das dimensões teórica, institucional e normativa. In* Revista Bioética 21 (1), 2013. Disponível em: https://www.scielo.br/j/bioet/a/CSgTNyGyjpR6LjtJWWqJhbQ/?lang=pt&format=pdf

[129] Kottow MH. *Comentários sobre bioética, vulnerabilidade e proteção. In:* Garrafa V, Pessini L, organizadores. Bioética: poder e injustiça. São Paulo: Loyola; 2003, p. 74, *apud* SANCHES, Mario Antonio; MANNES, Mariel; CUNHA, Thiago Rocha *Da. Vulnerabilidade moral: leitura das exclusões no contexto da bioética. In:* Revista Bioética. vol. 26 nº.1, Brasília, Jan./Mar. 2018, p.40.

dição são relativa ou absolutamente incapazes de proteger seus próprios interesses. De modo mais formal, podem ter poder, inteligência, educação, recursos e forças insuficientes ou atributos necessários à proteção de seus interesses.[130]

Verifica-se, portanto, que essas pessoas estão em situações de maior vulnerabilidade do que outras, o que decorre da sua condição socioeconômica, e por isso é compreendida como vulnerabilidade social.[131]

A vulnerabilidade social resulta das estruturas políticas e econômicas e da ausência ou falha do Estado em criar políticas públicas no sentido de diminuí-la e superá-la. Em razão da vulnerabilidade social, o ser humano se depara com menor acesso à saúde, à educação e também ao saneamento básico, essenciais para a dignidade da pessoa humana e o seu desenvolvimento.

Desta forma, requer ação estatal proativa e sanatória, porquanto existe violação de direitos humanos definidos em normas internacionais.[132]

A título de ilustração da vulnerabilidade social em saneamento básico, um total de 15,5 milhões de pessoas se vêem forçadas a defecar a céu aberto na América Latina e no Caribe.[133]

Bolívia, Brasil, Colômbia, Haiti, México, Peru e Venezuela são países onde mais ocorre essa prática. O Haiti é o país da região com a maior porcentagem da população que defeca ao ar livre (20%) e com os níveis mais baixos de acesso a serviços básicos de água e saneamento da região (65,5%

[130] Macklin R. *Bioética, vulnerabilidade e proteção. In:* Garrafa V, Pessini L, organizadores, Bioética: poder e injustiça. São Paulo: Loyola; 2003, p. 59, *apud* SANCHES, Mario Antonio; MANNES, Mariel; CUNHA, Thiago Rocha Da. *Vulnerabilidade moral: leitura das exclusões no contexto da bioética. In:* Revista Bioética. vol.26 nº.1, Brasília, Jan./Mar. 2018, p. 40.

[131] SANCHES, Mario Antonio; MANNES, Mariel; CUNHA, Thiago Rocha Da. *Vulnerabilidade moral: leitura das exclusões no contexto da bioética. In:* Revista Bioética. vol.26 nº.1, Brasília, Jan./Mar. 2018, p. 41.

[132] O VI Congresso Mundial de Bioética (2002) debateu a necessidade de a Bioética incorporar em seu campo de reflexão e ação temas políticos atuais, principalmente as desigualdades sociais e econômicas existentes entre países ricos e pobres, propondo que esse campo lide com alguns problemas persistentes típicos de países periféricos, como exclusão social, concentração de poder e efeitos negativos da globalização.

[133] Conforme Organização Pan-Americana da Saúde (OPAS): https://www.paho.org/bra/index.php?option=com_content&view=article&id=6063:quase-16-milhoes-de-pessoas-ainda-defecam-ao-ar-livre-na-america-latina-e-no-caribe&Itemid=839, de 19 de Novembro de 2019. Capturado em Fevereiro de 2020.

e 34,7%, respectivamente). Isso significa que muitos habitantes adoecem por causas relacionadas a essa prática, a exemplo da diarreia.[134]

Pessoas com renda mais baixa, grupos em situação de vulnerabilidade, populações rurais e povos indígenas são os mais afetados pelo saneamento deficiente.

Conforme estudos da Fiocruz, nos municípios com maior desigualdade e maior proporção de pobres, há maior parcela da população sem água e banheiro no domicílio. Maiores taxas de mortalidade infantil do município também estão associadas a maior proporção da população sem acesso a água e banheiro no domicílio.[135]

O percentual de pessoas em domicílios com abastecimento de água e esgotamento sanitário inadequados está também associado a indicadores socioeconômicos: em situações mais favoráveis quanto à renda per capita, IDHM, proporção de pobres e desigualdade do município a tendência é haver menor proporção de população com condições inadequadas de água e esgoto.[136]

Dados da Fiocruz nos informam que até 2012, 49,3% dos domicílios do país cujas famílias tinham renda de até meio salário mínimo não contavam com serviços de saneamento (oferta simultânea de água, esgotamento sanitário e coleta de lixo); para as famílias com renda superior a dois salários mínimos, esse percentual era de apenas 16,4%.[137]

No entanto, há ainda algumas formas específicas de exclusão que reforçam fragilidades e que não estão relacionadas a condições puramente socioeconômicas.

[134] Conforme Organização Pan-Americana de Saúde: https://www.paho.org/bra/index.php?option=com_content&view=article&id=6063:quase-16-milhoes-de-pessoas-ainda-defecam-ao-ar-livre-na-america-latina-e-no-caribe&Itemid=839. Dados de 19/11/2019. Capturado emFevereiro de 2020.

[135] Agência Fiocruz de Notícias. *Combate à desigualdade social é essencial para reduzir mortalidade infantil.* 2008. Disponível em: Agência Fiocruz de Notícias. Capturado em Junho de 2023.

[136] D'Albuquerque, Raquel & Menicucci, Telma. *Política de saneamento vis-à-vis à política de saúde: encontros, desencontros e seus efeitos. In* Saneamento como política pública: Um olhar a partir dos desafios do SUS. Org. Léo Heller. Rio de Janeiro, RJ: Centro de Estudos Estratégicos da Fiocruz, 2018.: http://www.cee.fiocruz.br/sites/default/files/2_Leo%20Heller%20et%20al_saneamento.pdf

[137] Heller, Léo *et all.A busca pela universalização do acesso. In* Saneamento e Saúde: Saneamento: entre os direitos humanos, a justiça ambiental e a promoção da saúde. Org. Guilherme Franco Netto Juliana WotzasekRulliVillardi e Virginia Maria Leite de Almeida. Fundação Oswaldo Cruz, Ministério da Saúde, 2018, p. 29. Disponível em https://portal.fiocruz.br/sites/portal.fiocruz.br/files/documentos/06_saneamento.pdf. Capturado em Fevereiro de 2020.

Essa forma de vulnerabilidade desafia a bioética a se posicionar criticamente diante de todas as tendências teóricas que desvalorizam a integralidade do ser humano.

No plano social, as identidades individuais se formam mediante diálogo aberto entre todos, e o seu não reconhecimento é visto como forma de opressão.

Assim, opressão, intolerância, estigmatização e exclusão revelam a vulnerabilidade moral a que determinados indivíduos e grupos estão submetidos por não serem reconhecidos e aceitos por aqueles que compartilham a moralidade padrão.[138]

A vulnerabilidade moral surge do processo cultural, que marca a construção de nossa visão de mundo e escalas de valores.

Toda vez que aceitamos que um humano vale mais do que outro, nos deparamos com o processo ideológico das relações de poder que proclamam verdades de ocasião, num esquema mental que se repete ao longo da história: o humano "A" que está no poder enumera seus próprios atributos e condições como critério para provar que o outro, o humano "B", lhe é inferior, exatamente por não ter os mesmos atributos e condições.[139]

Uma em cada quatro mulheres (cerca de 27 milhões de brasileiras) não têm acesso adequado à água tratada e à coleta e tratamento de esgoto no país. 38,2% da população feminina residem em casa sem coleta de esgoto.

O Nordeste abarca quase a metade da população rural feminina do país, região que é a segunda do país em população feminina perdendo para o sudeste que possui 42,5% do total de mulheres do país. A precariedade é mais alarmante nas regiões Norte e Nordeste do país e atinge mais as mulheres com níveis de instrução menores e as mais pobres.[140]

[138] SANCHES, Mario Antonio; MANNES, Mariel; CUNHA, Thiago Rocha Da. *Vulnerabilidade moral: leitura das exclusões no contexto da bioética. In:* Revista Bioética. vol.26 nº.1, Brasília, Jan./Mar. 2018, p. 43.

[139] Sanches MA, Vieira JO, Melo EA. *A dignidade do embrião humano: diálogo entre teologia e bioética.* São Paulo: Ave Maria; 2012. p. 226, apud SANCHES, Mario Antonio; MANNES, Mariel; CUNHA, Thiago Rocha Da. *Vulnerabilidade moral: leitura das exclusões no contexto da bioética. In:* Revista Bioética, vol.26 nº.1, Brasília, Jan./Mar. 2018, p. 43.

[140] Relatório do Instituto Trata Brasil, em parceria com a BRK Ambiental. *O Saneamento e a Vida da Mulher Brasileira.* O Relatório baseou-se em dados de 2016, da Pesquisa Nacional por Amostra de Domicílios Continuada realizada pelo IBGE. Disponível em:brk-ambiental-presents_women-and-sanitation_PT.pdf (tratabrasil.org.br), p. 51.

A inexistência de banheiro na moradia é o mais primário dos problemas associados ao esgoto. Aponta-se que 1,585 milhão de mulheres brasileiras foram afligidas por esse problema.[141]

Essa falta reverbera em outras camadas. As meninas não vão à escola quando menstruam, as mulheres em geral não conseguem estudar, conquistar um bom emprego. Além disso, a falta de saneamento ainda agrava a questão da pobreza menstrual.[142]

A moradia sem banheiro conduz à redução em 61,3% no rendimento da mulher em relação àquela que tem habitação com banheiro de uso exclusivo.

No caso da falta de coleta de esgoto, a remuneração da mulher esperada é 21,9% menor que a daquelas que residem em habitação com acesso à rede geral de coleta de esgoto.

No caso de a casa da mulher não dispor de água tratada, a sua remuneração é 26,5% menor que a da população feminina que reside em habitações com fornecimento regular de água por rede geral.[143]

Ressalta-se também que jovens que moravam em domicílios com banheiro tem 1,2 ano de atraso escolar a menos que aquelas que moravam em residências sem banheiro.[144] Assim como ingressam no mercado de trabalho com grau de escolaridade menor, o que representa perda de produtividade e remuneração do trabalho. Em relação aos meninos, a falta ou deficiência de saneamento básico, as chances das meninas progredirem para o ensino superior público e gratuito se apresentam menores.[145]

As doenças gastrointestinais decorrentes da falta ou deficiência de saneamento básico afeta mais as mulheres que os homens e leva ao afastamento das mulheres de suas atividades por cerca de 3,48 dias.[146]

Igualmente, o número de óbitos provocados pelo saneamento não adequado é maior entre as mulheres que entre os homens (54,4%).[147]

141 *Idem.*

142 SENA, Cristina. *Saúde Menstrual e Saneamento.* Instituto Água e Saneamento. 6 de Dezembro de 2021. Disponível em: https://www.aguaesaneamento.org.br/pobreza-menstrual-e-saneamento-basico/. Capturado em Junho de 2023.

143 Relatório do Instituto Trata Brasil, em parceria com a BRK Ambiental. *O Saneamento e a Vida da Mulher Brasileira...,op.cit.*, p.53.

144 *Idem.*

145 *Idem.*

146 *Idem.*

147 *Op. cit.*, p. 52.

As mulheres desempenham trabalhos não remunerados (doméstico e de cuidados) três vezes mais do que os homens os fazem.[148]

Assim, como cuidadoras, as mulheres são mais afetadas quando membros da família adoecem como resultado da inadequação do acesso à água, ao esgotamento sanitário e à higiene.[149]

Também devido a esse papel, as mulheres estão em maior contato físico com a água contaminada e com dejetos humanos quando a infraestrutura de saneamento é inadequada.

Essa desigualdade piora também a falta de condições materiais e sanitárias para a realização da higiene pessoal durante o período menstrual.

Nomeadamente mulheres do Nordeste e de zonas rurais carregam baldes de água na cabeça por longas distâncias para levar água à família.

Onde a água não está disponível na própria residência, mulheres e meninas são as principais responsáveis pela água e pela higiene em casa. Além de carregar o pesadíssimo fardo de coletar água, estão sujeitas a risco elevado de violência de gênero.

Trabalhadoras da área de esgotamento sanitário são particularmente vulneráveis, na medida em que são expostas a um ambiente de extrema poluição e contaminação, que tem um impacto muito maior durante a gravidez e a menstruação.

Em situações humanitárias, inclusive em tempos de conflito ou desastres naturais, quando as condições de acesso à água e ao esgotamento sanitário chegam a seu mínimo, as necessidades específicas de mulheres e meninas são frequentemente desconsideradas.

Um levantamento de dados recentemente conduzido pelas Nações Unidas, na Europa, apontou que mulheres e meninas refugiadas são vulneráveis à violência e falta de serviços que especialmente deveriam atender às suas necessidades, como instalações sanitárias e de banho com privacidade.[150]

148 Nações Unidas. Brasil. *ONU Mulheres defende que recuperação econômica e igualdade de gênero estão associadas*. Publicado em 13 de Setembro de 2021. Disponível em ONU Mulheres defende que recuperação econômica e igualdade de gênero estão associados | As Nações Unidas no Brasil.

149 Relatório do Instituto Trata Brasil, em parceria com a BRK Ambiental. *O Saneamento e a Vida da Mulher Brasileira...*, *op.cit*, p. 4.

150 Agência da ONU para Refugiados. *Entenda os principais desafios das pessoas refugiadas no Brasil*. 18 de Novembro de 2021. Disponível em: Entenda os principais desafios das pessoas refugiadas no Brasil – UNHCR ACNUR Brasil. Capturado em Junho de 2023.

Algumas mulheres deixam de comer e beber para evitar ir ao banheiro, onde se sentem inseguras.

As mulheres temem pela violência em banheiros públicos e em locais de defecação a seu aberto, bem como nas rotas para acessar estes lugares.

Mulheres e meninas que seguram sua urina por longos períodos de tempo têm um maior risco de infecções na bexiga e nos rins.

Além disso, elas tendem a evitar o consumo de líquidos para não precisarem utilizar o banheiro, resultando na desidratação de muitas delas.

As mulheres grávidas, em particular, podem estar em maior risco de doenças transmitidas pela água a partir da ingestão de água contaminada. Especialmente durante a gravidez, têm uma menor tolerância a substâncias tóxicas.

Mulheres e meninas com deficiências enfrentam desafios únicos no acesso às instalações sanitárias. A sua capacidade de cuidar adequadamente de sua higiene pode ser particularmente comprometida e, quando as instalações não oferecem o espaço e os materiais de que necessitam, elas são particularmente mais propensas a doenças.

Água, esgotamento sanitário e higiene são fundamentais para evitar altas taxas de mortalidade materna e neonatal.

O corte de água pode afetar excessivamente mulheres enquanto cuidadoras da família, em particular nos lares pobres chefiados por mulheres.

Os Direitos Humanos exigem que um número suficiente de instalações sanitárias estejam disponíveis, com serviços associados, para assegurar que o tempo de espera não seja excessivamente longo.

Muitas instalações públicas têm um número idêntico de sanitários para homens e mulheres, embora na prática mulheres e meninas muitas vezes têm de esperar em longas filas para usar o banheiro, enquanto homens têm acesso muito mais rapidamente.

As roupas que as mulheres tendem a usar e que necessitam tirar para usar o banheiro exigem mais tempo do que para os homens, além de as mulheres gastarem tempo ajudando as crianças a usarem o banheiro.

Alguns Estados adotaram legislações em que a igualdade exige uma proporção de dois cômodos para mulheres para cada cômodo disponibilizado para os homens.

De um modo geral, não é assegurado que mulheres e meninas desabrigadas tenham acesso a tais instalações.

Muitas mulheres e meninas arriscam sua saúde usando métodos sanitários não higiênicos como, por exemplo, panos sujos ou jornais para recolher os fluidos menstruais, uma vez que outros métodos são inacessíveis, indisponíveis ou desconsiderados.

Cerca de 2,5 milhões de mulheres ainda vivem em moradias sem banheiro. Mulheres sem banheiro em casa sofrem impacto 64% maior na renda com a compra de absorventes e coletores menstruais.

Mulheres mais pobres têm um esforço econômico dezesseis vezes maior para conseguir comprar produtos de higiene pessoal.[151]

A falta de saneamento leva à ocorrência de doenças de veiculação hídricas – gastrointestinais e ginecológicas – que, a depender da gravidade, ocasionam o afastamento das mulheres de suas atividades rotineiras, o acamamento ou a internação. Especialmente no que tange às doenças ginecológicas, o acesso ao saneamento pode reduzir em 63,4% a sua incidência na população feminina entre 12 e 55 anos.[152]

Em casos extremos, essas infecções associadas à falta de saneamento levaram à morte.

O saneamento básico está entre os fatores determinantes do atraso escolar, do desempenho nos estudos e da remuneração das mulheres no Brasil.[153]

As condições das moradias de estudantes, em particular as condições de acesso ao saneamento básico, tiveram efeitos sobre seu desempenho escolar e sobre a progressão no estudo.[154]

O saneamento interfere nas chances de progressão para o ensino superior e na qualificação das jovens que recém ingressaram no mercado de trabalho. Isso ocorre porque o saneamento afeta o desempenho escolar em termos de notas.[155]

Uma consequência dessa constatação é o fato de que as mulheres, crianças ou jovens, sem acesso ao saneamento básico apresentarão uma escolaridade menor que as demais quando entrarem no mercado de trabalho. Como a escolaridade afeta positivamente a produtividade e a renda das trabalhadoras, uma escolaridade menor significará uma perda de produtividade e de remuneração do trabalho.[156]

[151] BRK Ambiental Apresenta – Mulheres e Saneamento. *O Saneamento e a Vida da Mulher Brasileira.* Janeiro de 2022. Disponível em: Women & Sanitation (mulheresesaneamento.com) Capturado em Julho de 2022.

[152] *Idem.*

[153] *Idem.*

[154] *Idem.*

[155] *Idem.*

[156] *Idem.*

Ao contrário, se for dado acesso aos serviços de saneamento a uma estudante que hoje não tem esses serviços, espera-se uma redução de até 25,6% em seu atraso escolar, possibilitando um incremento de sua escolaridade. Assim, o acesso ao saneamento tem o potencial de elevar a produtividade das gerações futuras de trabalhadoras, com efeito positivo sobre sua remuneração.[157]

Todos os dados reproduzidos acima revelam que a falta ou deficiência de saneamento básico prejudicam a igualdade de gênero, com diminuição de oportunidades de trabalho remunerado, colocação no mercado de trabalho, educação e formação.

A pandemia do COVID-19 trouxe o agravamento da situação da mulher, pois já em 2019 e 2020, as mulheres perderam 54 milhões de empregos. Mas diferentemente dos homens que até o final de 2021 terão seus empregos recuperados, ainda haverá 13 milhões de mulheres empregadas a menos.[158]

No entanto, o acesso ao abastecimento de água e esgotamento sanitário tiraria imediatamente 635 mil de mulheres da pobreza, a maior parte delas negras e jovens.[159]

Cerca de 18 milhões de brasileiras sairiam da pobreza se tivessem água e esgoto tratados. E 13,5 bilhões seriam injetados na economia brasileira com o acesso das mulheres ao saneamento. [160]

A igualdade de gênero é um princípio fundamental dos direitos humanos que nem sempre tem sido respeitado nas políticas de desenvolvimento urbano.

Foi no reconhecimento do valor do outro como um igual, de mesma dignidade, que se passou a reconhecer os direitos da pessoa.

A igualdade, portanto, é o único caminho do Direito como ordem justa.

Especialmente no que tange aos direitos da mulher, a sua vulnerabilidade decorre do processo cultural, que marca a construção de valores, o que estabelece as relações de poder.

A única maneira de superar essa barreira limitadora da liberdade do outro é conferir-lhe instrumentos que façam alçar à igualdade.

[157] *Idem.*

[158] Nações Unidas Brasil. *ONU Mulheres defende que recuperação econômica e igualdade de gênero estão associadas.* Publicado em 13 de Setembro de 2021. Disponível em ONU Mulheres defende que recuperação econômica e igualdade de gênero estão associados | As Nações Unidas no Brasil.

[159] BRK Ambiental. *O Saneamento e a Vida da Mulher Brasileira..., op. cit.*

[160] *Idem.*

Ao mesmo tempo, verifica-se a baixa representatividade política das mulheres, o que dificulta o alcance de políticas públicas voltadas às suas necessidades e garantidoras de direitos que lhes são fundamentais.

Desta forma, há necessidade de avançar em políticas públicas para a igualdade de gênero, de forma que a mulher tenha a representatividade política de que necessita especialmente na área do saneamento básico, o que vai impactar na sua saúde, trabalho e renda.

A universalização do saneamento básico demanda maior representatividade política feminina de modo a garantir as necessidades e direitos humanos das mulheres que em razão da falta ou deficiência daquele serviço essencial estão sujeitas à perda de escolaridade, de trabalho e renda, de más condições de saúde física e mental.

O cenário que se apresenta em nível nacional e internacional traz à baila a necessidade de se discutir, e de se efetivar, a cidadania.

1.2.4. Cidadania e saneamento básico

A cidadania é tratada sob o enfoque dos direitos civis, políticos e sociais. A plenitude da cidadania logra-se com a titularidade dos três direitos. Em contrapartida ao ausente de direitos, que seria um não-cidadão.[161] [162]

Na categoria dos direitos civis (século XVIII) estão os fundamentais à vida, à liberdade, à propriedade, à igualdade. Deles decorrem a garantia de ir e vir; a livre iniciativa; a liberdade de manifestação do pensamento, de associação, a inviolabilidade do lar e da correspondência, de não ser preso

[161] Sobre processo histórico da cidadania e sua relação com a classe social, Marshall pondera que "A cidadania é um status concedido àquele que são membros integrais de uma comunidade. Todos aqueles que possuem o status são iguais com respeito aos direitos e obrigações pertinentes ao status... A classe social, por ouro lado, é um sistema de desigualdade." (Marshall, T. H. *Cidadania, Classe Social e Status*. Trad. Metox Porto Gadelha, Rio de Janeiro: Zahar Editores, p. 76-77).

[162] Destacando a natureza histórica da cidadania, José Murilo de Carvalho explica que "ela se desenvolveu dentro do fenômeno, também histórico, a que chamamos de Estado-nação e que data da Revolução Francesa, de 1789. A luta pelos direitos, todos eles, sempre se deu dentro das fronteiras geográficas e políticas do Estado-nação. Era uma luta política nacional, e o cidadão que dela surgia era também nacional. Isto quer dizer que a construção da cidadania tem a ver com a relação das pessoas com o Estado e com a nação. As pessoas se tornavam cidadãs à medida que passavam a se sentir parte de uma nação e de um Estado." (Carvalho, José Murilo de. *Cidadania no Brasil. O longo Caminho*. 3ª ed. Rio de Janeiro: Civilização Brasileira, 2002, p. 12).

a não ser pela autoridade competente e de acordo com as leis, de não ser condenado sem o devido processo legal.

São eles garantidores do processo civilizatório e do próprio aspecto existencial da pessoa humana, sendo muitos deles, por isso mesmo, antes mesmo de se pôr a pessoa perante o Estado, considerados direitos da personalidade no que concerne à sua relação para com o seu titular e para com os outros, perante os quais se impõem e sem os quais não haveria nenhum processo civilizatório, porquanto garantem a vida em sociedade.[163]

Por sua vez, os direitos políticos (século XIX) se referem à participação da pessoa no governo da sociedade e se restringem à parte da população designada como apta pelo Estado para o seu exercício e consistem nos direitos de votar e ser votado; de fazer demonstrações políticas e de organizar partidos.[164]

Finalmente os direitos sociais (século XX) garantem a participação na riqueza coletiva, compreendendo, destarte, o direito à educação, ao trabalho, ao salário justo, à saúde, à aposentadoria. Visam a garantir um mínimo de bem-estar para todos, tendo como ideia central a justiça social.[165]

Destarte o saneamento básico – seguro – insere-se como prestação de serviço público essencial a ser garantido pelos Estados, porquanto é indispensável à saúde da população, à dignidade da pessoa humana, ao seu desenvolvimento e ao bem-estar social.

No entanto para que se possa reconhecer cidadania às pessoas, é preciso retirar a vulnerabilidade de que sofrem nomeadamente os mais pobres, dar informações a respeito do serviço que é prestado, garantir o acesso (físico e financeiro) de todos à prestação adequada do serviço (qualidade e quantidade), permitir a participação nas decisões, acompanhar a fiscalização da prestação do serviço pelo Estado e ter a garantia da responsabilidade do Estado pela falha do serviço

Como salienta Canotilho, a democracia só é um procedimento justo de participação política se existir uma justiça distributiva no plano dos bens sociais.[166] Ou seja, a cidadania, nos termos explicitados acima, depende da compreensão dos três direitos (civis, políticos e sociais).

[163] CAMPOS, Diogo Leite de. *NÓS*. Coimbra: Almedina, 2004.

[164] *Idem.*

[165] *Idem.*

[166] CANOTILHO, J.J. Gomes. *A Governance do Terceiro Capitalismo e a Constituição Social (Considerações Preambulares). In* Entre Discursos e Culturas Jurídicas. Coimbra: Boletim da Faculdade de Direito da Universidade de Coimbra, 2006, pp. 145 a 154.

O mínimo de bem-estar para todos, no âmbito dos direitos sociais que juntamente aos outros conferem cidadania às pessoas, depende do acesso ao saneamento básico por todos.

Diplomas internacionais, bem como o marco (e o novo marco) do saneamento básico no Brasil propõem medidas e instrumentos para sua universalização como um caminho à cidadania e consagração como direito humano.[167]

1.3. Notas históricas acerca da universalização do saneamento básico (do Planasa ao Pansab)

PLANASA – 1971

Em 1971 o Banco Nacional de Desenvolvimento (BNH) criou o Plano Nacional de Saneamento Básico (PLANASA), com objetivo de financiar e gerenciar o desenvolvimento da habitação e saneamento básico no Brasil, especialmente nas zonas urbanas, definido como Água Potável e Esgotos Urbanos.[168] [169]

Em 1986 foi extinto o Banco Nacional de Desenvolvimento e o projeto sobre saneamento conjuntamente. As decisões sobre o saneamento passaram a se concentrar nos municípios.[170]

Na fase pré-PLANASA, até 1970, o setor do Saneamento Básico no Brasil se caracterizava pela existência de projetos isolados em cada comunidade[171]; pela inexistência de um sistema racional de tarifas e os impactos provocados pela inflação; "cabide de emprego" nas prestadoras do serviço; ausência de coordenação no setor; escassez de recursos nomeadamente financeiros e técnicos.[172]

[167] Agenda 2030 da Organização das Nações Unidas, Lei 11.445/07 com as modificações da Lei 14.026/20.

[168] Araújo Filho, Valdemar Ferreira de Araújo Filho.*O Quadro Institucional do Setor de Saneamento Básico e a Estratégia Operacional do PAC: Possíveis Impactos sobre o Perfil dos Investimentos e Redução do Déficit. In* Repositório IPEA, 01 de Dezembro de 2008, p. 61-62. Disponível em: https://repositorio.ipea.gov.br/bitstream/11058/5521/1/BRU_n1_quadro_institucional.pdf

[169] *Do PLANASA ao PLANSAB. In* Juntos pela Água.
Disponível em https://www.juntospelaagua.com.br/saneamento-no-brasil/

[170] *Idem.*

[171] Sobre isso, v. Saker, João Paulo Pellegrini. Serviços Públicos e Saneamento. Porto Alegre: Sergio Antonio Fabris Editor, 2008, pp. 25 e 26.

[172] Rosito, Carlos Alberto. *Do PLANASA ao PLANSAB – Os últimos 50 anos da água e do esgoto no Brasil.* 10 de Junho de 2019. Disponível em: Do PLANASA ao PLANSAB – Os últimos 50

Apontam-se poucos municípios com boa gestão na época, tais como: DAE, em Campinas-SP; SURSAN, na capital do Rio de Janeiro; CEDAG no antigo Estado da Guanabara; RAE e DAE, na capital de São Paulo e DMAE, em Porto Alegre.[173]

No Norte e Nordeste, principalmente, atuavam ainda e carreavam recursos do Orçamento Geral da União – OGU, então denominados recursos a fundo perdido, órgãos federais como o DNOCS, DNOS (já extintos), SESP (posteriormente FSESP e hoje FUNASA) e SUVALE (hoje CODEVASF).[174]

Em 1970, apenas 52,1 milhões, ou 56% do total viviam nas cidades. Destes, 26,8 milhões ou 50,1% eram atendidos com conexão domiciliar de água e apenas 10,1 milhões – 19,4% tinham seus esgotos domiciliares coletados.[175]

O PLANASA[176]foi o primeiro plano a estabelecer como objetivo de longo prazo para o setor a universalização da água e do esgoto, com base em princípios que se repetem: eficiência e eficácia na operação; planejamento; estudo de viabilidade global; revisão anual; capacitação e qualificação dos recursos humanos, com 117 mil oportunidades de treinamento entre 1973 e 1986; redução de custos, através de ganho de escala e desenvolvimento institucional; subsídio cruzado; e os fundos de água e esgotos, alimentados com até 5% da receita tributária estadual, e projetados para tornar autossuficiente o financiamento do setor dentro de vinte anos.[177]

O investimento do Plano Nacional de Saneamento Básico entre 1971 e 1986 foi no importe de aproximadamente 35 bilhões de dólares atuais no total ou 2,2 bilhões de dólares por ano. A população, na altura, estava abaixo de 200 milhões.[178]

Durante vinte e cinco anos, entre 1961 e 1985, o BID e o Banco Mundial, somados, financiaram investimentos em água e esgotos em toda a América Latina de 4,9 Bilhões de dólares correntes da época, ou 222 Bilhões de dólares correntes por ano; corresponderiam hoje a 17 bilhões de dólares

anos da água e do esgoto no Brasil | Saint-Gobain Canalização (sgpam.com.br). Capturado em Agosto de 2021.

[173] *Idem.*

[174] *Idem.*

[175] *Idem.*

[176] Saker, *op. cit.* pp. 27 a 29.

[177] *Idem.*

[178] Monteiro, Engenheiro José Roberto do Rego. *Plano Nacional de Saneamento – PLANASA – Análise de Desempenho.* Novembro de 1993. Disponível em: http://docplayer.com.br/11187037-Plano-nacional-de-saneamento.html

no total dos 25 anos, ou 680 milhões de dólares por ano, aproximadamente 2,6 bilhões de reais.

No entanto, foi interrompido em 1986, sem um planejamento adequado. Contudo o Plano podia ser considerado alavancou o abastecimento de água potável; iniciou um modelo institucional no que tange às companhias estaduais de saneamento e o subsídio cruzado; e baixo sucesso no que concerne à coleta e tratamento de esgotos e saneamento rural bem como fundos de água e esgotos.

Os vinte anos seguintes, nomeadamente a partir de 1987, e imediatamente anteriores à aprovação da Lei de Diretrizes 11.455, de janeiro de 2007, caracterizaram-se por redução dos recursos não onerosos nas três esferas de governo; redução da capacidade de gestão e de planejamento e investimento das companhias estaduais de saneamento; poucos volumes anuais de investimento, por habitante urbano em água e esgoto, perfazendo cerca de R$150/habitante urbano/ano, no auge do plano em 1981 e aproximadamente R$60/habitante/ano em 2017; desaparecimento dos financiamentos FGTS entre 1998 e 2003, conforme o Sistema Nacional de Informações do Saneamento.

Lei 11.445/2007

Constituiu um novo marco significativo na história dos serviços públicos de abastecimento de água e de coleta e tratamento de esgotos no Brasil, também em razão do lançamento logo a seguir do Programa de Aceleração do Crescimento 1[179], o que propiciou a retomada dos investimentos em água e esgotos, nos termos dos dados do Sistema Nacional de Informações sobre Saneamento do Ministério das Cidades para o período 1995 a 2017.

A partir do momento em que o Conselho Monetário Nacional suspendeu, em Julho de 1998, os financiamentos para o setor público, devido à grave crise cambial que o país atravessava, e o fato de serem na época

[179] O Programa de Aceleração do Crescimento (PAC), instituído pelo Decreto nº 6.025/07, constitui-se se na grande mola propulsora dos investimentos públicos em infraestrutura, fundamentada em um modelo de desenvolvimento econômico e social, que combina crescimento da economia com distribuição de renda e proporciona a diminuição da pobreza e a inclusão de milhões de brasileiros no mercado formal de trabalho. (Martins, Raildy. *As ações de saneamento no âmbito do PAC. In* Programa de Acesso aos Recursos de Saneamento. Fundação Escola Nacional de Administração Pública. Brasília, 2015. Disponível em: https://repositorio.enap.gov.br/bitstream/1/2315/1/Modulo%201%20-%20As%20a%C3%A7%C3%B5es%20de%20Saneamento%20no%20%C3%A2mbito%20do%20PAC.pdf

públicos a quase totalidade dos operadores de água e de esgotos, os investimentos em água e esgoto que vinham crescendo aceleradamente a partir de 1995, atingindo picos em 1997 e 1998, recuaram abruptamente para quase a metade em 1999 e mantiveram-se em nível muito baixo até 2007, quando o crescimento dos mesmos foi retomado. [180]

Somente em 2009 e 2010 eles viriam a superar os valores atualizados de 1997 e 1998. Após atingir um valor mais elevado em 2014, os investimentos totais, mesmo em valores correntes, têm recuado sistematicamente nos últimos três anos.[181]

PLANSAB - 2013

Previsto na Lei 11.445/07, o novo Plano Nacional de Saneamento Básico - PLANSAB - retomou, no que respeita aos serviços públicos de abastecimento de água e de coleta e tratamento de esgotos a busca da universalização do acesso, imaginada há 50 anos pelo seu antecessor - o PLANASA.

Conforme previsto, o PLANSAB está sujeito à revisão quinquenal. As principais características do setor são atualmente: avanço relevante dos marcos regulatórios; melhoria de gestão nas companhias de saneamento básico de maior porte, permanecendo, porém, uma situação muito frágil em mais da metade delas; quase desaparecimento dos recursos não onerosos para investimentos, devido à frágil situação fiscal da grande maioria dos entes públicos nos três níveis da federação; disponibilidade de recursos para os investimentos, onerosos do BNDES/FAT e da CAIXA/FGTS, que não encontram tomadores, devido à fragilidade econômico-financeira da grande maioria dos operadores de água e esgotos.[182]

1.4. Conceitos do bem e serviço como direitos humanos

1.4.1. A agenda 2030 da Organização das Nações Unidas para o desenvolvimento sustentável, de 2015

A Agenda 2030 vem a ser um plano de ação para a pessoa, o planeta e a prosperidade.

[180] ROSITO, Carlos Alberto. *Do PLANASA ao PLANSAB – Os últimos 50 anos da água e do esgoto no Brasil*. 10 de Junho de 2019, *op. cit.*

[181] *Idem.*

[182] Ministério das Cidades. Secretaria Nacional de Saneamento Ambiental. *PLANSAB-Plano Nacional de Saneamento Básico. Mais saúde com qualidade de vida e cidadania*. Brasília, 2014. Disponível em: plansab_texto_editado_para_download.pdf (www.gov.br)

O saneamento básico constitui um direito humano e um dos objetivos do desenvolvimento do milênio (ONU, 2010 e 2015).[183]

Constituiu um dos pilares de desenvolvimento econômico, mas antes direito fundamental garantidor do direito à saúde e à vida, porquanto previne doenças e proporciona bem-estar físico e mental à pessoa humana, promovendo a sua dignidade.

A Declaração da Assembleia Geral da Organização das Nações Unidas, de 2010, cuja Resolução é a de nº 64/292, estabeleceu que:

> O acesso à água limpa e segura e ao saneamento básico são direitos humanos fundamentais, sendo um dos Objetivos de Desenvolvimento do Milênio a redução pela metade da proporção de pessoas que não possui acesso à água potável e o número de indivíduos sem saneamento básico."

Em 2018, a UN-Water produziu o Relatório de Síntese do SDG (Sustainable Development Goal) sobre Água e Saneamento e já no prefácio dispõe que:

> *Water is life. Progress in nutrition, health, education, work, equality, environmental protection and international cooperation are all related to the availability and sustainable management of water and universal access to effective systems for disposing of our waste.*

O referido instrumento normativo declara a água como bem cultural e social (art. 11), e não como simples recurso econômico, dando uma abordagem sustentável e considerada a disponibilidade do recurso no longo prazo.

A disponibilidade e distribuição dos recursos hídricos deve levar em consideração diversos fatores (art. 12), incluindo a quantidade, qualidade adequada para o consumo humano e acima de tudo garantir o acesso independente das condições econômicas e sociais dos consumidores.

O diploma ainda proíbe (art. 13) qualquer tipo de discriminação ao acesso à água, fazendo referência ao combate a qualquer forma de discriminação presente em outros instrumentos internacionais, e preconiza que

[183] A Assembleia Geral da Organização das Nações Unidas (ONU), no dia 28.7.2010, editou a Resolução nº 64/292 na qual "reconhece que o direito à água potável e ao saneamento é um direito humano essencial para a plena fruição da vida e de todos os outros direitos humanos. Repetiu-se no Plano de Ação compreendido na Agenda 2030 da ONU.

os Estados-partes estabeleçam políticas públicas visando o acesso a certas minorias discriminadas e marginalizadas.

Não obstante, este Relatório, que teve por base a Agenda 2030 da Organização das Nações Unidas para o Desenvolvimento Sustentável, de 2015, ressaltou o perigo da crescente escassez de água em todo o mundo.

A referida Agenda prevê os seguintes objetivos para o saneamento básico:

> Objetivo 6: Água potável e saneamento
>
> 6.1. Até 2030, alcançar o acesso universal e equitativo a água potável e segura para todos
>
> 6.2. Até 2030, alcançar o acesso a saneamento e higiene adequados e equitativos para todos, e acabar com a defecação a céu aberto, com especial atenção para as necessidades das mulheres e meninas e daqueles em situação de vulnerabilidade
>
> 6.3. Até 2030, melhorar a qualidade da água, reduzindo a poluição, eliminando despejo e minimizando a liberação de produtos químicos e materiais perigosos, reduzindo à metade a proporção de águas residuais não tratadas e aumentando substancialmente a reciclagem e reutilização segura globalmente
>
> 6.4. Até 2030, aumentar substancialmente a eficiência do uso da água em todos os setores e assegurar retiradas sustentáveis e o abastecimento de água doce para enfrentar a escassez de água, e reduzir substancialmente o número de pessoas que sofrem com a escassez de água
>
> 6.5. Até 2030, implementar a gestão integrada dos recursos hídricos em todos os níveis, inclusive via cooperação transfronteiriça, conforme apropriado
>
> 6.6 Até 2020, proteger e restaurar ecossistemas relacionados com a água, incluindo montanhas, florestas, zonas úmidas, rios, aquíferos e lagos
>
> 6.a. Até 2030, ampliar a cooperação internacional e o apoio à capacitação para os países em desenvolvimento em atividades e programas relacionados à água e saneamento, incluindo a coleta de água, a dessalinização, a eficiência no uso da água, o tratamento de efluentes, a reciclagem e as tecnologias de reuso
>
> 6.b. Apoiar e fortalecer a participação das comunidades locais, para melhorar a gestão da água e do saneamento.

O crescimento populacional no mundo provocou a aceleração do aumento pela demanda de água, comida e energia; associam-se as mudanças climáticas provocadas pela degradação ambiental; a forma e a velocidade com que a poluição em lençóis freáticos, lagoas, lagos, córregos, rios, mares e oceanos tem se propagado nas últimas décadas e também o aumento do consumo desse recurso, sobretudo no setor da indústria e da agropecuária, de modo que tudo isso prejudica a recarga necessária dos reservatórios.

Assim, verifica-se que o direito à água não permite o seu uso ilimitado, visto que a água deve ser utilizada de modo sustentável para as presentes e futuras gerações, sem grandes desperdícios.

Dessa forma, é imprescindível que ocorra uma mudança na forma como o mundo administra a água para que se possa assegurar a disponibilidade e a gestão sustentável da água e saneamento para todas e todos

O acesso à água e ao saneamento básico depende de um planejamento urbano eficiente, que tenha em conta a realidade social. Projeções da Organização das Nações Unidas apontam que em 2050 a média mundial de urbanização alcançará os 45%.[184]

1.4.2. Proposta de Emenda Constitucional

Verifica-se a descontextualização legislativa brasileira de um bem tão valioso essencial à vida humana.

Destarte, está em tramitação a Proposta de Emenda à Constituição nº 4, de 2018, cujo último estado (07/04/2021) na tramitação legislativa é "remetida à Câmara dos Deputados".

O texto da proposta de Emenda Constitucional visa a acrescentar no art. 5º, como desdobramento da garantia à inviolabilidade do direito à vida, a seguinte disposição:

> LXXIX – é garantido a todos o acesso à água potável em quantidade adequada para possibilitar meios de vida, bem-estar e desenvolvimento socioeconômico.

Citando o 8º Fórum Mundial da Água (2018), a Proposta de Emenda à Constituição pondera que:

> Aproximadamente 40% da água consumida no planeta provêm de lagos e rios compartilhados, que nascem em um país e seguem seu curso para outros, o que propicia risco de conflitos, especialmente diante das mudanças climá-

[184] Salienta ainda que o mundo terá 3 bilhões de pessoas vivendo em favelas em 2050 caso não haja ideias para enfrentar a rápida urbanização. Conforme: https://nacoesunidas.org/onu-3-bilhoes-de-pessoas-viverao-em-favelas-em-2050-se-mundo-nao-enfrentar-rapida-urbanizacao/ Capturado em Fevereiro de 2020.

ticas, que tornam iminente a possibilidade de escassez. As nações precisam estabelecer marcos globais de compartilhamento de recursos hídricos para evitar tais conflitos, garantindo, assim, que todos os seres humanos tenham o direito de acesso à água.

Proclamando a década 2018-2028 como a Década Internacional para Ação, Água para o Desenvolvimento Sustentável, a Assembleia Geral das Nações Unidas, deixa mais que claro que o mundo reconhece este bem como um direito humano.

Assim, é preciso que o ser humano seja o centro de toda discussão, como usuário e destinatário final deste bem essencial.

1.4.3. A Organização Mundial da Saúde

1.4.3.1. Princípios do saneamento básico[185]

O direito humano ao saneamento confere a todas as pessoas o direito de aceder aos serviços de saneamento que proporcionem privacidade e garantam a dignidade, acessíveis do ponto de vista físico e financeiro e adequados do ponto de vista social e técnico.

Desta forma, é mister a observância dos princípios a partir dos quais as normas jurídicas sobre saneamento devem ser originadas:

A) Não-discriminação e da igualdade, segundo o qual todas as pessoas têm que ter acesso aos serviços de saneamento de maneira adequada e segura, sem discriminação, conferindo prioridade às pessoas e grupos mais vulneráveis e desfavorecidos.
B) Participação, pois toda pessoa deve poder participar nas decisões relacionadas com seu acesso ao saneamento sem discriminação.
C) Informação, porque os programas e projetos referentes ao saneamento e toda informação a respeito deve estar ao alcance e para todas as pessoas concernentes para livre acesso nos idiomas respectivos e por meios adequados.
D) Prestação de contas (monitoramento e acesso à justiça), porquanto os governos devem garantir o acesso ao saneamento e por conseguinte assumir a responsabilidade por qualquer falha na prestação adequada do serviço, supervisionando o acesso e a falta de acesso.

[185] Organização Mundial da Saúde. *Guías para el saneamiento y la salud. [Guidelines on sanitation and health].*OMS: Suíça, 2019.

E) Sustentabilidade, uma vez que o acesso ao saneamento deve ser econômica e financeiramente sustentável, inclusive a longo prazo.

1.4.3.2. Características do direito humano ao saneamento básico[186]

A) Disponibilidade: Deve existir um número de instalações sanitárias suficiente para todas as pessoas.

B) Acessibilidade física: Todas as pessoas devem ter fácil acesso às instalações sanitárias no interior e nas intermediações de cada lugar, estabelecimento de ensino ou de saúde, instituições e espaços públicos e ambientes de trabalho. A segurança física não deve, também, estar em risco quando do acesso às instalações sanitárias.

Além disso, a água potável e o esgotamento sanitário também devem ser de fácil acesso, estando nas proximidades dos lares, do local de trabalho e das escolas, sempre disponível no momento em que for preciso. O estabelecido pela Organização Mundial da Saúde é que a fonte de água não deve ultrapassar a distância de um quilômetro da moradia das pessoas.[187]

Insta salientar que a água acessível a todos e a qualquer momento evita o processo de armazenamento que pode criar um habitat propício para a proliferação de mosquito da dengue podendo causar um surto da doença.

C) Qualidade: As instalações sanitárias devem ser higiênicas e devem poder ser utilizadas de forma segura sob o ponto de vista técnico, de modo a garantir uma higiene adequada, sobretudo em momentos críticos[188].

D) Acessibilidade financeira: O preço do saneamento deve ser acessível para todas as pessoas, sem limitar sua capacidade para pagar por outras

[186] Conforme *Guías para el saneamiento y la salud [Guidelines on sanitation and health]* da Organização Mundial da Saúde, de 2019.

[187] Em alguns países da África e da Ásia, as mulheres percorrem cerca de seis quilômetros para fazer o abastecimento de água. Segundo a UNICEF (Fundo das Nações Unidas para a Infância), mulheres e meninas de todo o mundo gastam 200 milhões de horas por dia para ir buscar água, Na África Subsaariana, uma caminhada para coletar água dura em média 33 minutos nas áreas rurais e 25 minutos nas áreas urbanas. Na Ásia, o tempo é de 21 minutos e 19 minutos, respectivamente. Publicado em 05/09/2016. Disponível em: https://www.cig.gov.pt/2016/09/unicef-mulheres-e-meninas-de-todo-o-mundo-gastam-200-milhoes-de-horas-por-dia-para-ir-buscar-agua/

[188] Como foi o momento (2020) do Coronavírus, para cuja prevenção os profissionais de saúde orientaram amplamente a higienização das mãos com o fim de evitar a transmissão por meio das secreções a outros ambientes de contato.

necessidade básicas garantidas pelos direitos humanos como a água, os alimentos, a habitação e à atenção à saúde.[189]

E) Aceitabilidade: Os serviços, em especial as instalações sanitárias, devem ser aceitáveis sob o ponto de vista cultural, de maneira a garantir a intimidade e a dignidade das pessoas.[190]

[189] Relatório do Desenvolvimento Humano de 2006 indica, por exemplo, que nos bairros pobres da cidade de Jacarta as pessoas pagam cerca de 5 a 10 vezes do preço cobrado nos bairros mais ricos da região. Já nas Filipinas, em Manila, o custo da ligação à rede pública de água corresponde a três meses de rendimento familiar das famílias mais pobres. (Relatório do Desenvolvimento Humano 2006. *A água para lá da escassez: poder, pobreza e a crise mundial da água*. New York: PNUD, 2006).

Ao mesmo tempo, noticia-se que na África, em Phiri, foi estabelecido um limite a ser gasto por mês por agregado familiar ou por dia por pessoa. Após esse limite ser atingido, o abastecimento era cortado. O caso foi encaminhado ao Tribunal Superior da África do Sul que declarou esse ato ilegal e inconstitucional visto que o município poderia fornecer o dobro do limite de água para todos na região, além de que havia, no município, muitos portadores do vírus HIV/AIDS que necessitavam do acesso à água para sobreviver porque já se encontravam debilitados em virtude da doença.Tendo em vista todo esse problema, o Tribunal Constitucional da África do Sul, diante do caso, afirmou que a medida era razoável e manteve a limitação proposta pela cidade de Johanesburgo, demonstrando despreocupação com a qualidade de vida e com a saúde dos moradores dePhiri. Similarmente ocorreu nos bairros mais pobres da cidade de Córdoba, na Argentina, em que por não haver ligação de água, a população precisava tirar água de um poço profundo com coliformes fecais e outros poluentes. O caso igualmente foi aos tribunais, porém, diferentemente, determinou-se que fossem assegurados 200 litros de água por dia para cada pessoa da família com o fim de tornar efetivo o direito humano à água. Cabe ainda ressaltar o projeto de abastecimento de água e saneamento em prol dos pobres realizado no Nepal, que colocou as mulheres em uma posição de liderança para tomar as decisões necessárias para efetivar o projeto e informar a população sobre as doenças causadas pelas más condições da água, já que elas eram as principais responsáveis pelo abastecimento de água na região. Já nas Filipinas, há a Lei dos Direitos dos Povos Indígenas de 1997, que protege e assegura a água potável a todos os indígenas na região. Outro exemplo disso ocorreu no Paraguai onde a Comunidade Indígena de Sawhoyamaxa foi retirada da terra em que habitava, e teve que se deslocar e residir na beira das estradas sem qualquer acesso à água e ao saneamento básico, pois a única água disponível era a da chuva, que não havia com frequência devido ao período de estiagem e eles se viam obrigados a fazer suas necessidades a céu aberto. Por conta disso, foi proposta uma ação contra o Paraguai no Tribunal Interamericano na qual os índios alegaram desrespeito aos direitos humanos. O Tribunal se pronunciou no seu acórdão a favor da comunidade indígena ordenando que o Governo Paraguaio fornecesse água potável e montasse instalações sanitárias nos acampamentos da comunidade com urgência. (*Idem*). Na Alemanha e na Bélgica é estabelecido um preço fixo para a ligação do serviço público de água e de saneamento básico e a cada residência é dada uma quantidade de água a ser gasta por dia sem cobranças e o que ultrapassar esse valor é pago a mais, dependendo do que foi consumido. (*Idem*).

[190] Em 2007, constatou-se que instalações escolares do Senegal não propiciavam a separação por gêneros dos banheiros, o que fez com que muitas mulheres deixassem de ir ao banheiro

1.4.4. Aportes à União Europeia

Na União Europeia, por exemplo, a Diretiva 2000/60/CE, do Parlamento Europeu e do Conselho, foi a responsável por implementar um quadro da água destinado a ações dos Estados-Membros, e já no seu primeiro artigo institui que "a água não é um produto comercial como outro qualquer, mas um patrimônio que deve ser protegido, defendido e tratado como tal.".

A referida normativa europeia visa à gestão da água, no que concerne à acessibilidade, qualidade e quantidade, bem como à diminuição da poluição da água, superficial e subterrânea.

Verifica-se que no mundo há, neste momento, um debate muito intenso em torno da água como bem essencial à vida, observadas a sua escassez, a necessidade do seu uso racional e sustentável e a despoluição.

1.5. Conceitos do marco regulatório

A lei do saneamento básico – Lei 11.445/07, já modificada pela Lei 14.026/20, define-o como o conjunto de serviços, infraestruturas e instalações operacionais de abastecimento de água potável, esgotamento sanitário, limpeza urbana e manejo de resíduos sólidos e drenagem e manejo das águas pluviais, limpeza e fiscalização preventiva das respectivas redes urbanas.

Entende-se por saneamento básico o conjunto de serviços públicos, infraestruturas e instalações operacionais de: a) abastecimento de água potável: constituído pelas atividades e pela disponibilização e manutenção de infraestruturas e instalações operacionais necessárias ao abastecimento público de água potável, desde a captação até as ligações prediais e seus instrumentos de medição; b) esgotamento sanitário: constituído pelas atividades e pela disponibilização e manutenção de infraestruturas e instalações operacionais necessárias à coleta, ao transporte, ao tratamento e à disposição final adequados dos esgotos sanitários, desde as ligações prediais até sua destinação final para produção de água de reuso ou seu lançamento de forma adequada no meio ambiente; c) limpeza urbana e manejo de resíduos sólidos: constituídos pelas atividades e pela disponibilização e manutenção de infraestruturas e instalações operacionais

e por conseguinte deixavam de beber água e quando estavam menstruadas não iam à escola. No caso elas faziam suas necessidades fisiológicas na mata, onde corriam risco de vida porque podiam ser picadas por serpentes ou até mesmo agredidas sexualmente. (*Idem*).

Conforme https://www.un.org/waterforlifedecade/pdf/human_right_to_water_and_sanitation_media_brief_por.pdf. Capturado em Fevereiro de 2020.

de coleta, varrição manual e mecanizada, asseio e conservação urbana, transporte, transbordo, tratamento e destinação final ambientalmente adequada dos resíduos sólidos domiciliares e dos resíduos de limpeza urbana; e d) drenagem e manejo das águas pluviais urbanas: constituídos pelas atividades, pela infraestrutura e pelas instalações operacionais de drenagem de águas pluviais, transporte, detenção ou retenção para o amortecimento de vazões de cheias, tratamento e disposição final das águas pluviais drenadas, contempladas a limpeza e a fiscalização preventiva das redes.

1.6. Princípios do marco regulatório

A Lei nº 11.445/2007 apresenta como princípio fundamental primeiro a universalização do acesso, que consiste em ampliar, progressivamente, o acesso de todos os domicílios ocupados ao saneamento básico[191].

Esses serviços devem ser prestados observando o planejamento, regulação e fiscalização definidos pelo titular dos serviços, os quais poderão delegar a organização, regulação, fiscalização e prestação desses serviços. Sendo certo que "a sustentabilidade econômico-financeira dos serviços será assegurada, sempre que possível, mediante cobrança dos serviços, sendo definidas diretrizes para isso e previstos subsídios."

A lei define ainda as diretrizes para a política federal (e não nacional) de saneamento básico, destacando a prioridade para ações que promovam equidade social e territorial no acesso ao saneamento básico e a melhoria da qualidade de vida e das condições ambientais e de saúde pública, observando a ligação direta das diretrizes da política pública de saneamento com a política de saúde. Os subsídios governamentais visam garantir a univer-

[191] A Lei 14.026/20 atualizou o marco legal do saneamento básico e alterou a Lei nº 9.984, de 17 de Julho de 2000, para atribuir à Agência Nacional de Águas e Saneamento Básico (ANA) competência para editar normas de referência sobre o serviço de saneamento, a Lei nº 10.768, de 19 de novembro de 2003, para alterar o nome e as atribuições do cargo de Especialista em Recursos Hídricos, a Lei nº 11.107, de 6 de abril de 2005, para vedar a prestação por contrato de programa dos serviços públicos de que trata o art. 175 da Constituição Federal, a Lei nº 11.445, de 5 de janeiro de 2007, para aprimorar as condições estruturais do saneamento básico no País, a Lei nº 12.305, de 2 de agosto de 2010, para tratar dos prazos para a disposição final ambientalmente adequada dos rejeitos, a Lei nº 13.089, de 12 de janeiro de 2015 (Estatuto da Metrópole), para estender seu âmbito de aplicação às microrregiões, e a Lei nº 13.529, de 4 de dezembro de 2017, para autorizar a União a participar de fundo com a finalidade exclusiva de financiar serviços técnicos especializados.

salização do acesso ao saneamento básico, especialmente para populações e localidades de baixa renda.

E por fim, determina a elaboração do Plano Nacional de Saneamento Básico[192] como eixo da atuação do Governo Federal, responsável pela definição de programas, ações e estratégia de investimento; institui e traça os objetivos do Sistema Nacional de Informações em Saneamento Básico (Sinis).

A universalização pretendida pelo legislador é definida como a ampliação progressiva do acesso de todos os domicílios ocupados ao saneamento básico, em todos os serviços, incluídos o tratamento e a disposição final adequados dos esgotos sanitários.

De acordo com o art. 2º, o serviço de saneamento básico tem por princípios fundamentais:

> I – universalização do acesso e efetiva prestação do serviço;
>
> II – integralidade, compreendida como o conjunto de atividades e componentes de cada um dos diversos serviços de saneamento que propicie à população o acesso a eles em conformidade com suas necessidades e maximize a eficácia das ações e dos resultados;
>
> III – abastecimento de água, esgotamento sanitário, limpeza urbana e manejo dos resíduos sólidos realizados de forma adequada à saúde pública, à conservação dos recursos naturais e à proteção do meio ambiente;
>
> IV – disponibilidade, nas áreas urbanas, de serviços de drenagem e manejo das águas pluviais, tratamento, limpeza e fiscalização preventiva das redes, adequados à saúde pública, à proteção do meio ambiente e à segurança da vida e do patrimônio público e privado;
>
> V – adoção de métodos, técnicas e processos que considerem as peculiaridades locais e regionais;
>
> VI – articulação com as políticas de desenvolvimento urbano e regional, de habitação, de combate à pobreza e de sua erradicação, de proteção ambiental, de promoção da saúde, de recursos hídricos e outras de interesse social relevante, destinadas à melhoria da qualidade de vida, para as quais o saneamento básico seja fator determinante;
>
> VII – eficiência e sustentabilidade econômica;
>
> VIII – estímulo à pesquisa, ao desenvolvimento e à utilização de tecnologias apropriadas, consideradas a capacidade de pagamento dos usuários, a

[192] O Plano Nacional de Saneamento Básico, por sua vez, prevê a universalização da oferta de água potável e tratamento de esgoto até o ano de 2033.

adoção de soluções graduais e progressivas e a melhoria da qualidade com ganhos de eficiência e redução dos custos para os usuários;

IX – transparência das ações, baseada em sistemas de informações e processos decisórios institucionalizados;

X – controle social;

XI – segurança, qualidade, regularidade e continuidade;

XII – integração das infraestruturas e dos serviços com a gestão eficiente dos recursos hídricos;

XIII – redução e controle das perdas de água, inclusive na distribuição de água tratada, estímulo à racionalização de seu consumo pelos usuários e fomento à eficiência energética, ao reúso de efluentes sanitários e ao aproveitamento de águas de chuva;

XIV – prestação regionalizada dos serviços, com vistas à geração de ganhos de escala e à garantia da universalização e da viabilidade técnica e econômico-financeira dos serviços;

XV – seleção competitiva do prestador dos serviços; e

XVI – prestação concomitante dos serviços de abastecimento de água e de esgotamento sanitário.

O Marco Legal do Saneamento Básico tem por finalidade universalizar esse serviço, de modo a ampliar a oferta de água e tratamento de esgoto à população, estabelecendo como metas por meio das normas de referência a serem estabelecidas pela Agência Nacional de Águas e Saneamento Básico: promover a prestação adequada dos serviços, com atendimento pleno aos usuários, observados os princípios da regularidade, da continuidade, da eficiência, da segurança, da atualidade, da generalidade, da cortesia, da modicidade tarifária, da utilização racional dos recursos hídricos e da universalização dos serviços; estimular a livre concorrência, a competitividade, a eficiência e a sustentabilidade econômica na prestação dos serviços; estimular a cooperação entre os entes federativos com vistas à prestação, à contratação e à regulação dos serviços de forma adequada e eficiente, a fim de buscar a universalização dos serviços e a modicidade tarifária; possibilitar a adoção de métodos, técnicas e processos adequados às peculiaridades locais e regionais; incentivar a regionalização da prestação dos serviços, de modo a contribuir para a viabilidade técnica e econômico-financeira, a criação de ganhos de escala e de eficiência e a universalização dos serviços; estabelecer parâmetros e periodicidade mínimos para medição do cumprimento das metas de cobertura dos serviços e do atendimento aos indicadores de qualidade e aos padrões de potabilidade, observadas as peculiaridades contratuais e regionais; estabelecer critérios limitadores da sobreposição de custos administrativos ou gerenciais a serem pagos pelo usuário final, independentemente da configuração de subcontratações ou de subdelegações; e assegurar a prestação concomitante dos serviços de abastecimento de água e de esgotamento sanitário.

Estabelece que os contratos de prestação dos serviços públicos de saneamento básico deverão definir metas de universalização que garantam o atendimento de 99% da população com água potável e de 90% da população com coleta e tratamento de esgotos até 31 de dezembro de 2033, assim como metas quantitativas de não intermitência do abastecimento, de redução de perdas e de melhoria dos processos de tratamento.[193]

Salienta, outrossim, que os contratos em vigor que não possuírem as metas acima terão até 31 de março de 2022 para viabilizar essa inclusão.

Desta forma, está-se diante de um marco regulatório do saneamento básico, tendo como agente regulador e fiscalizador da atividade econômica, nos termos do art. 174 da Constituição da República, a Agência Nacional de Águas e Saneamento Básico e como objeto a universalização do serviço público por meio de procedimentos licitatórios.

1.7. Escassez da água

Baseada na Agenda 2030 para o Desenvolvimento Sustentável, de 2015, que vem a ser um plano de ação para a pessoa, o planeta e a prosperidade, este Relatório salientou que haja vista o perigo que representa a crescente escassez de água em todo o mundo, é imprescindível que ocorra uma mudança na forma como o mundo administra a água para que se possa assegurar a disponibilidade e a gestão sustentável da água e saneamento para todas e todos.

Como problemas relacionados à água, destacaram-se o crescimento populacional no mundo, a migração das zonas rurais para as urbanas[194] e proporcionalmente o aumento pela demanda de água, comida e energia;

[193] Art. 11-B da Lei 11.445/2007, acrescido pela Lei do Novo Marco Regulatório do Saneamento Básico – Lei 14.026/2020, art.7º.

[194] Sobre política de urbanização especialmente na América Latina, pode-se ler SINGER, Paul. *Economia Política da Urbanização*. São Paulo: Editora Brasiliense.

a vulnerabilidade das pessoas que habitam em áreas pobres, onde há falta de água potável e saneamento básico; as mudanças climáticas provocadas pela degradação ambiental.[195]

Considerando a forma e a velocidade com que a poluição em lençóis freáticos, lagoas, lagos, córregos, rios, mares e oceanos tem se propagado nas últimas décadas e como o consumo desse recurso tem aumentado (principalmente considerando a necessidade da indústria e agropecuária), não há o tempo necessário para que a recarga dos reservatórios aconteça. Esse quadro tem se agravado nos últimos anos.

De sorte que se não houver um planejamento urbano eficiente, a situação tende a piorar, pois projeções já reveladas por estudos da ONU apontam que em 2050 a média mundial de urbanização alcançará os 45%.[196] Em se tratando de planejamento urbano eficiente, um dos grandes problemas é o saneamento básico, principalmente quando considerado o esgotamento sanitário.

O direito à água prevê que seja garantida água para o uso pessoal e doméstico, mas não permite o seu uso ilimitado, visto que a água deve ser utilizada de modo sustentável para as presentes e futuras gerações, sem grandes desperdícios.

Nomeadamente ressaltou o Relatório que a América Latina e o Caribe são uma região rica em água, com trinta e quatro porcento dos recursos de água doce do mundo.

Estudos realizados em 2001 haviam demonstrado que a agricultura fora responsável por mais de sessenta porcento das retiradas, pouco acima de vinte porcento destinara-se auso doméstico e industrial e o restante aos fins industriais.[197]

Cumpre lembrar que o consumo mais volumoso de água para a produção ocorre no setor agropecuário, especialmente a pecuária. Por conta do mercado internacional, muitas vezes um país consome abundantemente a

[195] Agenda 2030 da Organização das Nações Unidas.

[196] Salienta ainda que o mundo terá 3 bilhões de pessoas vivendo em favelas em 2050 caso não haja ideias para enfrentar a rápida urbanização. Conforme: https://nacoesunidas.org/onu-3-bilhoes-de-pessoas-viverao-em-favelas-em-2050-se-mundo-nao-enfrentar-rapida-urbanizacao/Capturado em Fevereiro de 2020.

[197] Organização das Nações Unidas para a Alimentação e a Agricultura. *Como superar os desafios relacionados à água na agricultura*. De 26/11/2020, disponível em: https://www.fao.org/brasil/noticias/detail-events/pt/c/1333398/

água de outro, especialmente se se considerar a água imanente ao produto. Países que exportam insumos agropecuários, como o Brasil, por exemplo, com a exportação de carne, são grandes exportadores de água virtual.

Desta forma é de se notar que países abundantes em água sejam também países que exportam água virtual em seus produtos.

1.8. Água e desenvolvimento sustentável

Notadamente quanto às indústrias, nos países em desenvolvimento há liberação de efluentes sem tratamento ou parcialmente tratados. Os poluentes incluem metais e compostos orgânicos, que podem ser tóxicos para pessoas e animais. A situação é agravada quando o esgoto é próximo a áreas costeiras, tendo consequências devastadoras sobre habitats e vida selvagem, e sobre a saúde humana e meios de subsistência.

Igualmente nos casos das economias em crescimento, estes países consumirão mais energia e, portanto, terão necessidade de mais água.

Destarte, o Relatório da ONU de 2018 ponderou que:

> Há um equívoco de que a qualidade ambiental e o crescimento econômico são conflitantes. A degradação ambiental afeta e afetará a economia mundial, particularmente nos países pobres e nações vulneráveis. A má qualidade da água tem uma variedade de efeitos econômicos, variando desde um impacto direto na indústria e nos meios de subsistência, aos custos da saúde humana, à perda de serviços ecossistêmicos e às estações de tratamento de águas residuais.

Recentemente uma nova Resolução ONU, aprovada em Assembleia Geral em Julho de 2022, proclamou que a mudança climática e a degradação ambiental são algumas das ameaças mais urgentes ao futuro da humanidade. Desta forma, conclamou os 193 Estados-membros da ONU a intensificarem os esforços para garantir que todos tenham acesso a um "meio ambiente limpo, saudável e sustentável.

No Brasil, assevera-se que o país possui cerca de doze porcento da disponibilidade de água doce do planeta. Contudo a distribuição natural desse recurso não é equitativa.[198]

A região Norte concentra aproximadamente oitenta porcento da quantidade de água disponível, no entanto representa apenas cinco porcento

[198] Agência Nacional de Águas. *Conjuntura dos Recursos Hídricos no Brasil*. Brasília. 2012.

da população brasileira. Já as regiões próximas ao Oceano Atlântico compostas por mais de quarenta e cinco da população possuem menos de três porcento dos recursos hídricos do país.[199]

No tocante à qualidade da água, o Atlas Esgotos, lançado pela Agência Nacional das Águas, em 2017, mostrou que os esgotos domésticos não tratados se caracterizam como uma grande fonte de poluição pontual no Brasil. Todavia, a poluição hídrica pode ser reduzida por meio do tratamento de esgotos, aperfeiçoamento do controle da poluição industrial e das práticas agrícolas.

A Lei das Águas brasileira (Lei 9.433/1997), no seu art. 1º, estabelece que a política nacional de recursos hídricos baseia-se nos seguintes fundamentos:

> I – a água é um bem de domínio público;
>
> II – a água é um recurso natural limitado, dotado de valor econômico;
>
> III – em situações de escassez, o uso prioritário dos recursos hídricos é o consumo humano e a dessedentação de animais. E tem como um dos seus objetivos, assegurar à atual e às futuras gerações a necessária disponibilidade de água, em padrões de qualidade adequados aos respectivos usos.

A mencionada Lei traça, dentre outras, as seguintes diretrizes: a) gestão sistemática dos recursos hídricos, sem dissociação dos aspectos de quantidade e qualidade; b) a adequação da gestão de recursos hídricos às diversidades físicas, bióticas, demográficas, econômicas, sociais e culturais das diversas regiões do País; c) a integração da gestão de recursos hídricos com a gestão ambiental.[200]

Por sua vez, dispõe, no seu art. 9º que a cobrança pelo uso de recursos hídricos objetiva reconhecer a água como bem econômico e dar ao usuário uma indicação de seu real valor; incentivar a racionalização do uso da água; obter recursos financeiros para o financiamento dos programas e intervenções contemplados nos planos de recursos hídricos.

Exatamente por ser um recurso natural disponível para todos e posto na natureza em favor da terra e de todos os seres que nela habitam é que não se pode ter a gestão irresponsável de um bem tão precioso, necessário, fundamental e limitado.

199 *Idem.*

200 Art. 3º da Lei 9.433/1997.

Significa dizer que o gestor de fornecimento de água e saneamento básico há de observar normas jurídicas que garantam uma vida digna a todos os seres que se hospedam na terra.

Importante ainda lembrar da disposição constitucional do artigo 225, segundo o qual todos têm direito ao meio ambiente ecologicamente equilibrado, bem de uso comum do povo e essencial à sadia qualidade de vida, impondo-se ao Poder Público e à coletividade o dever de defendê-lo e preservá-lo para as presentes e futuras gerações.

1.9. Natureza jurídica do saneamento básico

1.9.1. Bem essencial

A água é bem vital, pois nos serve de alimento e hidratação e ainda para nos garantir a higiene pessoal diária, o cozimento dos alimentos, a lavagem das roupas e ambientes.

Verificou-se, portanto, que constitui bem que comporta o mínimo essencial da pessoa humana. Sem água potável não há dignidade, sequer há vida, quanto mais dignidade, uma vez que esta última pressupõe a primeira. Em outras palavras, não se está apenas a falar de dignidade humana, mas da própria pessoa humana – sua existência

Também se constatou, considerando o direito ao mínimo existencial e o princípio a dignidade humana, que a interpretação constitucional adequada a respeito da água (potável) é que consiste mesmo num direito fundamental, trata-se de interpretação sistemática, que requer a leitura conjunta das normas pertinentes ao tema de maneira a conformá-las ao(s) princípio(s) que pretendem proteger. Ou seja, a interpretação constitucional conjugada do artigo 5º caput, seus parágrafos, bem como do artigo 6º, como explanado na Seção 2, conduz à conclusão de que a água é um direito fundamental implícito na Constituição da República Federativa do Brasil.

No caso em tela, a vida e a saúde humana e quiçá a dignidade humana, logo insculpida no início do texto constitucional, é o que o bem água pretende proteger.

Portanto, um direito fundamental, ainda que implícito, pois sem ele não há dignidade, saúde, nem vida. É, aliás, um pressuposto para todos esses direitos.

1.9.2. Serviço público essencial

De acordo com Eros Grau, serviço público é atividade indispensável à consecução da coesão social, sendo, portanto, o que determina a caracterização de determinada parcela da atividade econômica em sentido amplo como serviço público é a sua vinculação ao interesse social.[201]

Ainda conforme o autor, a prestação de serviço público pelo Estado é impositiva quando se está diante de interesse social, que é definido pela Constituição e relativo à existência e desenvolvimento da sociedade, e se autoriza o Estado a explorar diretamente a atividade econômica com fundamento no art. 173 da Constituição, por imperativo da segurança nacional e relevante interesse coletivo.[202]

Segundo Celso Antônio Bandeira de Mello, "serviço público é toda atividade de oferecimento de utilidade ou comodidade material destinada à satisfação da coletividade em geral, mas fruível singularmente pelos administrados, que o Estado assume como pertinente a seus deveres e presta por si mesmo ou por quem lhe faça as vezes, sob um regime de Direito Público – portanto, consagrador de prerrogativas de supremacia e de restrições especiais –, instituído em favor dos interesses definidos como públicos no sistema normativo."[203]

No direito posto, o saneamento básico foi reconhecido como serviço público essencial, de maneira que não cabe sua interrupção nem em tempos de greve.[204]

Em tempos de grandes crises, como a que se passou em razão da pandemia do novo coronavírus, que exigiu o distanciamento social como medida

[201] Grau, Eros. *A Ordem Econômica na Constituição de 1988*. 17. ed., São Paulo: Editora Malheiros, 2015, p. 126; 131-2

[202] *Idem*.

[203] Mello, Celso Antônio Bandeira de. *Curso de Direito Administrativo*, 17. ed., São Paulo: Editora Malheiros, 2004, p. 620.

[204] Assim dispõe a Lei de Greve:
"Art. 10 São considerados serviços ou atividades essenciais:
I – tratamento e abastecimento de água; produção e distribuição de energia elétrica, gás e combustíveis."
Assim também o art. 11 da referida Lei:
"Nos serviços ou atividades essenciais, os sindicatos, os empregadores e os trabalhadores ficam obrigados, de comum acordo, a garantir, durante a greve, a prestação dos serviços indispensáveis ao atendimento das necessidades inadiáveis da comunidade.
Parágrafo único. São necessidades inadiáveis, da comunidade aquelas que, não atendidas, coloquem em perigo iminente a sobrevivência, a saúde ou a segurança da população."

de prevenção à doença até que se encontrasse na Ciência outras soluções, tal como a vacinação e o esquema vacinal completo, tornou-se mais claro e evidente o conceito de bens e serviços essenciais.

Assim, editou-se o Decreto 10.872, de 20 de Março de 2020, que regulamentou a Lei 13.979, de 6 de Fevereiro de 2020 (respeitante às medidas para enfrentamento da emergência de saúde pública de importância internacional decorrente do coronavírus responsável pelo surto de 2019), para definir os serviços públicos e atividades essenciais, aplicável às pessoas jurídicas de direito público interno, federal, estadual, distrital e municipal, e aos entes privados e às pessoas naturais.[205][206]

Desta forma, foram considerados serviços públicos e atividades essenciais, indispensáveis ao atendimento das necessidades inadiáveis da comunidade, aqueles que, se não atendidos, colocam em perigo a sobrevivência, a saúde ou a segurança da população.

Neste diapasão estão o tratamento, a distribuição de água, a captação e tratamento de esgoto e coleta e tratamento de lixo.[207]

[205] Similarmente à Lei 7.783, de 28 de Junho de 1989, que dispõe sobre o exercício do direito de greve.

[206] A Proposta de Emenda à Constituição nº 53/2016 visa a alterar a Constituição Federal para estabelecer que a educação será considerada serviço essencial, inclusive para fins do exercício do direito de greve.

[207] Também: assistência à saúde, incluídos os serviços médicos e hospitalares; assistência social e atendimento à população em estado de vulnerabilidade; atividades de segurança pública e privada, incluídas a vigilância, a guarda e a custódia de presos; atividades de defesa nacional e de defesa civil;transporte intermunicipal, interestadual e internacional de passageiros e o transporte de passageiros por táxi ou aplicativo; telecomunicações e internet; serviço de *call center*;captação;geração, transmissão e distribuição de energia elétrica e de gás; geração, transmissão e distribuição de energia elétrica, incluído o fornecimento de suprimentos para o funcionamento e a manutenção das centrais geradoras e dos sistemas de transmissão e distribuição de energia, além de produção, transporte e distribuição de gás natural; iluminação pública; produção, distribuição, comercialização e entrega, realizadas presencialmente ou por meio do comércio eletrônico, de produtos de saúde, higiene, alimentos e bebidas; serviços funerários; guarda, uso e controle de substâncias radioativas, de equipamentos e de materiais nucleares; vigilância e certificações sanitárias e fitossanitárias;prevenção, controle e erradicação de pragas dos vegetais e de doença dos animais; inspeção de alimentos, produtos e derivados de origem animal e vegetal; vigilância agropecuária internacional; controle de tráfego aéreo, aquático ou terrestre;compensação bancária, redes de cartões de crédito e débito, caixas bancários eletrônicos e outros serviços não presenciais de instituições financeiras; serviços de pagamento, de crédito e de saque e aporte prestados pelas instituições supervisionadas pelo Banco Central do Brasil; serviços postais; transporte e entrega de cargas em geral;serviço relacionados à tecnologia da informação e de processamento de dados (data

Também foram consideradas essenciais, pelo referido Decreto, as atividades acessórias, de suporte e a disponibilização dos insumos necessários da cadeia produtiva relativas ao exercício e ao funcionamento dos serviços públicos e das atividades essenciais.

O referido Decreto também vedou a restrição à circulação de trabalhadores que possa afetar o funcionamento de serviços públicos e atividades essenciais, e de cargas de qualquer espécie que possam acarretar desabastecimento de gêneros necessários à população.

A Constituição Federal, no seu art. 37, resguarda a eficiência dos serviços públicos, destarte o serviço público só é eficiente se for adequado (p. ex., coleta de lixo seletiva, quando ao consumidor é possível descartar o lixo através de material a ele destinado), se for seguro (p. ex., coleta, transporte e tratamento de esgoto, de modo a não causar danos à saúde

center) para suporte de outras atividades aqui elencadas; fiscalização tributária e aduaneira; transporte de numerário;produção e distribuição de numerário à população e manutenção da infraestrutura tecnológica do Sistema Financeiro Nacional e do Sistema de Pagamentos Brasileiro; fiscalização ambiental; produção, distribuição e comercialização de combustíveis e derivados; produção de petróleo e produção, distribuição e comercialização de combustíveis, gás liquefeito de petróleo e demais derivados de petróleo; monitoramento de construções e barragens que possam acarretar risco à segurança; levantamento e análise de dados geológicos com vistas à garantia da segurança coletiva, notadamente por meio de alerta de riscos naturais e de cheias e inundações; mercado de capitais e seguros; cuidados com animais em cativeiro; atividade de assessoramento em resposta às demandas que continuem em andamento e às urgentes; atividades médico-periciais relacionadas com o regime geral de previdência social e assistência social;atividades médico-periciais relacionadas com a seguridade social, compreendidas no art. 194 da Constituição; atividades médico-periciais relacionadas com a caracterização do impedimento físico, mental, intelectual ou sensorial da pessoa com deficiência, por meio da integração de equipes multiprofissionais e interdisciplinares, para fins de reconhecimento de direitos previstos em lei, em especial na Lei nº 13.146, de 6 de julho de 2015 – Estatuto da Pessoa com Deficiência; e atividades médico-periciais relacionadas com a caracterização do impedimento físico, mental, intelectual ou sensorial da pessoa com deficiência, por meio da integração de equipes multiprofissionais e interdisciplinares, para fins de reconhecimento de direitos previstos em lei, em especial na Lei nº 13.146, de 6 de julho de 2015 – Estatuto da Pessoa com Deficiência; outras prestações médico-periciais da carreira de Perito Médico Federal indispensáveis ao atendimento das necessidades inadiáveis da comunidade; outras prestações médico-periciais da carreira de Perito Médico Federal indispensáveis ao atendimento das necessidades inadiáveis da comunidade; fiscalização do trabalho; atividades de pesquisa, científicas, laboratoriais ou similares relacionadas com a pandemia da COVID-19; atividades de representação judicial e extrajudicial, assessoria e consultoria jurídicas exercidas pelas advocacias públicas, relacionadas à prestação regular e tempestiva dos serviços públicos; atividades religiosas de qualquer natureza, obedecidas as determinações do Ministério da Saúde; e unidades lotéricas.

das pessoas), e, ainda, se for contínuo (p. ex., o abastecimento de água sem interrupção de fornecimento).

Por sua vez, o Código de Defesa do Consumidor, em relação aos contratos de consumo, dispõe, no seu artigo 22, que os órgãos públicos, por si ou suas empresas, concessionárias, permissionárias ou sob qualquer outra forma de empreendimento, são obrigados a fornecer serviços adequados, eficientes, seguros e, quanto aos essenciais, contínuos.

Rizzatto Nunes reforça o enunciado legal dizendo que a lei consumerista não faz qualquer ressalva em seu texto para autorizar a suspensão do serviço essencial.[208]

Dessa forma, conclui-se que o serviço de saneamento básico é um serviço público essencial, prestado através de um contrato de consumo, cuja contraprestação é o pagamento de uma tarifa.

No entanto, embora esteja sujeito a um contrato (de consumo), a realidade brasileira é a de que muitos brasileiros não têm acesso à água potável, muito menos a coleta e tratamento de esgoto, e coleta de lixo, e nem poderiam pagar uma tarifa, ainda que de forma módica, para ter esse acesso.

Acresce o problema de infraestrutura a demandar investimentos em estudos, planejamento e obras significativos para garantir o direito ao saneamento básico.

No entanto, o pagamento da tarifa pelo consumidor do bem e do serviço de saneamento básico, como final da cadeia econômica, tem direito de participação nesse processo de modo a garantir a universalização e a qualidade do que é prestado.

É ele, o pagador, usuário, consumidor do serviço público essencial de saneamento básico, quem principalmente suporta todos os seus custos e lucros.

Canotilho aponta o Estado Social como meio de inclusão social e que a inclusividade presssupõe justiça quanto às possibilidades iguais de acesso aos sistemas diferenciados.[209] No entanto, em seguida, o referido autor pergunta como garantir esta justiça, como continuar a desempenhar esta função de inclusão num contexto global de progressiva carência de recursos financeiros.[210]

208 NUNES, Rizzatto. *Comentários ao Código de Defesa do Consumidor.* São Paulo: RT, 2015.

209 CANOTILHO, *op. cit.*, pp. 148-149.

210 *Idem.*

Acima, com base em Giddens, apontamos para um Estado facilitador e não meramente Regulador, em que a participação dos atores sociais é fundamental para a construção e a continuação das prestações positivas do Estado.

A seguir (Capítulo II) trataremos de aprofundar os conceitos que envolvem o consumidor do serviço público essencial de saneamento básico e pagador da tarifa correspondente, desde o Estado Liberal ao Social. Depois o avanço se faz para o modelo eleito pelo novo marco regulatório do saneamento básico com intenção de suportar os recursos financeiros no sentido da inclusão social (universalização) e todos os conceitos concernentes (Capítulo III) e finalmente no último Capítulo (IV) os conceitos se orientam para a tarifa em si que, no entanto, tem os impactos de todos os conceitos, concepções e ideias que lhe são anteriores neste trabalho.

CAPÍTULO 2
DO CONTRATO DE ADESÃO DE PRESTAÇÃO DE SANEAMENTO BÁSICO: O CONTROLE DA EQUAÇÃO TARIFA X SERVIÇO

2.1. O contrato de consumo entre concessionária e usuário do serviço público de saneamento básico: água x tarifa

Tem crescido consideravelmente as pesquisas, os estudos acadêmicos e técnicos, bem como as proposições legislativas em torno da água.[211]

[211] Desde a década de 1970, se discute, em nível internacional multilateral, a questão do esgotamento e da exploração insustentável das reservas de água do planeta. A partir dos anos 1990, o problema se agrava, com a crescente privatização e mercantilização dos recursos hídricos. Estudos apontaram que 29 países já apresentavam problemas com a falta de água, entre eles estão os do Oriente Médio e da África, além de China e Índia. Segundo a Organização das Nações Unidas (ONU), em 2013, cerca de 770 milhões de pessoas em quase todos os continentes do mundo não tiveram acesso à água potável. Previsões da instituição são claras: se as políticas públicas não mudarem, dois terços da humanidade sofrerão alguma restrição do recurso em 2025 e 50 países enfrentarão crise no abastecimento até 2050 (Cfe. COCOLO, Ana Cristina e SUDRÉ, Lu. *Água é recurso cada vez mais escasso no mundo. In* Entre Teses. São Paulo (e o mundo) pede água. São Paulo: Revista UNIFESP. Nº 4, Junho 2015, p. 23). Disponível em: https://www.unifesp.br/reitoria/dci/edicoes-anteriores-entreteses/item/1759-revista-entreteses-ed-04.
Outrossim, o Relatório Mundial das Nações Unidas sobre Desenvolvimentos dos Recursos Hídricos 2021 ressaltou que o consumo de água doce aumentou 6 vezes no último século e continua a avançar a uma taxa de 1% ao ano, fruto do crescimento populacional, do desenvolvimento econômico e das alterações nos padrões de consumo; que a qualidade do bem diminuiu exponencialmente e o estresse hídrico, mensurado essencialmente pela disponibilidade em função do suprimento, já afeta mais de 2 bilhões de pessoas; que muitas regiões enfrentam a chamada escassez econômica da água, a significar que ela está fisicamente disponível, mas não há a infraestrutura necessária para o acesso. E a previsão de crescimento no consumo é de quase 25% até 2030. (Cfe Nações Unidas Brasil. *Agências da ONU lançam Relatório Mundial sobre o Desenvolvimento dos Recursos Hídricos*, em 24 de Março de

Apesar disso, o tema ainda demanda esforços em quantidade, qualidade, diversidade (interdisciplinariedade[212] e multidisciplinariedade[213]) e intensidade num espaço de tempo em que a água se torna cada vez mais escassa no planeta e alvo de conflitos entre nações.

As mudanças climáticas, o avanço tecnológico e o aumento populacional aliados à má gestão deste recurso natural instam a academia, nas mais diversas áreas, a aprofundar o conhecimento e a se manifestar adequadamente considerando a água como um recurso, mas também como um direito humano.[214]

Sob esta última dimensão – da água como direito humano – é que se faz necessário o foco no usuário, consumidor, destinatário final deste bem essencial, que a recebe por via de um contrato de adesão cujas cláusulas são previa e unilateralmente estipuladas por quem detém o poder sobre aquele bem.

Antes, porém, alguns conceitos são necessários. Sabe-se que consumidor é toda pessoa, física ou jurídica, que adquire bem ou serviço como

2021. Disponível em https://brasil.un.org/pt-br/123077-agencias-da-onu-lancam-relatorio-mundial-sobre-o-desenvolvimento-dos-recursos-hidricos.
O Novo Marco Regulatório do Saneamento Básico – Lei 14.026, de 15 de Julho de 2020 – tem como propósito garantir maior acesso à água potável e a coleta e tratamento de esgoto e se fia na privatização de modo a ter maiores investimentos no setor

212 Comum a duas ou mais disciplinas, que envolve duas ou mais áreas do conhecimento. (MICHAELIS Dicionário Brasileiro da Língua Portuguesa. Rio de Janeiro: Melhoramentos, 2020). O termo foi adotado no Brasil por meio do Decreto 5692/1971e depois na Lei 9395/1996. Segundo Piaget, interdisciplinaridade é "o nível em que a cooperação entre várias disciplinas ou setores heterogêneos da mesma ciência conduz a interações reais, a uma certa reciprocidade na troca, resultando em um enriquecimento mútuo." (PIAGET, Jean. *The epistemology of interdisciplinary relationship. In*: CERI (Org.). Interdisciplinarity: problems of teaching and research in universities. Paris: OECD, 1972. p.127-139. Ao fim, o que se pretende com o estudo interdisciplinar é, articulando as disciplinas entre si, buscar soluções para os problemas que se apresentam.

213 Aplicar conhecimentos compartilhados entre duas ou mais áreas do conhecimento. (MICHAELIS Dicionário Brasileiro da Língua Portuguesa. Rio de Janeiro: Melhoramentos, 2020). Nesse caso, a solução ao problema que se apresenta decorre da obtenção de informações de várias disciplinas ou de setores do conhecimento sem contato entre eles, mas com a soma. (*Idem*).

214 A Organização das Nações Unidas, por meio da sua Agenda 2030, estabeleceu as metas para a gestão sustentável da água e acesso universal deste bem e do serviço de saneamento básico (ODS 6).Já em 2010, por meio de Resolução, a ONU reconhecia o direito humano à água e ao saneamento básico: "O acesso à água potável e ao saneamento básico é "condição para o gozo pleno da vida e dos demais direitos humanos" (Resolução 64/A/RES/64/292, de 28.07.2010).

destinatário final, ou seja, sem o intuito de o recolocar na sua cadeia econômica e sobre ele auferir lucro.

Esse é o entendimento consolidado pelo Superior Tribunal de Justiça, que, porém, admite aplicação do Código de Defesa do Consumidor quando a parte que recebe o produto ou o serviço apresentar alguma vulnerabilidade, ou nos casos em que o produto ou serviço adquiridos não tenham relação alguma com a sua formação, competência ou área de atuação.[215]

Por seu turno, caracteriza-se como fornecedor tanto a pessoa física ou jurídica, como a pública ou a privada, nacional ou estrangeira, e também os entes despersonalizados que desenvolvem atividades de produção, montagem, criação, construção, transformação, importação, exportação, distribuição ou comercialização de produtos ou prestação de serviços.[216]

Ainda, o art. 22 do CDC (Código de Defesa do Consumidor) dispõe que os órgãos públicos, por si ou suas empresas, concessionárias, permissionárias ou sob qualquer outra forma de empreendimento, são obrigados a fornecer serviços adequados, eficientes, seguros e, quanto aos essenciais, contínuos.

Importante destacar o art. 3º do CDC, que define que os serviços remunerados estão sob a incidência das normas consumeristas, ou seja, a relação é contratual, onde há uma prestação obrigacional por parte do fornecedor de produto e serviço e uma contraprestação. No caso do saneamento básico, o consumidor paga uma tarifa pela prestação do serviço, a qual será objeto de estudo mais aprofundado no Capítulo IV

O Novo Marco do Saneamento Básico, por sua vez, previu que a prestação dos serviços públicos de saneamento básico por entidade que não integre a administração do titular depende da celebração de contrato de concessão, mediante prévia licitação, nos termos do art. 175 da Constituição Federal, vedando a sua disciplina mediante contrato de programa, convênio, termo de parceria ou outros instrumentos de natureza precária.

[215] Sobre isso, nosso artigo publicado em 2009, na Alemanha: MORAIS, Fabíola Vianna. *A disciplina dos contratos de adesão no Código Civil brasileiro. In* Mitteilungen der Deutsch-Brasilianischen Juristenvereinigung, Heft 1/2009. Frankfurt: DBJV, 2009, p. 13-21.

[216] Art. 3º do CDC (Lei 8.078/90), que também define o produto como qualquer bem, móvel ou imóvel, material ou imaterial; e serviço sendo qualquer atividade fornecida no mercado de consumo, mediante remuneração, inclusive as de natureza bancária, financeira, de crédito e securitária, salvo as decorrentes das relações de caráter trabalhista (§§ 1º e 2º, respectivamente).

Observa-se que a pessoa que arca com o pagamento da tarifa, em qualquer escala, será sempre um consumidor, que terá sobre o preço de qualquer produto ou serviço, os custos do uso da água e saneamento embutidos no preço final.

No entanto, o interessado direto parece ser aquele que com a empresa de saneamento básico tem um contrato de consumo desse serviço e do bem água. É ele que, numa relação direta com aplicação do CDC, poderá pleitear direitos e cumprimento das obrigações do fornecedor.

Ressalva-se o art. 29 da Lei 8.074/90, que prevê que se equiparam aos consumidores todas as pessoas determináveis ou não, expostas às práticas nele previstas. O objetivo desta norma é coibir e reprimir eficientemente todos os abusos praticados no mercado de consumo que possam causar prejuízos aos consumidores.[217]

Neste sentido, mister estabelecer com mais acuidade o conteúdo dos contratos de fornecimento relacionados à água, de sorte que os impactos das decisões políticas nesse setor sejam reduzidos perante a pessoa humana, cujo bem é essencial à sua vida.

De um lado, o fornecedor está obrigado à prestação do serviço de saneamento básico, que deve preencher todos os requisitos da lei; de outro está o usuário deste serviço, que por ele paga uma tarifa.

Ao mesmo tempo, a universalização visa alcançar, até 2033, 99% da população brasileira com água potável e 90% com coleta e tratamento de esgoto.

Ainda, destaca-se a tarifa social, cuja finalidade é dar acesso ao bem e serviço essenciais de saneamento básico à população de baixa renda e que em razão disso poderia ser prejudicada nesse direito.

Todas essas tarifas são contextualizadas no novo marco regulatório do saneamento básico que para alcançar as metas de universalização estabeleceu a privatização do setor, com a extinção dos contratos de programa.

Em outras palavras, as tarifas sofrerão impacto dos investimentos realizados e a serem realizados. Outrossim, nas tarifas foram contabilizados os gastos decorrentes da pandemia do COVID-19, quando houve suspensão da exigibilidade do pagamento, parcelamento de débitos e diminuição da cobrança.

[217] Cfe. MARQUES, Cláudia Lima; BENJAMIN, Antônio Herman V. e MIRAGEM, Bruno. *Comentários ao Código de Defesa do Consumidor.*São Paulo: RT, 2005, p. 452.

Independentemente de ser o fornecedor uma estatal (ainda que pessoa jurídica de direito privado – empresa de economia mista com capital 99% de estatal) ou uma concessionária, o contrato que se estabelece com o usuário do bem e do serviço nasce no âmbito do fornecedor, cabendo apenas àquele a ele aderir, como acontece em todos os contratos em massa e na maioria do formato contratual dos dias de hoje.

Embora existam nas leis, especialmente no Código de Defesa do Consumidor, mecanismos de defesa contra cláusulas abusivas, conteúdo surpresa, a previsão do princípio da boa-fé contratual que requer a transparência, a cooperação, a colaboração e a lealdade dos contratos e da relação contratual, é verdade que nesses contratos faltam elementos essenciais que dizem respeito às peculiaridades do contrato do setor em si mesmo, conforme se verá adiante.

Esses contratos acabam por serem incompletos, colocando em risco a segurança jurídica e os direitos dos usuários. Com relação à primeira hipótese, pode causar maiores impactos no valor da tarifa e, por conseguinte, no acesso ao destinatário do serviço.

A tarifa, como obrigação do usuário, é a contrapartida do que lhe é oferecido. Deve-se esperar pagar um valor justo por uma prestação de serviço e entrega de bem que estejam dentro dos critérios fixados por lei. A clareza, a transparência, dessas prestações deve fazer parte do contrato como cumprimento do dever de boa-fé. Deve-se ainda esperar que a tarifa expresse não apenas o correspondente aos gastos do usuário, mas em que medida contribui para a universalização do saneamento básico.

A tarifa, não obstante obrigação do usuário, é ao mesmo tempo meio de alcance da universalização do serviço – e de compensação dos investimentos para tanto aquando da privatização exigida pelo novo marco regulatório – e dessa forma se serve do princípio da solidariedade esculpido no artigo 3º da Lei Fundamental como um dos objetivos da República brasileira.

É preciso, portanto, controlar o contrato, nomeadamente a tarifa, no sentido de garantir não somente a universalização do saneamento básico, mas também como um direito, nesse caso, essencial e indispensável à vida humana do principal *stakeholder*, que é o pagador, e, portanto, propulsor dessa cadeia econômica.

Para tanto, considera-se fundamental a análise dos contratos de adesão, nomeadamente os de consumo, ambiente contratual onde essas relações se estabelecem e onde, portanto, a autonomia da vontade de uma das partes merece toda proteção, uma vez que as cláusulas são estipuladas previamente pelo detentor/fornecedor/prestador do bem e do serviço e perante as quais o destinatário/usuário do bem e do serviço/consumidor não tem poder de discussão.

O valor que resta fixado como tarifa precisa corresponder aos seus propósitos. Há sempre o risco de o bem e o serviço, sendo essenciais como é o caso, quando desestatizados, passando às mãos do particular, passarem a ter valores exorbitantes, insuportáveis aos usuários.

O controle da tarifa realizado pela autoridade reguladora (e fiscalizadora) geralmente atende ao edital de licitação, ao contrato com a concessionária e merece atender também as considerações do usuário.

Habermas nos ensina que somente podem pretender validade aquelas normas que poderiam, em discursos práticos, atrair o consentimento de todas as pessoas envolvidas.[218]

Para o autor, só é possível reconhecer a democracia se houver os direitos políticos de participação, ao mesmo tempo em que a soberania popular decorre do exercício desses direitos. Sendo para ele os direitos humanos premissas intrínsecas ao processo democrático.

De acordo com o artigo 6º da Lei 13.460/2017, são direitos básicos do usuário de serviço público a participação no acompanhamento da prestação e na avaliação dos serviços, bem como a obtenção de informações precisas e de fácil acesso nos locais de prestação do serviço, assim como sua disponibilização na internet, especialmente sobre o valor das taxas e tarifas cobradas pela prestação dos serviços, contendo informações para a compreensão exata da extensão do serviço prestado.

Bauman também, ao tratar da transformação da pessoa em mercadoria, traz o reforço à garantia jurídica de um direito à informação mais adequado.[219]

Os contratos de fornecimento de bens e serviços essenciais são oferecidos em grande escala à população (desde as pessoas físicas às jurídicas), de maneira que um número maior de pessoas a eles tenha acesso padronizado. Destarte, se apresentam sob a forma de adesão.

Nestes, há o exercício quase pleno da liberdade individual, sob o aspecto econômico, por parte de um dos contratantes, uma vez que as cláusulas

[218] HABERMAS, Jürgen. *A Inclusão do Outro – Estudos de Teoria Política*. Trad. George Sperber e Paulo Astor Soethe. São Paulo: Edições Loyola, 1997, p. 59.

[219] BAUMAN, Zygmunt. *Vida para Consumo – A Transformação das Pessoas em Mercadoria*. Rio de Janeiro: Zahar, 2007.

nos contratos de adesão são estabelecidas unilateralmente, e por outro lado cabe ao aderente as proteções impostas por lei como restrições aos abusos eventualmente cometidos pelo estipulante.

É preciso que o ser humano seja o centro de toda discussão, como usuário e destinatário final deste bem essencial.

Neste diapasão, torna-se imperioso estabelecer a justiça do conteúdo dos contratos de fornecimento de água e esgoto.

A defesa adequada dos interesses das partes, levando a um resultado justo, deve observar os institutos da boa-fé, do abuso de direito e do equilíbrio das prestações como limites e conteúdo, de maneira que o sentido das cláusulas deste contrato seja a proteção da vontade e da justiça. Há de se ter em conta que são os valores expressos pelo legislador constituinte que devem informar o sistema como um todo, no sentido que se deve entende o significado axiológico da chamada constitucionalização do direito civil.

A partir desse momento, o presente trabalho percorrerá o caminho de perquirir em que medida o usuário do serviço de saneamento básico não consegue controlar adequadamente o contrato – essencial – por meio das disposições legislativas atuais e como pode e deve contribuir com a atividade regulatória nesse sentido.

Inicialmente analisa-se a evolução do contrato concebido como mais pura expressão da vontade para um contrato padronizado que se entendeu como mais apto e eficiente aos anseios de uma sociedade que crescia em necessidades de consumo.

Posteriormente indaga-se sobre o equilíbrio entre a modalidade contratual e os direitos do usuário caracterizado precipuamente pelo direito humano à água para o qual paga uma tarifa.

2.2. O contrato por causa da autonomia da vontade: o voluntarismo, a autonomia privada e o *pacta sunt servanda*

Voltando às origens, observa-se que no Direito Romano[220], a jurisprudência uniformemente reconduzia as obrigações a duas únicas fontes: o contrato e o delito[221].

[220] "Não é com o raciocínio puro, mas sim com o conhecimento científico da evolução jurídica que se pode apreciar a verdadeira natureza das instituições."(Manuel Paulo Merêa. *Evolução dos Regimes Matrimoniais Negócio Jurídico no Direito Romano. Breve Referência ao Direito Português. In* Comemorações dos 35 Anos do Código Civil e dos 25 Anos da Reforma de 1977. V.III. Direito das Obrigações. Coimbra, 2007, p. 172).

A ideia de vontade, contudo, e mais ainda a de acordo, eram postas de lado, como atributos acidentais que não caracterizavam a noção de contrato. Todo ato ou fato de que nascesse uma relação de crédito, com exclusão, quando muito, do ato ilícito, era *contractus.*[222]

O *contrahere*, designado como o estabelecimento de relações duradouras[223], não supunha voluntariedade, era indiferente que tomasse ou não parte na formação do vínculo.

Como ensina Santos Justo, o que importava era o que restava declarado.

Dominava os *verba*, fruto dum formalismo rigoroso de que se revestiam os atos jurídicos, como garantia da segurança do comércio jurídico. A *voluntas* não era indagada e o agente devia pronunciar as palavras que estruturavam as formas negociais solenes. Por isso não se questionavam os eventuais vícios nem fazia sentido a divergência com a declaração.[224]

Posteriormente a noção de contrato se modificou, cingindo-se aos acordos plurilaterais geradores de obrigações.[225] De acordo com uma passagem das Institutas justinianeias, é contrato a convenção que cria um vínculo.[226]

Verifica-se o paulatino reconhecimento da *conventio* como elemento comum dos contratos, para a qual a *interpretatio* deve necessariamente dirigir-se, e o formalismo transforma-se num instrumento ao serviço da efetiva vontade das partes.[227]

[221] Os romanos notaram que um particular pode obrigar-se para com o outro ou entrando com ele numa relação de paz ou numa relação de guerra. (Inocêncio GALVÃO TELLES. *Manual dos Contratos em Geral.* Coimbra, 2002, p. 37).

[222] GALVÃO TELLES. *Op. cit.*, p. 37.

[223] Onde se encontra a origem de se falar em contrair casamento, contrair obrigações (GALVÃO TELLES. *Op. cit.*, p. 37-38).

[224] Assinala ainda o autor que IHERING observava que “El dolus y fraus estaban legalizados” e “El derecho antiguo carecia de remedio contra esse mal.”(António dos SANTOS JUSTO. *Op. cit.*, p. 175 e também p. 178)

[225] No entanto, segundo RICCOBONO, essa noção já se dera na Ciência Jurídica clássica, por influência grega de retórica, que, mais espiritualista, mandava atribuir, na lei e nos atos, maior valor à vontade, à real intenção, do que às palavras. Citado por GALVÃO TELLES. *Op. cit.*, p. 31.

[226] A passagem das Institutas justinianeias a que se refere no texto é a de número 3,27,6, conforme GALVÃO TELLES. *Op. cit.*, p. 38. Nas palavras do autor, na mesma página,”é o contrato a convenção que cria o vínculo mas não a que o dissolve.”

[227] Conforme António dos SANTOS JUSTO. *Op. cit.*, p. 178. Contudo pondera o autor que deve-se distinguir os negócios *mortis causa* e *inter vivos*. A reconstituição da *voluntas defuncti* gozaria de maior liberdade, em busca da real vontade do testador, ao passo que no segundo caso dever-se-ia proteger a confiança do declaratário e em nome do princípio da autorresponsabilidade, ao

Este conceito de contrato perdurou longamente e foi inspiração para Pothier, que definiu contrato como: "*convention par laquelle deux parties réciproquement, ou seulement l'une dês deux, promettent et s'engagent envers l'autre, à lui donner quelque chose, ou a faire ou a ne pas de faire quelque chose.*"[228]

Seguindo fórmula semelhante, Coelho da Rocha definiu contrato como o ato jurídico, pelo qual duas ou mais pessoas se obrigam por consentimento recíproco a dar, fazer, ou não fazer alguma coisa.[229]

Sem discorrer sobre a gradual formação dos contratos translativos[230] – o que levou a identificar-se o contrato com o negócio jurídico plurilateral –, posto que o objeto é a vontade geradora do contrato, é mister salientar que a chegar a esse ponto contribuíram o Direito Canônico e o Direito Natural, entendendo que a vontade do titular da propriedade declarada no contrato de compra e venda era suficiente para transmiti-la, sem necessidade de atos posteriores.[231]

Assim, reconheceu-se que estava na livre disponibilidade do titular da propriedade fazê-la transmitir pela mera força do seu querer, libertando o direito do formalismo exagerado e da solenidade típicos da regra romana.

No Direito Canônico, a palavra dada conscientemente criava uma obrigação de caráter jurídico para o indivíduo.[232] A consciência no ato de dar a

declarante incumbe o ônus de utilizar expressões claras, inequívocas. Ainda distingue entre a *interpretatio* típica e a *interpretatio* individual da voluntas para determinar que a primeira não é necessariamente a vontade do indivíduo que realizou o negócio jurídico em causa, mas a vontade do homem normal, abstrato, que reage de modo uniforme a certas situações com a qual nem sempre concorda a vontade do homem concreto. (*Op. cit.*, p. 171-183).

228 Acordo pelo qual duas partes reciprocamente, ou apenas uma delas promete a ou se obriga a dar, fazer ou não fazer algo (em português – livre tradução) *Ouvres de Pothier*, ed. de Dupin, 181, p.2-3, *apud* GALVÃO TELLES. *Op. cit.*, p. 39-40.

229 *Instituições de Direito Civil Português*, 6ª ed., 1886, vol. II, p. 578 *apud* GALVÃO TELLES. *Op. cit.*, p. 40.

230 No Direito Romano, para a transferência da propriedade não bastava o contrato de compra e venda; tornava-se necessário novo e subsequente ato: a *mancipatio* ou a *in iurecessio* (para as *res mancipi*) e a *traditio* (para as *res necmancipatio*). Sobre isto e posteriores evoluções, SANTOS JUSTO, António dos. Direito Privado Romano-III. Stvdia Ivridica 26. Boletim da Faculdade de Direito:Coimbra, 1997, p.94-106.

231 Conforme GALVÃO TELLES, *op. cit.*, p. 43. Assim o Código Civil Português de 1867 e o de 1966.

232 Francisco AMARAL. *Direito Civil – Introdução*. Renovar: Rio de Janeiro, 2006, p. 352. Também Cláudia LIMA MARQUES. *Contratos no Código de Defesa do Consumidor*. RT: São Paulo, 1998, p. 40.

palavra implicava a necessidade de o consentimento dos contratantes não estar viciado, donde a importância dos vícios do consentimento. Também se exigia que não se desse a palavra por nada ou por uma causa ilícita ou imoral, donde a origem da teoria da causa.[233]

Com a escola do Direito Natural, a ideia de origem divina do direito substitui-se pela das liberdades naturais, que se consideram fundamento e fim do direito.[234]

Devido às ideias de Kant, a pessoa humana tornou-se um ente de razão, uma fonte fundamental do direito, pois é através de seu agir, de sua vontade, que a expressão jurídica se realiza.[235]

Kant chegaria mesmo a afirmar que a autonomia da vontade seria o único princípio de todas as leis morais e dos deveres que lhes correspondem.[236] Ensina o célebre pensador que o direito é o conjunto de condições mediante as quais a vontade de cada um pode coexistir com a vontade dos demais, segundo uma lei geral da liberdade.[237]

Com a filosofia de Kant, a autonomia da vontade adquire conotação dogmática, passando a imperativo categórico de ordem moral, afirmando-se que a vontade individual é a única fonte de toda obrigação jurídica.

Também a teoria do contrato social, de Jean-Jacques Rousseau, contribuiu no plano filosófico, para a teoria da autonomia da vontade. O homem é naturalmente livre; a vida em sociedade exige, todavia, um certo abandono desta liberdade, mas este abandono não se concede senão quando livremente consentido, nos limites e nas condições que este contrato social determinou.

Em Rousseau já não existem direitos anteriores e superiores ao Estado, direitos que não foram abrangidos pelo contrato social. Nele há uma positivação social da liberdade.[238]

Mas foi o liberalismo econômico que conferiu à autonomia da vontade contornos que passaram a defini-la nos termos da concepção clássica de contrato.[239]

[233] Conforme Francisco AMARAL. *Op. cit.*, p. 352.

[234] AMARAL. *Idem*, p. 353.

[235] Immanuel KANT. *Fundamentação da Metafísica dos Costumes (1785).*

[236] Immanuel KANT. *Crítica da Razão Prática (1788).*

[237] Immanuel KANT. *Metafísica dos Costumes (1797).*

[238] Jean-Jacques ROUSSEAU. *O Contrato Social* (1762).

[239] Ressalta Sousa Ribeiro que “Se, em Kant, a liberdade é pensada como um poder moral constitutivo da personalidade, como capacidade de as pessoas, guiadas pela lei universal

Pois o ideal de Estado Liberal estava em garantir plena liberdade às pessoas, de maneira que o contrato(meio) livremente estipulado era o principal instrumento de acesso à riqueza, de acesso à propriedade privada(fim), que também devia ser assegurada por aquele.[240]

Insta ressaltar, fruto da Revolução Francesa[241], o Código Civil Francês de 1804, elaborado na época napoleônica, que coloca como valor supremo de seu sistema contratual a autonomia da vontade, estabelecendo no seu artigo 1.134 que as convenções legalmente estabelecidas fazem lei entre as partes.

Desta forma, assim como o Estado, a vontade pode criar direitos.[242]

O contrato representa o principal instrumento privado do liberalismo, pelo qual o livre jogo das vontades particulares assegura o máximo de pro-

da razão, transcenderem a esfera do particular e do contingente, a concepção utilitarista da doutrina económica vê-a, justamente, como faculdade de os indivíduos seguirem as determinações subjectivas da sua vontade, formada pelo interesse por objectos do mundo exterior e tendo por conteúdo a sua apropriação e utilização. Ali, a soberania da vontade é a sua autonomia, a sua independência de factores constringentes externos e dos impulsos internos, no puro respeito da lei moral; aqui, é a soberania do interesse pessoal. Aparentemente, portanto, dois antagónicos mundos de pensamento, que nada diria poderem vir a encontrar-se. Mas a verdade é que essa convergência se deu, formando um poderoso bloco ideológico de legitimação da prática liberal. E tem muito por si a interpretação desse fenómeno como tendo sido a doutrina de Kant a fornecer os elementos formais de uma concepção utilitarista." (Joaquim de Sousa Ribeiro.*O Problema do Contrato-As Cláusulas Contratuais Gerais e o Princípio da Liberdade Contratual.* Almedina: Coimbra, 2003, p. 25-26, nota 28).

240 Na sua obra *A Riqueza das Nações*, Adam Smith assentou as bases do liberalismo econômico, sendo considerado o precursor da economia como ciência autônoma. Entendia que o mercado era o grande regulador da economia ("mão invisível") e que o Estado devia intervir apenas em questões relacionadas à justiça, diplomacia, defesa nacional e segurança interna. A prosperidade econômica e a acumulação de riquezas não são concebidas através da atividade rural e nem comercial (como em Quesnay ou Gournay), mas sim através do trabalho livre, sem nenhum agente regulador ou interventor, entendendo assim que o indivíduo podia desenvolver toda sua potencialidade (individualismo, liberdade individual), sua capacidade de empreender e transformar o cenário econômico em que vivia.

241 Exprime a Revolução Francesa o triunfo de uma classe (burguesia) e de uma nova ordem social. Visava-se à libertação da concentração do poder nas mãos do monarca com fins de garantir liberdade à burguesia.

Fazia-se mister contrapor à onipotência do rei um sistema infalível de garantias. Assim, a filosofia política do liberalismo, preconizada por Locke, Montesquieu e Kant, cuidava que, decompondo a soberania na pluralidade dos poderes, salvaria a liberdade. (Paulo Bonavides. *Do Estado Liberal ao Estado Social.*Saraiva: São Paulo, 1961, p. 9).

242 Veronique Ranouil. *L'autonomie de la volonté. Naissance et évolution d'un concept.* PUF: Paris, 1980, p. 68.

dução e os preços mais baixos, como efeito da livre concorrência. Trata-se do princípio do *laissez-faire, laissez-passer*, presente no artigo 1.334 do Código Civil Francês. Nesta concepção, é preciso preservar o contrato como produto do exercício da liberdade das partes, impedindo quaisquer obstáculos à livre circulação de bens.

Na Alemanha e na Itália a autonomia da vontade ganha nova dimensão, considerando-a como verdadeiro poder de estabelecer normas jurídicas individuais para regulamentar sua própria atividade jurídica, manifestada a vontade por meio de figura específica, o negócio jurídico. Denominou-se, por isso, autonomia privada.[243] [244]

Savigny conceituou o contrato como a união de mais de um indivíduo para uma declaração de vontade em consenso, através da qual se define a relação jurídica entre estes.[245]

A vontade ganha, no século XIX, a posição de pedra angular do Direito, é a única fonte legitimadora do nascimento de obrigações relativas à relação contratual.

Nesta altura, a ciência jurídica busca mecanismos de tutela da autonomia da vontade, de sorte que aos contraentes fosse possível a realização plena dos efeitos pretendidos.

O Estado devia abster-se de qualquer interferência nas atividades privadas que ocorriam espontaneamente a partir da expressão da vontade das partes envolvidas, como alma do negócio que mais não evocava que a psique dos contraentes[246].

[243] Hans KELSEN. *Teoria Geral do Direito e do Estado (1934)*, a quem se deve a teoria normativa; Ana PRATA. *A Tutela Constitucional da Autonomia Privada*. Almedina: Coimbra, 1982, p. 5.

[244] Ressalta Mota Pinto:"Mas não é só através do negócio jurídico que a autonomia da vontade ou autonomia privada se revela e actua, embora seja o negócio jurídico o seu meio principal de actuação. É também a autonomia privada que se manifesta no poder de livre exercício dos seus direitos ou de livre gozo dos seus bens pelos particulares – ou seja, é a autonomia privada que se manifesta na «soberania do querer» – no império da vontade – que caracteriza essencialmente o direito subjectivo." (Carlos Alberto da MOTA PINTO. *Teoria Geral do Direito Civil*. Coimbra, 1999, p. 89-90).

[245] Friedrich Karl Von SAVIGNY, para quem a vontade era o fundamento do contrato, referido por Cláudia Lima Marques. *Contratos no Código de Defesa do Consumidor*. O Novo Regime das Relações Contratuais. RT: São Paulo, 2005, p. 53-4.

[246] A expressão psique foi utilizada por Enzo ROPPO. *In O Contrato*. Trad. Ana Coimbra e M. Januário C. Gomes. Coimbra, 1988, p. 51.

Dessa concepção decorrem a proteção contra os vícios do consentimento bem como a interpretação do contrato segundo a intenção das partes[247].

E porque a vontade é determinante para a legitimação do contrato, ela o vincula entre as partes, tornando-o obrigatório (*pacta sunt servanda*), equiparado ao *status* de lei (entre as partes) que somente pode ser derrogada ou ab-rogada, entretanto, através da manifestação da vontade mútua e consentida dos contraentes.

Por esta razão, pela força de lei entre as partes, a lei oriunda do poder legiferante, assume papel secundário como fonte das obrigações decorrentes de um contrato. A lei, neste âmbito, passa a funcionar como conjunto de normas supletivas, de que os contratantes lançarão mão, e o intérprete, para as eventuais lacunas do contrato que não seriam sanáveis pela busca da vontade real das partes (intenção das partes).

O poder da vontade fez com que esta emergisse para o plano da autonomia privada qualificada como "processo de ordenação que faculta a livre constituição e modelação de relações jurídicas pelos sujeitos que nela participam"[248].

Assim, exercem-se as liberdades de celebrar ou não um contrato (liberdade de contratar) e de determinar-lhe o conteúdo (liberdade contratual), frutos da liberdade individual.[249]

2.3. A aceitação como expressão da vontade de formar um contrato – o vínculo a partir da aceitação

O contrato, baseado no consenso, fundamenta-se em manifestações de vontade que se submetem ao fim comum da realização do contrato cujo conteúdo proclama, ou busca proclamar interesses próprios de cada uma das partes que os tinham em mente antes de celebrar o negócio jurídico.

[247] Ana PRATA. *A Tutela Constitucional da Autonomia Privada*. Almedina: Coimbra, 1982, p. e influência exercida por Savigny, defendendo a prevalência da vontade interna, os Códigos se dividiram, especialmente o Código Civil Alemão (BGB) de 1900, de um lado aceitando a figura do erro e de outro, preocupados com a segurança e a estabilidade das relações jurídicas e a proteção do terceiro de boa-fé, confirmando o conteúdo do que foi efetivamente declarado. (Cfe. Cláudia Lima Marques. *Contratos no Código de Defesa do Consumidor, op. cit.*, p. 48)

[248] Nos termos de Joaquim de SOUSA RIBEIRO. *O Problema do Contrato-As Cláusulas Contratuais Gerais e o Princípio da Liberdade Contratual*. Almedina: Coimbra, 2003, p. 21.

[249] "A importância que tem o indivíduo para o conteúdo do liberalismo clássico manifesta-se, como particular relevo, no fato de que, originariamente, o valor da personalidade era concebido como ilimitado e anterior ao Estado."(BONAVIDES, *op.cit.*, p. 21)

Destarte desenvolveu-se a fórmula segundo a qual o contrato está formado com o encontro da proposta e da aceitação desta. Contudo há de se considerar as diferentes soluções dos sistemas jurídicos, desde a origem, no que tange à vinculatividade da proposta.

Em *common law* não se impõe ao proponente a vinculatividade à sua proposta por causa da doutrina da *consideration*. Na medida em que, no sistema anglo-saxão, se exige a barganha (*principle of bargain*) para a formação do contrato, a proposta apenas vinculará na hipótese de haver uma contraprestação do oblato.[250]

Esta regra, porém, admite exceções estabelecidas pelas cortes jurisdicionais, sendo irrevogável a proposta se, como o ofertante devesse razoavelmente esperar, induz o oblato a ações ou investimentos de caráter substancial. Nestes casos, o ofertante está vinculado somente na extensão necessária de modo a evitar injustiça.

Mister ressaltar que a necessidade de atribuir efeito vinculativo às ofertas é especialmente percebida no comércio. O *Uniform Commercial Code*[251] prevê que as propostas escritas de compra e venda são vinculativas e não podem ser revogadas durante o prazo prescrito ou na hipótese de não haver um prazo prescrito a proposta é vinculativa durante um período razoável não excedente a três meses.

Na falta de qualquer regra estatutária, o princípio básico ainda se aplica, segundo o qual o proponente pode livremente retirar a proposta em qualquer tempo até que a mesma tenha sido aceita pelo oblato.

Após o *leading case Adams vs. Lindsell*, estabeleceu-se que o momento em que se considera o contrato formado é aquele em que a aceitação é postada ou confiada aos serviços de postagem (*mailbox theory*), como se a declaração de aceitação tivesse sido entregue pessoalmente ao proponente. Uma tal solução visava resguardar o aceitante contra a possibilidade de o proponente revogar a proposta em momento anterior ao da chegada da aceitação.[252/253]

250 Roland SÉROUSSI. *Introdução ao Direito Inglês e Norte-Americano*. Landy: São Paulo, 2006, p. 40.

251 O UCC, publicado em 1952, por iniciativa do American Law Institute, é a espinha dorsal do comércio americano, foi criado com o objetivo de harmonizar as leis de vendas e outras transações comerciais nos Estados Unidos e é *soft law*.

252 K. ZWEIGERT & H. KÖTZ. *An Introduction to Comparative Law*. Third Edition. Translated by Tony Weir. Clarendon Press: Oxford, p.358-9. Trata-se do caso julgado em 1818 na Inglaterra sobre o conflito a respeito da venda de lã, cuja aceitação havia sido postada nos correios, porém o vendedor alegava que a podia ter vendido a outrem que não o autor da ação, haja vista que

De um modo geral também, seguindo a regra estabelecida pelo BGB, a eficácia da aceitação ocorre de forma que toda declaração de vontade é eficaz tão logo entre esfera de controle do destinatário.[254]

2.4. Porque a (autonomia da) vontade é a alma do contrato, o vício do consentimento é-lhe a causa de invalidade – o vínculo contratual desconstituído – o erro como exemplo

Savigny ensinava que a teoria dos contratos em geral não constitui que uma aplicação, particularmente importante, de uma teoria jurídica um pouco mais geral, isto é, da teoria da manifestação de vontade ou dos negócios jurídicos.[255]

O jurista distinguia o negócio jurídico do simples ato jurídico, na medida em que neste, ao contrário daquele, o agente não teria em vista, como fim principal, a obtenção de efeitos jurídicos; no ato jurídico (não--negocial) o sujeito visaria um fim extrajurídico, de modo que os efeitos jurídicos se produziriam sem que o agente os tivesse em vista, ou os tivesse, mas num plano secundário.[256]

Verifica-se o centralismo da vontade no conceito de contrato dado por Savigny que fala em vontade interna, vontade manifestada e correspondência entre a vontade e a sua manifestação.

Para Savigny, portanto, é a vontade que obriga, sempre que esta seja aceita.[257]

A declaração é simples veículo do reconhecimento da vontade, constitui apenas meio de prova da vontade.[258] Criando, destarte, o princípio da vinculatividade do consenso.

ainda não tinha chegado até ele a aceitação, não obstante tenha sido o culpado pelo atraso na oferta. No entanto, a Corte decidiu que desde o momento em que foi postada a aceitação havia uma conformidade de vontades do ofertante e do oblato no sentido da celebração do contrato.

[253] É o que se vê tradicionalmente no *Restatement (Second) of Contracts (1981)§ 63.*

[254] *Idem*, p. 362.

[255] Friederich Von SAVIGNY, *apud* Guido ALPA. *Corso di Sistemi Giuridici Comparati* G. Giappichelli Editore: Torino, 1996, p. 500.

[256] Cf. Frederico de CASTRO Y BRAVO. *El Negocio Juridico.* Civilitas: Madrid, 1985, p. 27, *apud* Custódio da Piedade UBALDINO MIRANDA. *Interpretação e Integração dos Negócios Jurídicos.* RT: São Paulo, 1989, p. 26, nota 16.

[257] Também para Puchta. Conforme Guido ALPA. *Op. cit.*, p. 501.

[258] Trata-se da concepção originária e subjetiva sobre o conceito do negócio jurídico à qual se opõem em seguida as concepções objetivas que radicam a essência do negócio jurídico na

A obrigatoriedade dos contratos assenta, assim, no consentimento – emitido a partir da vontade do declarante e expressa na sua declaração-, pois se a parte consentiu não pode se desvincular (*pacta sunt servanda*).

O voluntarismo é, portanto, durante os séculos passados, a causa geral da vinculatividade do Direito. No plano dos contratos trouxe a fundamentação destes na autonomia da vontade.[259]

Graças ao relativismo, ao positivismo e ao formalismo, desenvolvidos no século XIX[260], o meio tradicional de se desvincular de um contrato quando a vontade interna da pessoa a negociar está comprometida é pleitear a declaração de invalidade do contrato provando-se vício do consentimento.

O vício da vontade consiste em perturbações do processo formativo da vontade, operando de tal modo que esta, embora concorde com a declaração, é determinada por motivos anômalos e valorados, pelo direito, como ilegítimos. A vontade, viciada, não se forma de um modo normal e são.[261]

O erro[262], o dolo[263] e a coação[264] inquinam o negócio jurídico de vício que lhe acomete a validade e, por conseguinte, a eficácia dos seus efeitos. A vontade do declarante padece, nesses casos, de consciência plena e tendo

declaração, prescindindo da efetiva existência da vontade, com o fim de proteger o comércio jurídico e a tutela da confiança do destinatário da declaração (declaratário). Neste diapasão surge a teoria da declaração, que constitui um meio de resolver um problema da divergência entre a vontade e a declaração, dando prevalência a este último elemento. Sobre essa evolução, pode-se ver Custódio da Piedade Ubaldino Miranda. *Op.cit.*, p. 26-42.

259 José de Oliveira Ascensão. *Cláusulas Contratuais Gerais, Cláusulas Abusivas e o Novo Código Civil.* Revista da Faculdade de Direito da Universidade Federal do Paraná: Paraná, 2003, p. 1.

260 Corolários do individualismo e do liberalismo, vez que a lei era tida como plena nas soluções jurídicas, justa e segura para as relações jurídicas interpessoais onde ao Estado, portanto, não fazia sentido intervir. Em suma, nas palavras de Galvão Telles, "...Os interessados são juízes dos seus próprios interesses e senhores de os regular, embora por meio de actos cujo conteúdo e modalidades a lei inflexivelmente determina." (Inocêncio Galvão Telles. *Manual dos Contratos em Geral.* Coimbra, 2002, p. 54).

261 Carlos Alberto da Mota Pinto. *Teoria Geral do Direito Civil.* Coimbra, 1999, p. 501.

262 Nos termos do art. 138 do Código Civil brasileiro, são anuláveis os negócios jurídicos, quando as declarações de vontade emanarem de erro substancial que poderia ser percebido por pessoa de diligência normal, em face das circunstâncias do negócio. O erro é substancial quando: I – interessa à natureza do negócio, ao objeto principal da declaração, ou a alguma das qualidades a ele essenciais; II – concerne à identidade ou à qualidade essencial da pessoa a quem se refira a declaração de vontade, desde que tenha influído nesta de modo relevante (art. 139).

263 Diversamente do erro, o dolo tem o componente da intervenção humana que não a do declarante, que o induz ao erro propositadamente sobre as circunstâncias reais do negócio jurídico.

movido a pessoa à celebração e termos do contrato atenta contra a autonomia da pessoa e merece ser recomposta.

Em relação ao erro, que é a fonte de todo vício do consentimento, variando, contudo, as circunstâncias em que se verifica – a falar-se do erro propriamente dito que se produz espontaneamente e do dolo e da coação, quando o erro é produzido respectivamente por uma atividade ou passividade externa ao declarante ou mediante emprego de violência física ou psicológica – a doutrina e a jurisprudência portuguesas expõem que a declaração negocial, nesses casos, só é anulável desde que o seu destinatário (declaratário) conhecesse ou não devesse ignorar a essencialidade, para o declarante, do elemento sobre o que incidiu o erro.[265]

Discute-se na doutrina portuguesa, contudo, outro requisito para o erro, além da essencialidade, qual seja a desculpabilidade (ou escusabilidade) do erro[266]. Inocêncio Galvão Telles sustenta que o declarante deve fazer prova de que se equivocou sem culpa[267]. O autor atrela a este requisito a essencialidade do erro conhecida pelo declaratário nos termos mencionados acima.[268]

Carlos Alberto da Mota Pinto, entretanto, ressalta que não se formula no Código Civil Português atual qualquer exigência da desculpabilidade do erro, pelo que se deve reputar consagrada a solução segundo a qual tal requisito é dispensável. Pondera ainda o jurista que deve, todavia, entender-se que no caso de erro culposo, os interesses da outra parte, não obstante a anulação, não são desprotegidos, pois com fundamento na culpa na formação dos contratos[269], o errante, admitido a invocar a anulabilidade,

[264] A coação, para viciar a declaração da vontade, há de ser tal que incuta ao paciente fundado temor de dano iminente e considerável à sua pessoa, à sua família, ou aos seus bens.

[265] Inocêncio GALVÃO TELLES. *Op. cit.*, p. 87-8 e nota 92.

[266] Narra Galvão Telles que a questão sobre a necessidade de ser o erro desculpável ou não era, todavia, discutida à face do Código Civil Português de 1867. Na primeira corrente encontravam-se Cabral de Moncada, Paulo Cunha, Beleza dos Santos e o próprio Galvão Telles; na segunda corrente estavam Manuel de Andrade, José Tavares e Cunha Gonçalves. (Inocêncio GALVÃO TELLES. *Op. cit.*, p. 87).

[267] A culpa deverá ser apreciada em abstrato, segundo um critério objetivo do "bom pai de família", tendo em conta, porém, as circunstâncias de cada caso, como a idade, o sexo e a condição social. (GALVÃO TELLES. *Op. cit.*, p. 89)

[268] *Idem*, p. 88.

[269] Como ressalta Galvão Telles, "a ideia de culpa *in contrahendo* foi uma genial descoberta jurídica do insigne IHERING, que concentrou as suas atenções sobretudo na responsabilidade

incorrerá em responsabilidade pré-negocial devendo indenizar o interesse contratual negativo.[270/271]

A questão, portanto, funda-se na vontade, no consentimento fundamental que se presta ao negócio que se celebra e que resta, nesses casos, perturbado parcialmente ou integralmente.

Assim, a lei portuguesa prevê a possibilidade de em razão do vício do consentimento se pedir judicialmente a anulação do negócio jurídico, em casos em que a pessoa não teria realizado o negócio se soubesse da realidade (erro absolutamente essencial), ou a redução ou conversão em hipóteses em que a pessoa o teria realizado, mas de outra forma (erro relativamente essencial).[272/273]

A doutrina dos vícios do consentimento, especialmente o erro, donde advém as gradações (dolo e coação), visa conferir efeitos jurídicos apenas aos negócios em que haja um acordo consciente entre a vontade e a declaração.

Nas palavras de Ferrer Correia, só pode falar-se, em sentido jurídico, dum erro do declarante acerca do conteúdo da sua declaração de vontade, quando o significado realmente querido não coincidir com aquele que se impuser à outra parte como tal.[274]

Cumpre ressaltar que o erro sobre os motivos em geral só será capaz de anular o contrato se as partes (declarante e declaratário) manifestaram a concordância (ainda que tacitamente)[275] sobre a essencialidade do ele-

decorrente, para uma das partes, do facto de, por culpa sua, se celebrar um contrato inválido ou ineficaz. Depois o horizonte do instituto alargou-se, abrangendo também o caso de não chegar a celebrar-se um contrato, por injustificada ruptura da fase negociatória ou da fase decisória." (Inocêncio Galvão Telles. *Op. cit.*, p. 207).

270 Mota Pinto. *Op. cit.*, p. 511-2.

271 O interesse contratual negativo obriga à reparação do prejuízo que a parte inocente não teria sofrido se o contrato houvesse sido celebrado válida e eficazmente. Sobre o assunto, Paulo Mota Pinto. *Interesse Contratual Negativo e Interesse Contratual Positivo*. Coimbra, 2008, v. I e II.

272 *Idem*, p. 85-6.

273 Há autores, como Carlos Alberto da Mota Pinto, que utiliza respectivamente os termos erro essencial e erro incidental. Contra esta nomenclatura, Inocêncio Galvão Telles (preferindo este autor os termos a que aludimos no texto).

274 A. Ferrer Correia. *Erro e Interpretação na Teoria do Negócio Jurídico*. Almedina: Coimbra, 2001, p. 16.

275 Basta que tenha resultado, com suficiente segurança, das conversações ou entendimentos havidos entre as partes. (Rui de Alarcão, *Breve Motivação do Anteprojecto de Negócio Jurídico. In* Boletim do Ministério da Justiça, nº 138, nº9. Também Pires de Lima e Antunes Varela.

mento sobre que recaiu o erro, ou seja as partes têm que estar de acordo em que o aspecto em causa foi determinante da decisão do declarante.

Na Alemanha, o BGB prevê que uma promessa ou uma declaração pode ser anulada se for realmente o que a parte não tinha intenção de fazer, como um deslize no que foi dito ou escrito. E ainda, mesmo que a parte tenha tido a intenção de dizer ou escrever o que consta na declaração, a parte pode anular o contrato se pensou que tinha significado bem diferente do significado razoavelmente atribuído pela outra parte (*Inhaltsirrtum*).[276]

Pode-se também, segundo o direito alemão, rescindir o contrato por erros de motivo, desde que concernentes a qualidades da pessoa ou do objeto que sejam normalmente consideradas essenciais.[277]

Essa norma ignora a questão se o promitente agiu ou não com culpa ao cometer o erro e se o erro era reconhecível pela outra parte ou causado por ela mesmo que inocentemente.

O Código Civil Austríaco apresenta a seguinte solução: um erro é significativo, como no Código Civil Alemão, somente se concerne ao objeto principal ou a um atributo essencial deste para o qual a intenção do declarante foi principalmente e expressamente dirigida. Mesmo neste caso, a lei austríaca prevê ainda três requisitos e o contrato só poderá ser rescindido se provada a existência de um deles: que o erro tenha sido causado pela outra parte[278]; que o erro tenha sido óbvio para a outra parte em todas as circunstâncias[279], ou finalmente que o erro tenha sido notificado à outra parte em tempo razoável[280].

Código Civil Anotado vol. I, 4ª ed., 1987, comentário ao artigo 252º; RODRIGUES BASTOS, *Notas ao Código Civil*, vol. I, 1987, p. 339; MENEZES CORDEIRO. *Tratado de Direito Civil Português*, I, tomo 1, 2 ed., 2000, p. 612. Quanto à jurisprudência, citam-se os acórdãos seguintes: STJ de 12 de Junho de 1984, no Boletim do Ministério da Justiça nº 338, p. 385; Rel. Lisboa de 13 de Dezembro de 1972, sumariado no Boletim do Ministério da Justiça nº222, p. 463. GALVÃO TELLES. *Op. cit.*, p. 94-5, nota 104.

[276] ZWEIGERT & KÖTZ. *Op. cit.*, p. 412.

[277] A jurisprudência alemã entende que o conceito de qualidades essenciais inclui somente aquelas qualidades fáticas e de direito das coisas as quais especificamente as caracterizam, não aquelas que têm apenas efeito indireto no valor delas (Cfe. ZWEIGERT & KÖTZ. *Op. cit.*, p. 414)

[278] Qualquer comportamento que seja apto a causar o erro é suficiente. Desta forma, o erro pode ter sido provocado mesmo que não deliberadamente nem negligentemente. Mesmo o silêncio pode provocar o erro se a outra parte podia ter informado à outra que as noções que o declarante teria tido a respeito de fatos relacionados ao negócio estavam equivocados.

[279] Caso em que o destinatário da declaração sabia ou devia saber do erro se tivesse exercido o normal e apropriado cuidado.

Destarte, o direito austríaco, diversamente do direito alemão, não prevê que o declaratário pode pleitear os danos sofridos em razão de ter confiado na declaração já agora rescindida.[281]

O Código Civil Francês estabelece que um erro é significante quando relacionado à substância mesmo do bem. A jurisprudência, entretanto, há muito inclui erros relacionados às qualidades substanciais da coisa e leva em consideração os interesses da contraparte.

Destarte, um erro é relevante somente quando era o motivo principal ou determinante da celebração do contrato. O erro constitui o motivo determinante do contrato se a parte equivocada nunca teria concluído o contrato se não fosse o erro sobre que incidiu. Não é suficiente o fato de que a parte teria concluído o contrato em outros termos.

Também a qualidade substancial sobre a qual incide o erro só será causa de anulação se estiver expressamente ou tacitamente convencionada.[282]

Apesar de o Código Civil Francês não referir, só é considerado erro o escusável. Assim, uma pessoa que tem uma apólice de seguro, sem perceber que já tem cobertura para aquele risco não pode resolver o contrato se seus assuntos estavam em desordem evidente e ele era uma pessoa com certa experiência em seguros.[283]

Na Itália, praticamente abandona-se a ideia de erro sobre os motivos e considera o erro somente aquele essencial e desde que a outra parte tenha tido ciência dele. Considera-se essencial o erro se concernente à natureza ou o objeto de um contrato; se refere-se à identidade ou a qualidades do objeto do contrato ou da contraparte, desde que esses tenham sido fatores determinantes para a celebração do contrato, seja objetivamente, seja de acordo com as circunstâncias do caso concreto.

No sistema da *common law* originalmente não se concebe o instituto do erro. Contudo, um contrato pode ser anulado se durante as negociações

[280] O prazo razoável refere-se àquele antes de o destinatário da declaração ter feito investimentos no sentido do cumprimento do contrato, por ter confiado na declaração errônea.

[281] Cfe. Zweigert & Kötz. *Op. cit.*, p. 415-16.

[282] Da mesma forma, é de se considerar que suposições e expectativas equivocadas apenas justificam a anulação se entraram no campo contratual. Ou seja, é preciso que a contraparte delas tenha ciência e concorde. A mesma ideia segue na Alemanha. (Cfe. Flume. *AlgemeinerRechts, Das Rechtsgeschäft* (end edn.1975) 477 f. e decisões jurisprudenciais BGHZ 16, 54, 7 f.; BGHZ 88, 240, 246 *apud* Zweigert & Kötz. *Op. cit.*, p. 418-9).

[283] Cfe. Zweigert & Kötz. *Op. cit.*, p. 419.

uma parte fez uma declaração falsa e a outra parte celebrou o contrato confiando nesta declaração deturpada. Porém, o enfoque não é propriamente no erro e sim na causa do erro.

Todavia, observam-se em decisões dos tribunais, que o contrato poderá ser anulado por declaração falsa ou inexata se esta foi feita com deliberada intenção do declarante (*fraudulent misrepresentation*). Em casos onde a declaração falsa ou inexata não foi fraudulenta, a parte inocente pode pleitear indenização pelos danos e rescindir o contrato se agir imediatamente. Se, entretanto, a declaração falsa decorrer inocentemente (caso em que o declarante tem motivos para acreditar como verdadeiro naquilo que declarou), o contrato ainda assim pode ser rescindido, cabendo à corte, do contrário, determinar indenização ao demandante, se este concordar.[284]

Em relação ao erro propriamente decorrente da parte que se equivoca sozinha, há de se perquirir se executou-se o contrato e se as declarações das partes foram inequívocas e congruentes. Em caso afirmativo, não se pode rescindir o contrato.

Verificam-se alguns casos de anulação do contrato por erro não provocado pela outra parte. Mesmo assim, somente em casos extremos pode-se anular o contrato no lugar de conferir a parte que sofreu o dano decorrente da falsa representação o direito à correspondente indenização.

Como se pode observar o instituto do erro com todos seus consectários nasce da teoria da vontade desenvolvida no direito continental. Não obstante passou-se a considerar, em alguns sistemas jurídicos, também a confiança que a declaração errônea tenha causado na outra parte para os efeitos da anulação do contrato em favor da parte equivocada e a respectiva indenização da contraparte por ter confiado e agido nos termos daquela declaração.

O erro, primeiro grau dos vícios da vontade, traduz-se numa representação inexata ou na ignorância de uma qualquer circunstância de fato ou de direito que foi determinante na decisão de efetuar o negócio.

Por esta razão, inicialmente criado e conduzido pelo voluntarismo, entre os vícios da vontade, o erro, onde a vontade não foi viciada necessariamente

[284] Nesta hipótese há de se ter em conta a natureza da falsa declaração, bem como a perda que seria causada pela manutenção do contrato, assim como a perda que a rescisão do mesmo causaria à outra parte. (TREITEL 300ff.; CHESHIRE/FIFOOT/FURMSTON 273 ff.; CARTWRIGHT 68 ff. *apud* ZWEUGERT & KÖTZ. *Op. cit.*, p. 420)

por conduta externa, mas antes pela criação subjetiva equivocada do declarante, representa juntamente com todas as suas consequências jurídicas o filho primogênito da teoria da vontade, rainha do liberalismo, de modo a permitir que o contrato e todo negócio jurídico cuja vontade expressada inconscientemente pelo declarante estivesse em desacordo com a vontade querida conscientemente fosse objeto de questionamento.[285] E que toda declaração divergente da vontade fosse afastada por esta última.

Já posteriormente à criação dos Códigos Civis no mundo, surge a disciplina dos contratos de adesão ou das cláusulas contratuais gerais, nomeadamente em leis especiais (como a alemã *AllgemeineGeschäftsbedingungen*, 1977; a Lei portuguesa das Cláusulas Contratuais Gerais, 1985, e o Código de Defesa do Consumidor brasileiro, 1990), nos quais a vontade de uma das partes é substituída pela adesão a um conteúdo previamente elaborado pela outra parte.

2.5. O contrato apesar (da falta) da autonomia da vontade, ou a autonomia da vontade apesar do contrato? – gênese dos contratos de adesão ou com cláusulas contratuais gerais

A liberdade, no entanto, tal como inicialmente concebida submetia, no Liberalismo, os que não detinham o capital à exploração humana por parte de quem o detinha.

Ficou evidente logo na primeira fase da Revolução Industrial que a liberdade concedida ao contrato era utilizada como espoliação desumana do trabalho. O individualismo traduziu-se na noção absolutista do direito da propriedade, através de elevadas jornadas de trabalho, salários míseros, exploração de menores e mulheres nas fábricas, falta de higiene mínima.

O Estado Liberal vinha fadado ao fracasso perpetrado por aqueles que a ele não deram um destino correto. Tornava-se claro que o Estado mínimo

[285] Não avançaremos neste momento para a teoria da confiança por parte daquele que recebe a declaração(declaratário), uma vez que ela cabe quando da análise da interpretação do contrato. Não obstante, convém deixar salientado desde já e em linhas muito breves que a teoria subjetiva para a interpretação do contrato conforme a vontade interna e exclusiva do declarante encontra barreiras na confiança que a declaração de fato emitida pelo declarante pode ter causado ao declaratário e que de acordo com ela legitimamente atuou. Sendo de todo buscado, dentre outras, uma espécie de meio-termo entre as duas soluções para a interpretação objetiva da declaração (segundo o homem médio colocado na mesma situação do declarante em concreto).

tal como concebido era incapaz de assegurar vida digna à maioria das pessoas.[286] Assistem-se a crises.

Como mecanismos de defesa politizava-se o operariado, que organizava-se solidamente nos sindicatos, e passara a exigir veementemente a intervenção estatal.[287] Assistem-se a revoluções e guerras.

E enfim assistiu-se à transição do Estado Liberal ao Estado Social,[288/289] visando a ser o mitigador de conflitos sociais e pacificador entre o trabalho e o capital.

Na esteira das Revoluções Industriais, todavia, produziu-se demasiadamente. Decorria a pujante migração dos campos para as cidades transformando o sonho das pessoas em esperança de uma vida mais digna, com mais acessos e oportunidades.

286 Diz Paulo BONAVIDES, citando Vierkandt: "Mas como a igualdade a que se arrima o liberalismo é apenas formal, e encobre, na realidade, sob o seu manto de abstração, um mundo de desigualdades de fato – econômicas, sociais, políticas e pessoais – termina a apregoada liberdade do liberalismo, como Bismark já o notara, numa real liberdade de oprimir os fracos, restando a estes, afinal de contas, tão-somente a liberdade de morrer de fome." (*Op. cit.*, p. 31).

287 Ainda, segundo BONAVIDES: "O Marxismo contém um apelo à força e a revolução socialista é essencialmente a revolução de uma classe. A ditadura do proletariado conduz a um socialismo violento, autoritário, policial, à versão oriental do marxismo-leninismo-stalinismo, com que a humanidade paga à edificação do Estado socialista pesadíssimo tributo de sangue e sacrifício." (*Idem*, p. 201).

288 Não é objeto deste trabalho pesquisa ou análise das revoluções e guerras. A ideia é tão-somente situar na história, em contexto político, social e econômico, a mudança de paradigma do contrato, cuja noção inicial surge no Estado Liberal e por causa do Estado Liberal e se modifica no Estado Social e por causa do Estado Social. Por isso referimos apenas como passagem em direção ao Estado Social, sem de nenhuma forma desconsiderar a importância daqueles momentos históricos, muito pelo contrário, visto que foi em razão das revoluções e guerras que ocorreram intervenções estatais sucessivas no exercício da liberdade, da autonomia da vontade, na autonomia privada e, por conseguinte, no contrato.

289 É de relembrar o ápice da crise do liberalismo com a quebra da bolsa de Nova Iorque em 1929. Todavia, em 1926, John Maynard Keynes já postulava uma teoria que rompia totalmente com a ideia do "*laisser faire*", afirmando que o Estado deveria interferir na sociedade, na economia e em áreas que entendesse necessário. O modelo do Estado Intervencionista (*Welfare State*) foi, assim, adotado por muitos países após o fim da Segunda Guerra Mundial, já que a interferência estatal parecia essencial para a recuperação do mundo no pós-guerra.
Mister acrescentar que como nota Enzo Roppo que "... na *common law*, um interesse específico pelos problemas do contrato *standard* nasce com os anos trinta, e perpetua-se até hoje manifestando-se num número de (estudos e outros) contributos que no entanto não pode considerar-se notável."(Enzo ROPPO.*Contratti Standard,.op. cit.*, p. 23).

Depois de fracassar todo o sistema, a Segunda Guerra Mundial exigiu a otimização da produção. A organização científica do trabalho de Taylor e a fabricação em série de Ford tornaram-se modelos de produção para a economia da época cujo principal objetivo era o aumento dos volumes fabricados e a racionalização dos custos.

Mas, se de um lado houve a busca pelo aumento da produção, de outro surgiu a necessidade de incentivar o consumo. Logo, o consumidor e suas necessidades tornaram-se o novo centro de equilíbrio do sistema capitalista.

Seguidamente, com a prosperidade de 1950 e 1960, a ascensão da classe média e a massa de jovens consumidores, fruto do *baby boom* do pós-guerra nos Estados Unidos da América, o consumo se intensificou.[290] [291] [292]

O ato de comprar e ostentar se traduzia em forma de personalização do indivíduo perante a sociedade, meio de satisfazer o conceito de ter e poder do indivíduo, refletindo na maneira de como ele gostaria de ser percebido, por ele mesmo e pelos demais.

Além disso, no período pós-segunda guerra inicia-se a pós-modernidade, quando os meios de comunicação começam a explorar o espetacular, o prazer no consumo. O indivíduo passou a ganhar um show constante

[290] Entretanto, isso não era o bastante para manter todo sistema em movimento. O consumidor precisava alimentar o sistema constantemente, ou seja, continuar adquirindo produtos para que a indústria não parasse. Neste momento o *marketing* passou a ter um papel fundamental na disseminação do consumo. O *marketing* de massa se intensifica nos anos cinqüenta, graças aos meios de comunicação coletiva.

[291] Salienta Antunes Varela que o direito do consumo, na sua vasta e significativa expressão atual, é uma criação de origem caracterizadamente americana. E afirma que o direito do consumo tem como alvo os fenômenos do consumo generalizado e da produção em massa. (*Direito do Consumo. In* Estudos de Direito do Consumidor, nº 1, Almedina: Coimbra, 1999, p. 391 e ss.).

[292] Diz Oliveira Ascensão que o ramo Direito do Consumidor brota, com data certa de nascimento, do discurso do Presidente Kennedy dos Estados Unidos da América, em 15 de Março de 1962, que assenta na ideia-força: "Somos todos consumidores". A mensagem do então Presidente ao Congresso norte-americano passou a ser considerada um marco histórico. (*Direito Europeu do Consumidor e Direito Brasileiro. In* Revista Trimestral de Direito Civil, Ano 8, Volume 32. Padma. Out/Dez 2007.

Também Cristian Ricardo PIRIS afirma que "... De facto o direito do consumidor começa a desenvolver-se no mundo jurídico nos anos 60, a partir do reconhecimento do status de consumidor e das especiais fronteiras que começam a perfilar-se na relação de consumo e que tornam possível diferenciá-la das tradicionais relações civis ou comerciais." (*Comunicação. In* Comunicaciones Científicas e Tecnológicas 2000, in http://www.estig.ipbeja.pt/~ac direito/Piris2.pdf, consulta em Abril de 2010. Apud Ana Prata. *Contratos de Adesão e Cláusulas Contratuais Gerais. Op. cit.*, p. 71)

de estímulos, os quais alimentavam seu ego e consolidavam o consumo. Surge, assim, uma sociedade caracterizada pela abundância, criada pela multiplicação dos objetos, dos serviços, dos bens materiais.

O consumo passou a reger a dinâmica do sistema. A sociedade foi impulsionada a consumir mais automóveis, eletrodomésticos, roupas; enfim, a demanda material aumentou e a lógica da quantidade dominou esta fase.

Neste cenário de massificação de produtos (e padronização, ditada exatamente pela quantidade exacerbada de produção) e consumo em massa, em que a ostentação, o efêmero e a obsolescência planejada imperam, tornou-se impossível manter a negociação individualizada dos contratos. Na verdade, a padronização, a homogeneização e a impessoalidade dos contratos era a única forma de manter vivo o novo sistema.

Desta forma surgem os contratos predispostos pela parte economicamente mais forte, de modo que aos destinatários só restava aderir ou abster-se, aos quais não era dado a faculdade de emitir qualquer vontade no sentido de colaborar com a elaboração das cláusulas contratuais. O contrato passou a ser imposto pelo produtor ao consumidor.[293]

Neste momento o pensamento jurídico e a ciência jurídica são esbulhadas pela questão tensa a respeito da existência do contrato, ainda nessas circunstâncias em que a autonomia da vontade e mais amplamente a autonomia privada – vetores de todo o sistema contratual e negocial até então – de uma das partes, qual seja a parte que não elabora as cláusulas que regerão o contrato fica reduzida a quase nada.

A primeira indagação centra-se na abusividade do exercício da autonomia da vontade pela parte que estipula as cláusulas contratuais. E apesar do exercício abusivo de um direito, o contrato existe. Em outras palavras, a autonomia da vontade, embora presente para um dos lados das pessoas envolvidas no projeto contratual, é exacerbada, nesse caso, e o é porque anula de todo a vontade da outra parte, obrigando a contraparte a renunciar ao direito individual de manifestar sua vontade para tratar de interesse privado, próprio. Com isso quer-se responder parcialmente à pergunta inicial de que "o contrato, apesar da autonomia da vontade?", vez que a autonomia da vontade que aqui se vê é deturpada, mas não é suficiente para negar a existência do contrato.

[293] J.M.GROSSEN já afirmava nos finais dos anos 60 que em alguns setores econômicos as condições gerais de contratação já eram utilizadas a 100%. (*Introduction Générale. In* Les Conditions Générales de Contrat, *Actesdu 8º Colloque de Droit Européen*, Strasbourg, 1979, p. 9).

Mas duas perguntas hão também de seguir. A que servirá para completar a indagação anterior precisa ser posta agora. Se à contraparte que não participou da elaboração das cláusulas do projeto contratual, não é dada nenhuma oportunidade, neste momento, de expressar sua vontade, o contrato ainda assim e também, tanto quanto se disse acima, existe, apesar da falta do exercício da autonomia da vontade deste indivíduo.

Finalmente cabe a terceira e última explanação a respeito do título desta sessão: a de considerar que existe uma certa autonomia da vontade apesar dos moldes em que o contrato é apresentado a quem da elaboração de suas cláusulas não participou.

Esta medida estaria expressa na possibilidade que tem o aderente de aceitar ou não o contrato, cabendo-lhe a alternativa de procurar contratos mais vantajosos, ou não ausência desta liberdade econômica, imposta pela realidade do mercado atual, presente estaria a liberdade jurídica de celebração do contrato.

Não obstante todas essas questões, não se pode responder que esse novo modelo de contratação trouxe, por conseguinte, consigo a morte do contrato, nomeadamente pelas limitações que imporiam. Desde cedo ficou claro entre juristas que não se nega a existência do contrato nesses casos e caberia à ciência jurídica despertar ou revelar as soluções adequadas aos novos problemas que surgiam com a nova realidade econômica e social.

Certamente, considerando um conceito mais amplo e inter ou multidisciplinar de contrato, Enzo Roppo pondera que o contrato, assim como acontece com todos os conceitos jurídicos, não pode ser entendido a fundo, na sua essência íntima, se nos limitarmos a considerá-lo numa dimensão exclusivamente jurídica.

Destarte, o conceito de contrato revela uma realidade de interesses, de relações, de situações econômico-sociais, relativamente ao qual, cumpre uma função instrumental.

No caso, a função instrumental que o contrato exerce é da operação econômica que lhe subjaz.[294]

De fato, acolhendo as ideias do mencionado autor, o contrato é a veste, o invólucro de toda operação econômica sem a qual não faria sentido existir o contrato.[295]

[294] Enzo Roppo. *Op. cit.*, p. 9.

[295] É o que Roppo denomina de "jurisdicização das operações econômicas". (*Op. cit.*, p. 18)

Por assim dizer, o contrato, a formalização jurídica da operação econômica, se apresentará em função do arranjo que se quer dar às operações econômicas, dos interesses que no âmbito destas se querem tutelar e prosseguir.[296]

E haverá operação econômica onde existir circulação de riqueza, atual ou potencial transferência de riqueza[297] de um sujeito para o outro, mesmo que como tal não tenha sido encarada pelos seus autores.[298/299]

É mister logo esclarecer, contudo, que o discurso que aqui se apresenta no tocante à autonomia da vontade em contratos deste tipo não se presta a tentar abater a existência do contrato, mas visa a depurar se ainda é a vontade ou o exercício correto e pleno da autonomia da vontade que determinará o alcance que o destinatário de uma declaração, seja ela qual for, terá a respeito do que lhe é dirigido com o fim de fazer-lhe produzir os efeitos previstos no Direito.

É, portanto, com base neste conceito econômico do contrato que toda a teoria contratual se desenvolveu e continua a criar suas soluções. Não fosse assim, era para se considerar morta a instituição contrato (novo modelo de contrato) por faltar-lhe a alma (vontade de uma das partes) em contratos do tipo de adesão ou com cláusulas contratuais gerais.[300]

Mas a verdade é que nunca se criou entraves nas roldanas do capitalismo. Toda a criação tecnológica humana tem que se por a funcionar, tem que se por a distribuir e todo utilizador dessa tecnologia quer ter acesso rápido a ela, sob pena de ficar fora do mundo material e assim não funcionar.

Se nos Códigos Civis do século XIX as regras em matéria de contrato apareciam ainda em larga medida ligadas a uma visão estática e fechada

296 *Idem*, p. 9-10.

297 A palavra riqueza significa, para Roppo, todas as utilidades suscetíveis de avaliação econômica.

298 *Idem*, p. 12.

299 De fato, tanto faz se pensar num contrato gratuito nos sistemas da *civil law*, como a doação pura, ou na noção tradicional de contrato nos sistemas jurídicos da *common law* que depende da *consideration* (*bargain*) para existir. Ainda que se diga que neste último sistema está mais presente a análise econômica do Direito (dos contratos, neste caso), recorrendo-se às fontes das obrigações, na origem romana, está entre elas o contrato, marcado pelo seu conteúdo econômico.

300 Ao contrário, o processo da massificação (produção, distribuição e consumo) é um contributo para explicar as razões do declínio da categoria do negócio jurídico a favor da categoria do contrato. (Cfe. Enzo Roppo. *O Contrato*, *Op. cit.*, p. 69)

da economia , que privilegiava o gozo da riqueza – e se tem a propriedade como centro do sistema privado-, a dinamização das trocas e das relações passou a privilegiar a circulação e a multiplicação da riqueza, o que elevou o contrato em si à categoria central do direito privado, quiçá verificando-se em Itália a disciplina uniforme das obrigações e contratos, a partir de 1942, operada pela unificação do direito privado no Código Civil.

E neste também se vê desde já a regulamentação da empresa nitidamente em razão da sua atividade econômica organizada com vista à produção ou à troca de bens ou de serviços, impulsionadora do processo econômico, através do contrato.

No caso, os contratos então estandardizados constituem forma de garantir a segurança e a celeridade da produção, da distribuição, do consumo, enfim dos negócios massificados.[301/302/303]

[301] Enzo Roppo ressalta que "o afirmar da contratação de massa é etapa(momento) de um processo de desenvolvimento que tem as suas raízes em época anterior ao início deste século (XX)"; e aduz que "uma análise mais refinada intui uma ligação ideal entre a atual prática da negociação por standards e a actividade da jurisprudência cautelar, que se vinha desenvolvendo nos tempos da baixa idade média-sobretudo nas cidades italianas do norte, onde notários e outros juristas, aos quais os privados se dirigiam para obter assistência legal no desenvolvimento dos seus negócios, tinham o costume de elaborar-para cada tipo de operação económica – formulários e esquemas de contratos destinados, com o tempo, a adquirir uma mais ampla difusão nos meios mercantis e a realizar desse modo a progressiva tipificação do conteúdo dos negócios de mais comum emprego na vida do tráfico." E prossegue:"...na realidade a gênese e difusão das técnicas de contratação uniforme (tal como hoje estamos habituados a entendê-la) deverão reconduzir-se seguramente às profundas transformações que algumas economias do ocidente conheceram no decurso do século dezanove. Tendo explodido em Inglaterra entre os finais de setecentos e o início de oitocentos, propagou-se depois ao Continente com alguns decênios de atrasos, a (primeira) revolução industrial havia de facto de estabelecer as premissas dos fenómenos que determinaram o nascimento e a afirmação dos métodos de conclusão dos negócios na base do emprego uniforme de esquemas negociais unilateralmente predispostos". (Enzo Roppo. *Contratti Standard.* Milano: Giuffrè Editore, 1975, p. 2 e 3.

[302] George Dereux escreve que "a sociedade se transformou no decurso do século XIX. Ao lado da pequena loja em que pode discutir-se o negócio, há os grandes armazéns, as sociedades poderosas com administrações sabiamente complicadas e hierarquizadas. Aí não se vê sequer a pessoa jurídica com que se negocia, mas apenas empregados que se limitam a repetir o que os encarregaram de dizer; (...) impossível discutir com eles (...). Oferecem-vos uma tarifa acompanhada de cláusulas ou de fórmulas impressas antecipadamente: em vão objectarei com a sua complexidade ou a sua obscuridade; apresentam-vo-la como um bloco a pegar ou largar." (*De La Nature Juridique des Contrats d'Adhésion. In* Révue Trimestrielle de Droit Civil, Ano IX (1910), p. 503 e ss. *apud* Ana Prata. *Contratos de Adesão e Cláusulas Contratuais Gerais. Anotação ao Decreto-Lei nº 446/85, de 25 de Outubro.* Almedina: Coimbra, 2010).

Deixa de fazer sentido e passa a ser contraproducente, na sociedade então instaurada e no modelo capitalista em vigor, contratos personalizados que exigissem debates acerca de suas cláusulas. Era preciso vender rapidamente o que se produzia. As máquinas multiplicavam a mão-de-obra e por conseguinte a produção.

Havia, portanto, a necessidade de simplificar, acelerar e uniformizar a série infinita de relações entre as empresas e entre essas e os consumidores. O contrato estandardizado se apresenta como a solução para a nova realidade econômica.

Nascem as cláusulas contratuais gerais e os contratos de adesão e com eles a impessoalidade e a objetivação da troca. Morrem, por conseguinte, a vontade livre expressa na elaboração do conteúdo do contrato e a individualização do contrato personificadoras do contrato. Nada podia atrapalhar o tráfego.

Destarte se sobrepõe a teoria da declaração à teoria da vontade. Faz-se prevalecer o comportamento exterior objetivo das partes e o significado que a este seria atribuído pela generalidade dos cidadãos sobre os móbeis psíquicos e as atitudes individuais dos autores do contrato.

O contrato se despersonifica de todas as formas. Passa a ser um personagem cuja criação e atuação são determinadas pelos seus escritores, diretores e atores e lançada a inúmeros receptores cuja recepção corresponde a uma audiência solitária e imutável.[304]

[303] Posiciona-se Paulo Bonavides no sentido que "A produção em série no capitalismo, os produtos "estandardizados" criaram um padrão de vida médio, igual e uniforme; geraram, em suma, a "massificação", que invade e destrói as formas peculiares de vida, aquelas que na ordem material, tinham os seus traços mais autônomos e genuínos. (...) É ainda a mesma massificação, segundo Grabowsky, que faz com que encontremos em Tóquio, Cairo e Nova-Iorque, os mesmos edifícios de cimento armado com o mesmo acabamento e conforto." O autor assevera que é a massificação que desperta na pessoa a consciência de haver-se tornado um número no processo capitalista." (Bonavides. *Op. cit.*, p. 224) A questão que aqui se apresenta, embora não jurídica propriamente, nos leva a refletir sobre a liberdade humana e o seu exercício diante do fenômeno da massificação (e já não mais exclusiva ou restritamente diante dos contratos massificados), uma vez que o homem passa a conduzir-se como se levado por uma onda contra a qual não tem força a não ser se deixar de entrar no mar. Todavia, é e será sempre preciso proteger sua liberdade como forma consciente de atuar e fazer escolhas na vida. E somente através dela se pode garantir a autodeterminação.

[304] Enzo ROPPO põe à reflexão: "..(em concreto: que aconteceria se cada uma das inúmeras vendas de consumo quotidianamente concluídas por uma empresa pudesse ser posta em discussão pelo consumidor adquirente, que invocasse uma sua atividade mental para fazer

Não obstante, a época da sociedade de massa é também marcada pelo intervencionismo estatal neste setor que pretende combater e evitar os males causados pelo liberalismo.

Assim, na Europa, o primeiro Código Civil a tratar do problema foi o italiano, em 1942, no seu artigo 1.341º, com a epígrafe Condições gerais de contrato (*condizioni generali di contratto*) caracterizava-as como aquelas que são predispostas por um dos contraentes, estabelecendo que são eficazes relativamente ao outro, se no momento da conclusão do contrato este as conheceu ou deveria tê-las conhecido usando de comum diligência.

Também o mesmo diploma legislativo se ocupou das *clausole vessatorie*[305], enunciando-as e dispondo de um especial regime de aceitação que procurava garantir o seu conhecimento efetivo pelo aderente. Outrossim, uniformizou o regime dos contratos sob condições gerais com o dos contratos com base na subscrição de modelos ou formulários predispostos para disciplinar de maneira uniforme determinadas relações contratuais.

Na França, a Lei nº 73-1193 de 27 de Dezembro de 1973 estabeleceu que as associações estatutariamente dirigidas à tutela dos interesses dos consumidores podiam propor perante qualquer jurisdição ações cíveis relativas aos fatos que levassem a um prejuízo direto ou indireto ao interesse coletivo dos consumidores.

Na Suécia também na década de 70 passou-se a proibir cláusulas abusivas ou ilícitas.

Na Áustria, o Código Civil, desde 1979, estabelece normas sobre a inserção e a validade das cláusulas contratuais. Destarte, as cláusulas estandardizadas desvantajosas para a outra parte só podem ser consideradas como parte integrante do contrato se foi chamada especificamente a atenção da outra parte para essas cláusulas.

Na mesma altura, entrou em vigor uma lei de proteção do consumidor prevendo que uma cláusula que figure nas condições gerais de um profissional ou nos contratos que ele propõe, e que não indique claramente as obrigações acessórias de uma das partes, é nula se, tendo em conta o conjunto das circunstâncias, essa cláusula for largamente desvantajosa para uma das partes.

valer o processo imperfeito da formação da sua vontade e assim anular a troca?)" (*O Contrato. Op. cit.*, p. 69)

[305] Cláusula abusiva.

Na Alemanha uma lei específica tratou minuciosamente do tema, a *AllgemeinenGeschäftsbedingungenGesetz* , em 1976, prevendo o controle de inclusão das cláusulas (*Eibezehungkontroll*) e o controle de conteúdo (*Inhaltkontroll*).

Portugal, fortemente inspirado na legislação alemã, criou o Decreto-Lei nº 446/85, que na sua versão original, tal como na Alemanha, tinha como objeto tão-somente os contratos em que uma das partes formula um modelo contratual destinado a integrar um número indefinido de contratos.

2.6. O contrato e o abandono da autonomia intrínseca: contratos de adesão

No mundo jurídico, a nomenclatura varia entre contratos de adesão e cláusulas contratuais gerais ou ainda condições gerais.

Antunes Varela afirma que o tema das cláusulas contratuais gerais é o produto duma iniciativa geral de raiz europeia, historicamente nascida do apelo que o Conselho das Comunidades lançou em 14 de Abril de 1976 aos membros da União Europeia, no sentido da criação de um regime tão uniforme quanto possível de combate às cláusulas abusivas dos contratos cada vez mais freqüentes nos países comunitários.[306]

Na verdade, as iniciativas das instâncias comunitárias sempre foram em torno da defesa do consumo com vista à incrementação do mercado interno e só posteriormente criou regimes mais protetores em favor da pessoa do consumidor (direitos fundamentais do consumidor).

Martin Ebers pondera que o controle das cláusulas contratuais gerais e do conteúdo do contrato com consumidores decorre de dois fatores: A ponderação dos custos de transação (elaboração da cláusula para múltiplos contratos) e a teoria do abuso (a fim de proteger certa categoria de pessoas mais fracas).[307]

Sousa Ribeiro, todavia, entende que a tutela geral do aderente a cláusulas contratuais gerais não se justifica pela posição de inferioridade dele, mas pela utilizabilidade múltipla do modelo contratual. A sujeição a cláu-

[306] *Direito do Consumo. Op. cit.*, p. 397-8.

[307] *Directive relative aux clauses contractuelles abusives (93/13). In* Hans Schulte-Nölke (coordenador-geral, Christian Twigg-Flesner e Martin Ebers, Compendium CE de Droit de la consommation, 2008, p. 385 e ss., in http://ec.europa.eu/consumers/rights/docs/consumer law compendium comparative analysis fr final. pdf, consulta em Outubro de 2009, a*pud* Ana Prata, *op. cit.*, p. 72.

sulas contratuais gerais configura por si só, segundo o autor, um caso típico de necessidade de tutela, pois o aderente é automaticamente considerado como a parte mais fraca pelo simples fato de lhe serem opostas cláusulas pré-formuladas de aplicação geral, independentemente da sua posição de poder, globalmente considerada, fora do específico quadro contratual. A disparidade de poder é para o jurista um pressuposto fixo inominado do regime legal.[308]

O Direito alemão, desde 1976, protege contratos concluídos na base de cláusulas contratuais gerais, sendo necessário que o conteúdo contratual tenha sido pré-redigido tendo em vista a utilização em série dos contratos.[309]

Sustentando que os contratos concluídos com base em cláusulas contratuais gerais constituem espécie dos contratos de adesão, António Pinto Monteiro esclarece que os contratos de adesão em sentido estrito são caracterizados pela pré-disposição, a unilateralidade e a rigidez, constituindo a generalidade e a indeterminação características dos contratos de adesão em sentido amplo.[310]

Carlos Ferreira de Almeida, nos seus primeiros estudos sobre a proteção do consumidor, caracteriza os contratos de adesão como aqueles cujas cláusulas (na totalidade ou nos seus elementos mais importantes) são impostos por uma das partes à outra, conforme um modelo genericamente aplicável. O autor acrescenta que tais contratos têm como elementos comuns: uma das partes é uma empresa ou um conjunto de empresas que entre si acordaram, ou às quais foi imposto (ou recomendado), um mesmo modelo de contrato; o contrato tem um conteúdo repetitivo, com a inclusão de condições gerais idênticas (assim como na lei alemã – *AllgemeinenGeschäftsbedingungen-AGB*).[311]

O jurista português atribui às cláusulas contratuais gerais duas características: predisposição unilateral e generalidade, entendendo que a rigi-

[308] *Cláusulas Contratuais Gerais e o Paradigma do Contrato. In* Separata do volume XXXV do Suplemento ao Boletim da Faculdade de Direito de Coimbra. Coimbra, 1990, p. 195-6.

[309] A expressão germânica "condições negociais gerais" (AllgemeineGeschäftsbedingungen, conhecida pela sigla AGB) é alvo de crítica em Portugal por parte de, por exemplo, Menezes Cordeiro, que diz que o termo não é tecnicamente satisfatório vez que a palavra 'condição' tem um sentido técnico preciso que aqui não se verifica. (Cfe. Menezes Cordeiro, António. *Tratado de Direito Civil Português. I-Parte Geral. Tomo I.* Almedina: Coimbra, 2005, p. 609).

[310] *O Novo Regime dos Contratos de Adesão. In* Revista da Ordem dos Advogados, Ano 62, Janeiro, 2002, p.113-6.

[311] *Os Direitos dos Consumidores.* Almedina: Coimbra, 1982, p. 95.

dez (inalterabilidade das cláusulas) não constitui requisito essencial, senão uma característica tendencial[312], uma vez que de acordo com a lei portuguesa, o aderente pode afastar ou modificar alguma(s) cláusula(as), sem prejudicar quanto às outras a aplicação do regime legal próprio das cláusulas contratuais gerais. Com relação ao elemento generalidade, explica o autor que prefere esta nomenclatura ao termo indeterminação, na medida em que a finalidade da lei é alcançar a multiplicidade[313] de contratos que assim se estabelecem indiscriminadamente. Conclui, definindo cláusulas contratuais gerais como "proposições destinadas à inserção numa multiplicidade de contratos, na totalidade dos quais se prevê a participação como contraente da entidade que, para esse efeito, as pré-elaborou ou adotou[314]."[315]

Ainda Sousa Ribeiro, ressaltando que a generalidade[316] – "a vontade geral, uniformizadora do conteúdo de uma multiplicidade de contratações futuras" – é o elemento especificamente distintivo para o conceito de cláusulas contratuais gerais, assinala que isso explica, por exemplo, o modo de ingresso (por adesão sem negociação) em cada contrato singular.[317] Donde conclui que o contrato 'por adesão' é o meio pelo qual se inserem as cláusulas contratuais gerais.

Calvão da Silva prefere a expressão 'contratos de adesão' à 'cláusulas contratuais gerais', justificando que o primeiro termo abrange todas as cláusulas contratuais que não tenham sido sujeitas a negociações indivi-

[312] Cita neste sentido também ENGRÁCIA ANTUNES (*Direito dos Contratos Comerciais*. Coimbra, 2009), quem denomina de elemento natural a desigualdade dos contraentes. (*Contratos I. Conceito. Fontes. Formação*. Almedina: Coimbra, 2014, p. 170-1 e nota 12)

[313] Daí que o autor diz que embora a forma dos contratos com cláusulas contratuais gerais pode ser qualquer uma, a sua vocação contratual múltipla dificilmente é compatível com a forma oral ou gestual

[314] Deste modo, não é necessário para se considerar cláusula contratual geral que ela tenha sido elaborada por quem as utiliza. Pode-se bem uma entidade apenas adotar, como interessado ou membro, uma cláusula contratual geral elaborada por terceiro. (FERREIRA DE ALMEIDA. *Op. cit.*, p. 172-3)

[315] Carlos FERREIRA DE ALMEIDA. *Op. cit.*, p. 172.

[316] Basta o escopo da pré-formulação, não importando se efetivamente as cláusulas contratuais gerais foram introduzidas num número múltiplo de contratos. (Cfe. ULMER. *Kommentar, § 1, anot.23 apud* SOUSA RIBEIRO. *O Problema...*)

[317] Joaquim de SOUSA RIBEIRO. *O Problema do Contrato. As Cláusulas Contratuais Gerais e o Princípio da Liberdade Contratual*. Almedina: Coimbra, 2003, p. 447).

duais, sejam elas gerais, redigidas com vistas à utilização generalizada em contratos com consumidores, ou mesmo em contratos individualizados.[318]

Almeida Costa distingue entre condições negociais gerais, que têm essa designação por influência alemã, e os contratos de adesão, que são contratos singulares celebrados com base naquelas, a significar que as duas expressões representam a mesma realidade.[319]

Almeno de Sá alude que cláusulas contratuais gerais constituem "estipulações predispostas com vista a uma pluralidade de contratos ou de uma generalidade de pessoas para serem aceites em bloco, sem negociação individualizada ou possibilidade de alterações singulares."[320]

O conceito de contrato de adesão é dado pelo Código de Defesa do Consumidor (Lei 8.078/90, de 11 de Março del991), que no seu artigo 54 prevê: "Contrato de adesão é aquele cujas cláusulas tenham sido aprovadas pela autoridade competente ou estabelecidas unilateralmente pelo fornecedor de produtos ou serviços, sem que o consumidor possa discutir ou modificar substancialmente o conteúdo."

Sendo indispensável, portanto, que o consumidor não possa modificar o conteúdo pré-estabelecido de maneira relevante. Embora o conceito lhe traga uma lei especial, respeitante à defesa do consumidor, o Código Civil também a essa espécie de contratação se refere, embora muito timidamente e sem a conceituar no seu art. 423.

A isso se deve indubitavelmente o fenômeno que se descreveu anteriormente da produção em massa e consequente massificação dos contratos, de modo a tornar as transações dos empresários mais céleres e com riscos do negócio diminuídos pela previsibilidade da padronização contratual em série.

Tal fato, que a história nos conta, não justificaria realmente de início a proteção de contratos singulares, na medida em que o que a realidade econômica apresentava era um processo de multiplicação da produção, do consumo e dos contratos relacionados cuja proteção dos que a eles aderiam demandavam.

[318] João Calvão da Silva. *Compra e Venda de Coisas Defeituosas (Conformidade e Segurança)*, 5ª edição. Almedina:Coimbra, 2008, p. 136.

[319] Direito das Obrigações. 11 ª edição revista e atualizada. Almedina: Coimbra, p. 244-5 e nota 5.

[320] Almeno de Sá. *Cláusulas Contratuais Gerais e Directiva sobre Cláusulas Abusivas*. Almedina: Coimbra, 2005, p. 212 a 217.

Mas a verdade é que fenômenos mais recentes de ampliação e estímulos às atividades empresariais, tais como fusões, incorporações, aquisições, incentivos a pequenas e médias empresas no cenário global parecem não permitir mais aquela restrição.

E certo é que a tutela prevista originariamente contava com uma realidade econômica que posteriormente se ampliou, ganhou novos contornos, e contratos daquele tipo passaram a ser regra e não mais exceção[321], são vistos e assinados para todos os lados.

Certo é também que o principal objetivo do legislador sempre foi tutelar as vítimas das pré-estipulações contratuais unilaterais, embora inicialmente encaradas dentro do contexto da padronização e generalização desses contratos, amparando-as com base na privação de liberdade negocial típica do caso que põe em questão a autonomia da vontade, cerne da primeira, e em favor da qual emergiram todos os pilares do direito contratual, negocial, quiçá privado.

O direito contratual, quando intervém nos contratos para reajustar-lhes o equilíbrio econômico-financeiro – que em contratos de adesão se questiona pois é exatamente o que se encontra afetado em razão da essência própria do modo de formação desses contratos – está em busca da restauração do sinalagma e da justiça comutativa no sentido de resguardar trocas justas e equânimes entre as partes. Essas trocas só são possíveis porque constituem expressão da vontade do contraente, do exercício da sua liberdade negocial, do seu poder de autodeterminação enquanto pessoa humana.

2.7. A relevância econômica e social destes contratos a par da autonomia privada

As necessidades econômicas e sociais ocorridas na história retiraram do contrato a sua alma consubstanciada na vontade perpetrada para sua criação e manutenção.

A entender o contrato como tradicionalmente se concebia como o acordo de vontades de conteúdo patrimonial, é de se reconhecer que do mesmo, quando de adesão ou com cláusulas contratuais gerais, foram afastados os efeitos da vontade de uma das partes e por conseguinte o acordo que se faz deve ser considerado tão somente no seu aspecto formal, instrumental e aparente.

[321] Expressão lançada por SOUSA RIBEIRO. *O Problema do Contrato... Op. cit.*

A vontade, que dá alma ao contrato, é-lhe retirada por questões de ordem econômica e social, dado que diante dos avanços tecnológicos, econômicos e populacionais não é mais possível manter a fórmula original da formação do contrato que se destina a atender a um número indeterminado de pessoas, ou ainda que entre pessoas determinadas, no caso entre empresários, que também padronizam seus contratos de maneira a garantir a velocidade e a segurança das negociações e das trocas patrimoniais.

O contrato perde sua alma e seu corpo é engessado por uma fórmula nova imposta pela economia, pelos avanços e pelas conquistas humanas.

Não obstante, o Direito dele não se descuida. E jamais poderá fazê-lo, sob pena de se negar ao seu destinatário único e universal – o homem – e de, portanto, renegá-lo. E se ainda insistisse em fazê-lo, a pergunta caberia: – a que estaria o Direito, especialmente os direitos patrimoniais a serviço? E numa resposta ousada poder-se-ia dizer: – da economia. E então, estaria a economia a serviço do homem? E ainda que não houvesse dúvida quanto à resposta afirmativa, na medida em que tende a suprir as necessidades ilimitadas do homem através da administração de recursos limitados, outra indagação surgiria: – a que homens? E só o fato de não se poder responder que a todos os homens a economia serviria, bastava-lhe isso para que o Direito – seja em sistemas jurídicos *common law*, seja em sistemas jurídicos *civil law* – em alto e bom tom se apresentasse como a única ciência capaz de salvar o homem do gesso da economia[322] e resgatar-lhe a alma.

Destarte, tratou o Direito, especialmente continental de, se não pode evitar contratos de adesão ou com cláusulas contratuais gerais, criar mecanismos de controle de maneira a garantir às partes que a vontade que lhes dá alma, dê-a também ao contrato.

Por conseguinte, nomeadamente a lei estabeleceu o controle do contrato de adesão a partir da não vinculação de cláusulas abusivas.

De toda sorte, os contratos de adesão nascem para tornar os bens e serviços, nomeadamente produzidos em massa, mais acessíveis ao consumidor. Porém o acesso efetivo, nos termos de estarem adequados ao que se espera, considerando as legítimas expectativas criadas no consumidor pelo fornecedor desde a publicidade, depende da verificação da inexistência de práticas e cláusulas contratuais abusivas, o que se faz por meio dos controles estabelecidos em lei, como o da nulidade dessas.

322 Utilizamos a expressão "gesso da economia" visando designar a forte influência que a economia exerce sobre os contratos, a exemplo das próprias ccg.

2.8. A relação de consumo (essencial) no setor do saneamento básico

Os contratos de fornecimento de bens e serviços essenciais são oferecidos em grande escala à população (desde as pessoas físicas às jurídicas), de maneira que um número maior de pessoas a eles tenha acesso padronizado. Destarte, se apresentam sob a forma de adesão.[323]

Como ressaltado anteriormente, o fornecimento de água potável constitui serviço público essencial elencado no artigo 10, I, da Lei de Greve – Lei 7.783/89.

Acrescenta-se que de acordo com o artigo 22 do Código de Defesa do Consumidor, o serviço público deve ser fornecido de forma adequada, eficiente, segura e, quanto aos essenciais, continuamente.

O consumo é uma condição, um aspecto permanente, sem limites temporais ou históricos e tem raízes tão antigas quanto os seres vivos.

Fazer uso da água, bem vital, também – e mais que todo e qualquer bem –, assim como ter esgotamento sanitário adequado. No entanto, é sabido que em tempos mais distantes, não se tinha água potável, tampouco esgotamento sanitário.

Especialmente no Brasil, as fezes e urinas eram excretadas em penicos e recolhidas e carregadas pelos escravos apelidados de "tigres", porque os excrementos escorriam-lhes pela pele e os deixavam manchados, que as despejavam geralmente em mares e rios e até mesmo pelas janelas das residências.[324]

Essas breves linhas de lembrança da história, nomeadamente brasileira de (falta total) saneamento básico, servem para alarmar ainda mais a essencialidade do bem e do serviço em questão e, por conseguinte, da essencialidade desse consumo, que não pode estar no rol das coisas comuns tidas como descartáveis, porque a água se torna mais escassa, nem sujeitas às regras da economia de mercado porque tem que ser acessível a todos, tampouco à concorrência que sequer existe no setor dado o monopólio natural[325].

[323] Nos termos do art. 54 do Código de Defesa do Consumidor.

[324] Durante o Brasil Império, o país era o maior território escravagista do Ocidente, com quase 5 milhões de africanos escravizados. Tal número representa cerca de 40% do total embarcado para as Américas. Isso durou cerca de 300 anos. (PEREIRA, Vinícius. *Quem eram os escravos tigres, marcantes na história do saneamento básico no Brasil.* BBC News Brasil, 30 de Novembro de 2019. Disponível em: https://www.bbc.com/portuguese/brasil-50526902#:~:text=Com%20a%20m%C3%A3o%20de%20obra,durante%20cerca%20de%20300%20anos).

[325] O monopólio natural ocorre quando é mais barato atender o consumidor por um único prestador do serviço e não pela competição entre fornecedores. É o caso de serviços de rede

Quando Bauman tratou da modernidade líquida e da perda da identidade do consumidor, se ocupou da tendência da obsolescência dos produtos gerados no mercado para fins de um ciclo vicioso e permanente de consumo provocado pelo capitalismo ora inaugurado[326]. Disso decorre o fato de que o poder do ser humano, segundo o sociólogo, depende dos bens de consumo que possui. Igualmente o valor do ser humano, de – ser – humano está intrinsecamente ligado ao ter. A descartabilidade, da nova sociedade – consumista – contamina todos os setores da vida. Torna-se descartável desde o celular, até o trabalhador e o relacionamento afetivo. Como numa busca frustrante e frustrada da felicidade de ter, descartar e ter de novo e assim por diante.[327]

que demandem vultosos investimentos. Por exemplo, água ou gás canalizado. Se diversas empresas instalassem tubulações numa mesma rua para competir entre si, a confusão seria grande e o preço do serviço elevado devido à perda da economia de escala. (Cfe. KELMAN, Jerson. *Constituição e monopólio natural – STF decidirá se transportar gás liquefeito ou comprimido por caminhão é uma maneira de explorar o serviço de gás canalizado. In* Brasil Energia, de 26/9/2020. Disponível em: Constituição e monopólio natural – Editora Brasil Energia. Capturado em Julho de 2021.

326 Segundo Bauman, o paradigma do consumo sofreu ruptura, quando o consumo passou a ser o verdadeiro propósito da existência. A passagem do consumo ao consumismo é chamada de revolução consumista, quando ansiar por e ter emoções repetidas vezes passou a sustentar a economia do convívio humano. O consumismo chega quando o consumo assume o papel-chave que na sociedade de produtores era exercido pelo trabalho.Decorre que enquanto o consumo é uma característica e uma ocupação dos seres humanos como indivíduos, o consumismo é um atributo da sociedade, uma forma específica de convívio humano – sociedade de consumidores, que estabelece parâmetros específicos para as estratégias individuais de vida eficazes e manipuladoras das probabilidades de escolhas e condutas individuais, cujo objetivo é a cumulação de bens aquisição, valorizados pelo conforto que proporcionam ou pelo respeito que outorgam aos seus donos.Difere a sociedade de consumo da sociedade de produtores que foi basicamente orientada para a segurança (Modernidade) – ambiente confiável, ordenado, seguro, duradouro, estável e resistente ao tempo, solidez e durabilidade – caracterizado por bens pesados, espaçosos, duradouros, imóveis, *ex vi*, metais nobres, joias preciosas, cujos bens deviam ser protegidos da deterioração, pois a satisfação residia na segurança de longo prazo e não no desfrute imediato de prazeres. (BAUMAN, Zygmunt. *Vida para consumo – A Transformação das Pessoas em Mercadoria*. Trad. Carlos Alberto Medeiros. Rio de Janeiro: Jorge Zahar Ed., 2008).

327 Ainda segundo Bauman, o consumismo se associa não tanto à satisfação das necessidades (originais), mas a um volume e intensidade de desejos sempre crescentes, o que implica o uso imediato e a rápida substituição dos objetos destinados a satisfazê-la. Tem por fundamento a insaciabilidade dos desejos. O consumismo inaugura a obsolescência embutida dos bens e aumento no lixo. Cria uma cultura agorista apressada, notável pela renegociação do significado

Nesse diapasão, afirma Bauman que a economia consumista se alimenta do movimento das mercadorias e é considerada em alta quando o dinheiro mais muda de mão e que nela, primeiro os produtores aprecem para depois encontrar suas aplicações.

No entanto, nem a água nem as outras funções do saneamento básico podem estar sujeitos aos movimentos da sociedade consumista. Alimentar essa roldana é matar de fome o consumidor desse bem e serviço essenciais. Por isso, é necessário um controle maior desses contratos por meio dos órgãos estatais e por meio do próprio consumidor.

O risco da sociedade de consumo, tal como estabelecida nos moldes reconhecidos e delineados por Bauman, é para além do lixo que a descartabilidade gera e da contaminação desse modelo a todas as relações, que as torna líquidas e "pontilhadas"(intervaladas entre aquisição e desperdício).

O risco está na distração constante e permanente dos consumidores e de todos os cidadãos de um modo geral. Como diz o referido sociólogo:

> O consumismo é uma economia de engano, aposta a irracionalidade dos consumidores e não nas suas estimativas sóbrias e bem informadas. Estimula emoções consumistas e não cultiva a razão, e cujo objetivo não é a satisfação das necessidades, desejos, mas de elevar o consumidor à categoria de mercadoria vendável.[328]

O Código de Defesa do Consumidor brasileiro e as Leis Consumeristas de um modo geral desempenham o papel de proteção e defesa do consumidor contra práticas e cláusulas contratuais abusivas, e o dever de informação e de transparência das relações jurídicas que se estabelecem são fundamentais para o que Kant denomina esclarecimento:

de tempo, que passa a ser pontilhista, ou seja, marcado por rupturas e falta de linearidade, rompimento dos vínculos, inconsistência, falta de coesão, é fragmentado em instantes eternos, acredita-se que cada ponto do tempo seja impregnando da possibilidade de outro *big bang*. O autor assemelha o universo pontilhista a um cemitério de oportunidades desperdiçadas, em que as taxas de mortalidade infantil das esperanças e de aborto natural ou provocado são elevadíssimas. Nesse universo pontilhista não há espaço para progresso: a imagem do alicerce ao teto, construídos pelo longo e diligente esforço humano é substituído pela imagem de que o objetivo ideal pode e deve ser alcançado no momento seguinte ou mesmo neste exato momento. Cada momento tem suas potencialidades revolucionárias. A demora é o *serial killer* das oportunidades. (*Idem*)

328 *Idem*

> Esclarecimento é a saída do homem da sua menoridade, da qual ele próprio é o culpado. A menoridade é a incapacidade de fazer uso de seu entendimento sem a direção de outro indivíduo. O homem é o próprio culpado dessa menoridade se a causa dela não se encontra na falta de entendimento, mas na falta de decisão e coragem de servir-se de si mesmo sem a direção de outrem.[329]

O consumidor como destinatário final de toda cadeia econômica e produtiva, e, portanto, protagonista do mercado, precisa e merece exercer uma função mais proativa e participativa do que corretiva e controladora das relações de seu interesse. Sair da menoridade e ganhar a luz do esclarecimento depende de políticas públicas mais eficazes contra a vulnerabilidade a que está exposto no mercado de consumo e consumista.

Nas palavras de Bauman, se o ativismo do consumo é um sintoma do crescente desencanto com a política[330], a proatividade do consumidor, no sentido da participação maior e mais esclarecida do consumidor, pode significar o (re)encantamento com a política.

A democracia, como concebida em Habermas, demanda um procedimento em que os concernidos devem participar para a tomada de decisões legítimas. Segundo a ética do discurso, em Habermas, uma norma pode pretender validade somente se todas as pessoas potencialmente afetadas por ela, qual seja participante num discurso prático, chegam (ou poderiam chegar) a um acordo de que a norma é válida.[331]

Delineado no capítulo anterior que o serviço de saneamento básico é público e essencial, estabelece-se neste capítulo que a prestação se dá de forma a que o destinatário final a ele adere, uma vez que produzido e oferecido em massa, as suas cláusulas-padrão são estabelecidas unilateralmente pelo fornecedor, cabendo pequenos ajustes pontuais que não desnaturam o contrato de adesão, por meio de um contrato de consumo, visto que serve a consumo próprio ou de seu negócio, mas o domínio técnico do negócio que oferece é exclusivo do fornecedor.

No caso em espécie – contrato de prestação de serviço de saneamento básico – em que a água é vital ao ser humano e o serviço é indispensável

[329] KANT, Immanuel. *Resposta à Pergunta: Que é «Esclarecimento»? In* Immanuel Kant. Textos Seletos. Trad. Floriano de Sousa Fernandes. Petrópolis: Vozes, 1985, p. 100.

[330] *Idem.*

[331] HABERMAS, Jürgen. *Consciência Moral e Agir Comunicativo.* Trad. Guido A. de Almeida. Rio de Janeiro: Tempo Brasileiro. 1989, p. 76.

à dignidade humana, não se trata mais e apenas de restauração da justiça comutativa.

Quando se atribui à privatização do setor a missão da universalização do saneamento básico (proibindo os contratos de programa), impõe-se às empresas prestadoras do serviço investimentos, custos, que vão impactar na tarifa, que deve observar, porém, a modicidade, de maneira a garantir a acessibilidade ao bem e serviço que são essenciais à vida humana.

Além disso, o contrato em questão decorre do monopólio natural, no que não há concorrência no setor, o que impede o consumidor de qualquer escolha, tornando-se refém dos abusos eventualmente cometidos pelo fornecedor, uma vez que sequer pode se socorrer de outro prestador.

Acrescenta-se a necessidade e obrigatoriedade de manutenção das tarifas sociais. Também a compensação das modificações tarifárias impostas pela pandemia do COVID-19. Outrossim, a perda da imunidade recíproca entre os entes federados.

A tarifa passa a ser, nesse contexto, uma arma do usuário contra si mesmo, a única contrapartida que tem para o acesso do que lhe é essencial pode lhe ser fatal se não estiver devidamente controlada pelos órgãos públicos.

O problema é que os órgãos de controle, muitas vezes, ou não se entendem entre si, ou estão mais suscetíveis a ceder às contas apresentadas pelo prestador do serviço como motivadores do ajustamento tarifário.

A questão de se controlar uma cláusula abusiva tarifária, nos moldes da Lei Consumerista, mesmo em ações inibitórias e coletivas, parece estar aquém da necessidade desse bem e serviço vitais.

O controle da abusividade de uma cláusula tarifária num contrato de adesão tendo em vista todas as peculiaridades que se apresentam no saneamento básico, não parece ser suficiente e adequado.

2.9. Regulação das assimetrias nas posições do poder econômico e vinculação social do contrato como necessários à autonomia pública descrita por Habermas

Algumas questões sobre os contratos merecem aprofundamentos em termos de contextualização das interferências que sofre apesar da autonomia privada, de modo a justificar também a necessidade cada vez maior de participação mais ativa dos interessados, nomeadamente o consumidor que é quem suporta a carga econômica e financeira do contrato e ainda produz lucro ao fornecedor.

Até o século XX, nomeadamente até Código Civil alemão, o direito privado estruturou-se fechado e autônomo, a salvo da força impregnadora de uma ordem constitucional democrática. Longe das intromissões do Estado, bastava garantir o *status* negativo das liberdades de sujeitos de direito correspondente ao princípio da liberdade jurídica.

No entanto, com a instauração da República de Weimar, não era mais possível opor o direito privado ao direito público (antes campo de ação das imposições do Estado), a partir de quando o conteúdo normativo dos direitos fundamentais tinha que se desenvolver através de um legislador ativo no âmago do próprio direito privado. Os direitos fundamentais passam a ser obrigatórios aos envolvidos nas relações jurídicas privadas.

Esse processo foi acelerado pela Segunda Guerra Mundial por meio do Tribunal Constitucional Alemão, quando se viu que as categorias tradicionais não podiam mais expressar o direito vivo estabelecido pelas novas situações jurídicas.

Também de se notar esse movimento na substituição do modelo jurídico liberal pelo do Estado Social, pois as mudanças sociais havidas provocaram a mudança de paradigmas, que na Ciência só se admitem quebrar quando comprovadamente não funcionarem mais aos fatos e à realidade que se apresentam.

O direito privado clássico entendia que a autodeterminação da pessoa estava garantida pela liberdade negativa, de fazer tudo o que a lei não proibisse, estando nesse contexto a liberdade dos contratos e também o direito à propriedade, erigindo o contrato como instrumento de troca de riquezas e acesso à propriedade.

Porquanto, o indivíduo, na medida em que sofre restrições mínimas de proibições e mandamentos, permite atuação para defesa dos interesses individuais, seguindo um projeto de vida, no valor ético, escolhido racionalmente, que gera independência e responsabilidade com o livre desenvolvimento da personalidade.

O surgimento de outras áreas do direito (social), todavia, houve uma união de princípios tornando mais tênue as fronteiras entre direito público e privado.

A partir de então, o direito privado devia se colocar a serviço da justiça social, o direito dos mais fracos devia estar no mesmo nível de proteção dos interesses particulares.

Trata-se do afastamento da igualdade formal e o acolhimento da igualdade material para reconhecendo a diferença proporcionar a igualdade como medida de justiça social.

Os contextos sociais exigiram a harmonização da autonomia privada de cada um, de modo a distribuir igualmente as liberdades jurídicas. Assim, a autonomia privada ganha releitura a partir do outro com quem se contrata, ou seja, privilégios são eliminados por meio de restrições jurídicas para garantir em igualdade a liberdade.

Com as modificações sociais, não era possível manter os paradigmas do modelo liberal de deixar se regular pelas ações espontâneas de mecanismos de mercado.

Mesmo no que tange às teorias de equilíbrio de processos econômicos, já era necessário atribuir igualdade de poder jurídico.

Porém, foi preciso ir além, introduzir uma categoria de direitos fundamentais capazes de incrementar uma distribuição mais justa da riqueza produzida socialmente, surgindo a categoria de direitos a prestações sociais, a depender das atividades do Estado porque não encontra seu substrato material num espaço dominado pelos titulares dos direitos fundamentais.[332]

Dessa forma, constituem normas de proteção social, o controle das cláusulas contratuais, o direito à informação, a teoria da confiança. O Direito passa a regular o contrato, construindo-se, assim, uma compensação de assimetrias nas posições do poder econômico.

Visa-se com isso o bem-estar social, sendo o Estado mais dirigista e redistribuidor, que busca a igualdade material e não mais a meramente formal. A vontade política se sobrepõe à vontade individual, não apenas como uma espécie substitutiva da vontade dos indivíduos, mas também como protetor deles a fim de lhes garantir uma vida digna.

Esse ponto é crucial para o entendimento da autonomia pública segundo Habermas. De acordo com o filósofo, a autonomia das pessoas privadas remete à legitimidade do Direito e vice-versa, fundamentando que só tem legitimidade o direito que surge da formação discursiva da opinião e da vontade de cidadãos que possuem os mesmos direitos.[333]

332 HABERMAS, Jürgen. *Direito e Democracia entre facticidade e validade.* Vol. II. Trad. Flávio Beno Siebeneichler. Rio de Janeiro:Tempo Brasileiro, 1997, p. 139-140.

333 HABERMAS, *op. cit.*, p. 146.

Arremata o autor:

> Estes, por seu turno, só podem perceber, de maneira adequada, sua autonomia pública, garantida através de direitos de participação democráticos, na medida em que sua autonomia privada for assegurada. Uma autonomia privada assegurada serve como "garantia para a emergência" da autonomia pública, do mesmo modo que uma percepção adequada da autonomia pública serve como "garantia para a emergência" da privada. Esse complexo circular manifesta-se na gênese do direito vigente. Pois o direito legítimo se reproduz no fluxo do poder regulado pelo Estado de direito, que se alimenta das comunicações de uma esfera pública política não transmitida por herança e enraizada nos núcleos privados do mundo da vida através de instituições da sociedade civil. Tal concepção da sociedade faz com que o fardo das expectativas normativas se desloque do nível das qualidades, competências, espaços da ação de atores, para o nível de formas de comunicação, no qual se desenrola o jogo da formação informal e não institucionalizada da opinião e da vontade. O jogo de gangorra entre sujeitos de ação privados e estatais é substituído pelas formas de comunicação mais ou menos intactas das esferas privadas e públicas do mundo da vida, de um lado, e pelo sistema político, de outro lado.[334]

Conclui-se que as autonomias privada e pública são co-originárias e, portanto, uma ordem jurídica é legítima desde que assegure as duas aos seus cidadãos.

Concomitantemente, a legitimidade se deve, segundo Habermas, a formas de comunicação nas quais essa autonomia pode manifestar-se e comprovar-se, configurando esta visão na sua tese procedimental.[335]

2.10. A função social do contrato

A função social do contrato é mais explicada a partir da função social da propriedade prevista na Constituição da República vigente, tanto como direito fundamental (art. 5º, XXIII) quanto princípio da atividade econômica (art. 170, III).

Porquanto o contrato é o meio clássico de acesso à propriedade, numa perspectiva de justiça que inicialmente deve guardar o equilíbrio das prestações e não deve se prestar a fins egoísticos. Além disso, com toda a

[334] HABERMAS, *idem*.

[335] HABERMAS, *op. cit.*, p. 147.

dimensão que o contrato opera em sociedade, ele deve ser instrumento de emancipação da pessoa humana no sentido de lhe conferir ou garantir dignidade, com observância aos direitos fundamentais das partes e dos que por eles forem impactados e ainda com respeito ao meio ambiente de maneira que promova o seu desenvolvimento sustentável.

Trata-se de norma modeladora do contrato *per si* e dos seus efeitos, de maneira a garantir a autonomia de cada uma das partes – num sentido mais amplo que a própria liberdade, mas para a dignidade humana, e a justiça na distribuição dos direitos dele decorrentes no sentido de garantir igualmente os direitos fundamentais.

Não obstante, o Código Civil sofreu alteração através da Lei da Liberdade Econômica (Lei 13.874/2019), que procurou restringir a função social do contrato, estabelecendo no parágrafo único do art. 421 que nas relações contratuais privadas, prevalecerão o princípio da intervenção mínima e a excepcionalidade da revisão contratual.

Na tentativa de conter, ou reverter, a evolução do Direito que se deu do modelo liberal para o bem estar social, o parágrafo único faz o Direito retroceder, pois não há mais como se conceber um contrato, o seu próprio conceito sem a sua função social que envolve todos os elementos descritos acima.

Mesmo porque numa visão Habermasiana de processo democrático, não se deve cometer o equívoco da busca dos bens ou da distribuição de bens, mas perseguem-se os direitos como de todos a garantir a dignidade humana.

A relação jurídica, assim, deixa de ter como núcleo seu objeto – o bem jurídico – sobre o qual disputam as pessoas, para mudar o foco para a pessoa. Os limites estabelecidos devem ter por fim a dignidade da pessoa humana, que não é mais meramente um elemento sem alma da relação jurídica como já o é o bem.

Assim, o que interessa nos contratos de saneamento básico é a dignidade que se proporcionará ou se garantirá aos seus usuários, por meio de todos os instrumentos de que dispõe a Lei, sem discriminação e ao mesmo tempo capacitando as pessoas a exercerem plenamente os seus direitos com uma participação mais ativa na construção democrática.

O contrato deve se importar não apenas com a prestação e contraprestação obrigacionais, nucleares, mas também com os impactos ambientais, sociais e com a promoção da cidadania como essencial ao Estado Democrático de Direito.

Nisso, embora se diga desde o modelo liberal que o contrato opera efeitos relativos –*inter partae* –, não beneficiando nem prejudicando terceiros, ele tem repercussões para além das partes, formando uma rede solidária entre as pessoas.

No que tange aos contratos específicos de saneamento básico, há em destaque o compromisso legal da universalização, ou seja, com a erradicação da pobreza e a redução das desigualdades sociais e regionais.

E como se disse, o compromisso com o meio ambiente, que atinge diretamente a vida de todos, no que se refere à produção do lixo, ao esgotamento sanitário, ao mau uso da água com o risco de perdas e escassez.

O meio ambiente, depois de tudo que viu retratado no Capítulo I deste trabalho, não pode mais ser desconsiderado de nenhum contexto, porquanto ele sofre impactos de todas as atividades econômicas. A responsabilidade sobre ele é de todos e, portanto, se insere na função social do contrato porque atinge a dignidade de cada um.

2.11. O direito à informação e o equilíbrio contratual

O conteúdo desta modalidade de contrato é redigido pela parte que na maioria das vezes tem em relação à outra uma superioridade determinada pelo poder técnico e econômico a respeito do bem ou serviço que oferece e sobre os quais detém, ou pode deter, as informações que lhes são indispensáveis.

A assimetria informacional ocasionada pela disparidade de poder entre as partes e a impossibilidade de negociação das cláusulas motivada pelo escopo de alcançar o maior número de pessoas que por sua vez também querem ter acesso aos bens e serviços, gera muitas vezes contratos injustos, vez que suprem as necessidades e os interesses do estipulante dessas cláusulas e deixam à deriva o aderente.

Em se tratando de serviços essenciais como o fornecimento de água e saneamento básico, a violação da justiça comutativa do contrato causa danos mais relevantes e muitas vezes irreversíveis ao usuário.

A justiça comutativa do contrato em tela há de perquirir os elementos fundamentais que formam o núcleo das prestações obrigacionais do fornecedor, porquanto deverá terem conta, por exemplo, a qualidade da água fornecida, a quantidade, bem como a acessibilidade, ao mesmo tempo é imperioso que o serviço de saneamento previna, trate e controle as enfermidades associadas à água.

Por outro lado, que garanta às gerações futuras a preservação desse recurso natural e o seu devido acesso em quantidade e qualidade indispensáveis a uma vida digna, evitando o desperdício do bem e os danos ambientais.

E também que o consumidor seja transparente para que o consumidor saiba o que paga, por que paga, a quem paga e como paga através da tarifa – sua contraprestação obrigacional.

A atenção à justiça do contrato de fornecimento do bem e serviço essenciais em questão precisa ser redobrada no ambiente das populações menos favorecidas, de modo a impedir discriminação que pode ter como última consequência a morte dessas pessoas ou o adoecimento das mesmas por falta ou deficiência do bem e serviço de água e esgoto.

Destarte, a distribuição equitativa de água e saneamento básico associado ao conteúdo justo do contrato (com os elementos que lhes são indispensáveis) visam a garantir a vida e a dignidade da pessoa humana e o seu pleno desenvolvimento a partir de um recurso natural que pertence a todos.

No entanto, a dimensão de tudo que se diz não é possível de ser alcançada se o consumidor não tiver acesso a todas essas informações. A assimetria informacional decorre ela mesma da superioridade técnica do fornecedor do bem e do serviço que redige o contrato e é agravada pela elaboração das cláusulas pouco claras, o que não autonomia nenhuma ao consumidor tampouco pode-se avaliar se efetiva a igualdade material.

O direito à informação decorre do dever anexo de boa-fé objetiva de todo e qualquer contrato, mormente na relação de consumo em que é imperioso como direito fundamental do consumidor.

O Código de Defesa do Consumidor exige que o fornecedor de bens e serviços preste ao consumidor informação adequada e clara a respeito do contrato que celebra.

Esse dever perpassa desde a fase pré-contratual até a fase pós-contratual.

Isso porque o fornecedor sendo, ou devendo ser (a lei parte desse pressuposto objetivo) o detentor da informação técnica, por estar na cadeia de produção ou distribuição, possui um poder que não pode ser usado contra o consumidor, parte mais fraca (e menos informada) da relação jurídica.

No intuito de equilibrar a relação contratual, em prestígio ao princípio da igualdade e visando a um contrato justo, o legislador estabeleceu que a informação sobre o bem ou serviço de consumo, desde sua fase prévia à efetiva celebração do contrato, deve conter a especificação correta de quantidade, características, composição, qualidade, preço, riscos que oferecem à saúde ou segurança dos consumidores, garantia, prazo de validade, origem.

Outrossim, o art. 6º da Lei 13.460/2017, que estabelece normas básicas para participação, proteção e defesa dos direitos do usuário dos serviços públicos prestados direta ou indiretamente pela administração pública, prevê como direitos básicos do usuário a participação no acompanhamento da prestação e na avaliação dos serviços e a obtenção de informações precisas e de fácil acesso nos locais de prestação do serviço, assim como sua disponibilização na internet, especialmente sobrevalor das taxas e tarifas cobradas pela prestação dos serviços, contendo informações para a compreensão exata da extensão do serviço prestado.

Disso se extrai que a autodeterminação depende da verdadeira operância da autonomia privada, que, no sentir de Habermas, repercute na autonomia pública e vice-versa.

Sobre a eficácia social dos direitos, Habermas salienta que:

> Os direitos só se tornam socialmente eficazes, quando os atingidos são suficientemente informados e capazes de atualizar, em casos específicos, a proteção do direito garantida através de direitos fundamentais de justiça.[336]

Dessa forma, o direito à informação é fundamental para que o consumidor possa exercer o controle sobre o serviço que recebe e também para o desenvolvimento do discurso em esfera pública, de modo a lhe garantir uma cidadania ativa no Estado Democrático de Direito.

2.12. O contrato depois da declaração de direitos da liberdade econômica

A Lei da Declaração de Direitos da Liberdade Econômica estabelece normas de proteção à livre iniciativa e ao livre exercício de atividade econômica e disposições sobre a atuação do Estado, nos termos do inciso IV do *caput* do art. 1º, do parágrafo único do art. 170 e do *caput* do art. 174 da Constituição Federal (art.1º da Lei 13.874, de 20 de Setembro de 2019).

Esta lei tem sua origem na Medida Provisória 881, 30 de abril de 2019, cujas normas não coadunavam inteiramente com o sistema jurídico civil-constitucional posto.

[336] HABERMAS, *op. cit.*, p. 149.

Após alterações, promulgou-se a atual Lei da Liberdade Econômica.[337] Nota-se que a lei premia a atividade econômica exercida de modo privado, atuando o Estado como regulador e fiscalizador como prevê a Lei Maior no seu art. 174.

Destarte assume como princípios norteadores a liberdade como garantia do exercício das atividades econômicas; a boa-fé do particular perante o poder público; a intervenção subsidiária e excepcional do Estado sobre o exercício de atividades econômicas; e o reconhecimento da vulnerabilidade do particular perante o Estado. Neste último caso ressalva-se, por meio de regulamento, os critérios de aferição para afastamento dessa presunção, limitados a questões de má-fé, hipersuficiência ou reincidência.

A referida Lei cria um rol de direitos de toda pessoa, natural ou jurídica, essenciais para o desenvolvimento e o crescimento econômicos do País, dentre os quais se destaca como relevante para os contratos sem análise a possibilidade de se definir livremente, em mercados não regulados, o preço de produtos e de serviços como consequência de alterações da oferta e da demanda, o que confirma a importância fulcral da boa regulação no setor de bens e serviços essenciais.

Promove alteração do Código Civil no que tange aos contratos para interpretá-los "em favor da liberdade econômica, da boa-fé e do respeito aos contratos, aos investimentos e à propriedade todas as normas de ordenação pública sobre atividades econômicas privadas." (art.1, § 2º).

Efetivamente altera o Código Civil na parte geral dos contratos no que concerne à interpretação do negócio jurídico para lhe atribuir o sentido que: "for confirmado pelo comportamento das partes posterior à celebra-

[337] Por exemplo, a referida Medida Provisória presumia a boa-fé nos atos praticados no exercício da atividade econômica, devendo os casos de dúvida, na interpretação do direito, serem resolvidos no sentido que mais preservasse a autonomia de sua vontade, salvo expressa disposição legal em contrário. Fundou-se na "premissa do Estado de Direito de que a liberdade impera e a restrição é a exceção. Não se pode, então, permitir que na dúvida sobre a interpretação de um dispositivo, adote-se uma interpretação mais restritiva." Entendeu-se que "aplicar a regra de interpretação que privilegie a liberdade cria incentivos para que o normatizador passe a ter maior sofisticação na redação de enunciados, aumentando a segurança jurídica e os pressupostos democráticos." Faz alusão aos contratos de adesão, no direito do consumidor, argumentando que "a dúvida já privilegia a parte mais vulnerável, não há sentido em que, quando uma cláusula é imposta unilateralmente pelo Estado, este ainda se beneficie de sua dúvida." Ressalvavam-se as searas da aplicação da lei em que esse tipo de interpretação já é vedado.(Conforme Exposição de Motivos).

ção do negócio; corresponder aos usos, costumes e práticas do mercado relativas ao tipo de negócio; corresponder à boa-fé; for mais benéfico à parte que não redigiu o dispositivo, se identificável; e corresponder à qual seria a razoável negociação das partes sobre a questão discutida, inferida das demais disposições do negócio e da racionalidade econômica das partes, consideradas as informações disponíveis no momento de sua celebração."

Os referidos critérios de interpretação são adotados amplamente em nível internacional em se tratando de relações entre empresários e entre civis. No entanto ficam afastadas as relações de consumo, nas quais a vulnerabilidade do consumidor justifica e impõe normas cogentes de proteção e onde, portanto, não se presume paridade nem simetria entre as partes.

Desta forma, o microssistema consumerista continua a tratar inteiramente as relações contratuais de consumo, mesmo porque é a própria Constituição Federal, tanto nas suas disposições a respeito dos direitos fundamentais como nas normas relativas à ordem econômica que determina a defesa do consumidor, reconhecendo-lhe a necessidade de uma tutela diferenciada.

Além do mais, estabelece que as partes poderão livremente pactuar regras de interpretação, de preenchimento de lacunas e de integração dos negócios jurídicos diversas daquelas previstas em lei.

Igualmente a lei segue as orientações normativas internacionais no que tange aos contratos paritários e simétricos.

Acrescenta o parágrafo único à disposição dos limites da liberdade contratual na sua função social (art. 421 do Código Civil), para fazer prevalecer nas relações contratuais privadas o princípio da intervenção mínima e a excepcionalidade da revisão contratual.

Como acontece em contratos internacionais pautados pelas mesmas regras, a melhor interpretação é no sentido de que uma eventual intervenção no contrato para sua revisão deverá ter em conta o comportamento das partes ao longo do processo negocial.

A Lei presume a paridade e simetria dos contratos civis e empresariais, a qual pode ser elidida no caso concreto, ressalvados os regimes jurídicos previstos em leis especiais, garantido, entretanto, que as partes negociantes poderão estabelecer parâmetros objetivos para a interpretação das cláusulas negociais e de seus pressupostos de revisão ou de resolução; a alocação de riscos definida pelas partes deve ser respeitada e observada; e que a revisão contratual somente ocorrerá de maneira excepcional e limitada.

Verifica-se que a Lei da Liberdade Econômica visa deixar nas mãos das partes contratantes, cuja relação jurídica seja paritária e simétrica, a condução dos próprios acordos, na medida das suas necessidades ao longo do processo negocial que pode se alterar diversas vezes no tempo por conta de várias circunstâncias.

Nesse sentido, impõe ao intérprete do contrato o cuidado da análise dos comportamentos das partes ao longo de todo o processo contratual de modo que possa alcançar a vontade das partes no acordo e as expectativas legitimamente criadas.

No entanto, insta frisar que a referida Lei não observou a evolução da natureza do contrato desde o modelo liberal até o Estado Social. Enquanto o primeiro teve foco na liberdade das pessoas para alcance e troca dos bens (e disso decorre o direito à propriedade, a liberdade contratual, etc), avança-se em momento posterior para uma distribuição mais equitativa dos bens por meio de uma intervenção estatal, denominada dirigista.

No primeiro caso entendia-se que o mercado era capaz de solucionar as assimetrias, garantindo liberdade a todos, todavia, frustrada essa concepção, mesmo em razão das novas situações sociais que se apresentavam nomeadamente no pós-guerra, o Estado precisou ter uma atuação mais ativa na esfera privada, reduzindo a dicotomia que existia com o direito público.

Essa transformação fez inserir normas de caráter social onde só o individual tinha espaço, avançando para a proteção dos direitos fundamentais não apenas verticalizados (do indivíduo perante o Estado), mas também horizontalizados (de um indivíduo perante o outro).

O Estado passa a controlar os contratos de maneira a garantir mais justiça na distribuição do seu objeto. A pessoa humana é vista como igual uma perante a outra. Ganha a igualdade (material), antes apenas a liberdade (baseada na igualdade formal), como medida de justiça.

Aquando do movimento de codificação do direito civil, assistiu-se à predominância do patrimônio sobre a pessoa humana, assim a propriedade e o contrato aparecem como centrais para as riquezas, sendo o contrato o meio de principal acesso aos bens.

Essa ideia ignorou a pessoa humana e dela fez um mero elemento da relação jurídica propulsor dos bons resultados do contrato dentro do quadro estrito da própria relação contratual.

Foi aos poucos que se assimilou a perspectiva social, tendo como marco, já mais tarde, o fenômeno da constitucionalização do direito civil, no qual a pessoa humana adquire destaque, sobretudo para proteger sua dignidade que vem a ser um dos princípios do próprio Estado Democrático de Direito.

A revogação ou reforma dos primeiros Códigos Civis, todos baseados no liberalismo, passam a incorporar para os contratos princípios tais como a boa fé e a função social do contrato, aquando se percebe e se positiva a importância das partes não mais como elementos (subjetivos) da relação jurídica contratual, mas como e enquanto pessoas humanas, cujas expectativas legítimas devem ser protegidas, cujas condutas é para com o outro no sentido de cooperar e colaborar, de ser leal, transparente, e mais ainda: perante a sociedade como um todo, de maneira que o contrato exerça uma função social que extrapola os limites egoísticos dos contratos do século passado.

A partir de então, a liberdade já tão conhecida no âmbito contratual passa a andar de mãos dadas com a justiça do contrato. O indivíduo já não pode mais olhar exclusivamente para si próprio. Seu olhar deve alcançar o outro, o seu parceiro contratual e também se lançar à coletividade.

Não se admitem contratos abusivos, que causem danos ao meio ambiente, que aumentem a pobreza e a desigualdade. Há leis para todos esses controles e há de haver mais, se os princípios fundamentais já consagrados no Código Civil não forem suficientes para impor comportamentos adequados.

A Lei da Liberdade Econômica visa a premiar a livre iniciativa e facilitar as trocas econômicas, garantindo liberdade aos contratantes que estejam em pé de igualdade. Por essa razão, amplia os critérios de interpretação do negócio jurídico para ter conta as particularidades do caso.

Não obstante, permanecem a função social do contrato como limitadora do exercício da liberdade contratual e a boa-fé objetiva como limitação ao comportamento das partes.

Desta forma, as soluções devem se dar a partir do âmbito da pessoa humana e não ao contrário, como se a pessoa humana fosse um mero receptor de todos os impactos e resultados de decisões políticas ditas democráticas.

O conjunto de resultados a chamar de bem-estar social só pode ter em consideração a pessoa humana, a erradicação da pobreza e a diminuição das diferenças regionais, como propósitos do Estado brasileiro.

O ser humano tem que ser o núcleo, entendido no seu todo que compõe a sociedade, e não interesses privados, egoísticos e que venham a beneficiar apenas uma parcela ínfima da sociedade.

Destarte, o parágrafo único do art. 421 do Código Civil não se coaduna com a evolução dos institutos e instituições jurídicas, tampouco com a Constituição da República vigente, ressalvadas as hipóteses em que não se verificar uma injusta composição dos interesses das partes ou quando as partes conscientemente e expressamente assumirem riscos por benefícios criados. O Estado continua precisando intervir para garantir a igualdade material e não meramente formal já devidamente superada como medida de justiça.

Um comportamento distorcido, que não tenha em conta o impacto na pessoa humana, usuária dos bens e serviços públicos essenciais, eivaria a função social do contrato e da propriedade, amparada constitucionalmente, contrariaria a defesa da concorrência, prejudicaria o consumidor, atentaria contra a dignidade da pessoa humana e serviria para aumentar a pobreza e as diferenças regionais.

Assim, é preciso que o ser humano seja o centro de toda discussão, como usuário e destinatário final dos bens e serviços essenciais.

Neste diapasão, torna-se imperioso estabelecer a justiça do conteúdo dos contratos de fornecimento de bens e serviços essenciais.

Deve-se buscar a defesa adequada dos interesses das partes, levando a um resultado justo, observados os institutos da boa-fé, do abuso de direito e do equilíbrio das prestações como limites e conteúdo, de maneira que o sentido das cláusulas deste contrato seja a proteção da vontade e da justiça.

2.13. Emancipação do consumidor: *status* de cidadão ativo e democracia

Kant diz que o esclarecimento é a saída do homem da sua menoridade, do qual ele próprio é culpado, sendo a menoridade a incapacidade de fazer uso de seu entendimento sem a direção de outro indivíduo.[338]

O esclarecimento, então, significa o cidadão ciente dos seus direitos, deveres e ativo na sociedade (cidadania ativa).

Habermas ensina que ninguém é livre enquanto sua liberdade implicar a opressão do outro.[339] Esse aspecto ultrapassa a relação dual entre dois indivíduos e remete para além de um âmbito privado relacional para uma relação entre todos e uns com os outros na sociedade.

[338] KANT, Immanuel. *Resposta à pergunta: Que é Esclarecimento? In* Textos Seletos,Trad. Floriano de Sousa Fernandes. Petrópolis: Brasiliense, 1985, p. 100.

[339] HABERMAS, Jürgen. *Direito e Democracia: Entre Facticidade e Validade.* Vol. II. Trad. Flávio Beno Siebeneichler. Rio de Janeiro: Tempo Brasileiro, 1997, p. 159.

Também não se refere mais e exclusivamente a uma distribuição equitativa de bens, mas o acesso a direitos fundamentais. O Direito, para Habermas, não gira em torno do objeto de uma dada relação jurídica como é comum em muitas análises restritivas, mas em torno de direitos para a pessoa, dos quais é titular e precisa se conscientizar disso através de um processo comunicacional no qual se entenda como protagonista e não mero receptor.

Por isso, Habermas sustenta a ideia de que uma sociedade justa implica a promessa de emancipação e de dignidade humana. E a de que a distribuição simétrica dos direitos (não bens! – Veja-se!) resulta do reconhecimento de todos como membros livres e iguais.

A contrario sensu, a injustiça significa primariamente a limitação da liberdade e atentado à dignidade humana. Todavia, ela pode manifestar-se através de um prejuízo que priva os oprimidos e submetidos daquilo que os capacita a exercer sua autonomia privada e pública.[340]

Assim, Habermas visa com o direito reflexivo, através das formas de comunicação, assegurar a autonomia privada e pública das pessoas privadas, de modo que todo ato jurídico possa ser entendido como uma contribuição para a configuração política autônoma dos direitos fundamentais, em outras palavras, como elemento de um processo constituinte duradouro.[341]

No entanto, salienta o filósofo que a competência de mobilizar o direito depende de inúmeras variantes (escolaridade, sexo, idade, procedência social, experiência em processos, tipo de relação social envolvida no conflito).

Assim, Habermas sustenta que o instrumento de demanda em nome de uma associação pode aliviar clientes impotentes e sobrecarregados. Porém adverte que essa representação, mesmo competente, não seria suficiente, requerendo o engajamento na percepção organizada, na articulação e na imposição de seus próprios interesses.[342]

Nesse diapasão, a experiência própria da proteção do direito passa a ser um processo político, na medida em que o seu titular participa da construção e articulação dos interesses sociais.

Essa capacidade de articulação se dá de maneira solidária: a teoria do discurso – derivada do complexo comunicacional de uma esfera pública

[340] Habermas. *Direito e Democracia...*, *op. cit.*, p. 160.

[341] Habermas. *Direito e Democracia...*, *op. cit.* 148.

[342] Habermas. *Direito e Democracia...*, *op. cit.*, p. 149.

composta de pessoas privadas recrutadas da sociedade civil – confere aos destinatários do direito que se possam entender, ao mesmo tempo, como autores do direito.

A escolha a respeito dos direitos em pé de igualdade tem que passar por uma ponderação a partir do exercício da autonomia privada e pública para que não seja discriminatório nem paternalista infringente da autonomia.

Para tanto, Habermas traça os critérios e conceitos:

> Um programa jurídico é discriminador quando não leva em conta as limitações da liberdade derivadas de desigualdades fáticas; ou paternalista, quando não leva em conta as limitações da liberdade que acompanham as compensações oferecidas pelo Estado, tendo em vista essas desigualdades.[343]

Dessa forma, considerando a desigualdade ínsita da pessoa do consumidor no mercado e em relação ao fornecedor que detém o domínio técnico do bem e do serviço que presta, a intervenção do Estado é inafastável como aplicação do princípio da função social do contrato ao qual, no caso, pelas razões acima delineadas, não pode ser excepcionado.

A busca pela igualdade (material), em cada caso concreto pelo Judiciário e pela confecção de contratos mais justos, visa não apenas garantir a dignidade humana do consumidor, mas prestar-lhe instrumentos necessários à sua emancipação, na medida em que se conscientiza coletivamente dos seus direitos sobre os quais é colocado um véu.

No entanto, a participação do consumidor por ser mais ativa, por meio da esfera pública, onde o processo comunicacional idealizado por Habermas permite o exercício vital democrático ativo e não meramente passivo (representatividade).

Desta forma, é de se considerar que a participação popular nos contratos de saneamento básico é importante para os usuários/ consumidores, que sofrem todos os impactos financeiros na sua contraprestação obrigacional, ou seja, na tarifa, não apenas saberem o que pagam, por que pagam, como pagam e a quem pagam e sobre a prestação que recebem com os pré-requisitos em todos os níveis: de acesso (físico, financeiro), de qualidade e de quantidade adequadas.

Para além disso, a meta da universalização que visa conferir dignidade à pessoa humana traz um compromisso de solidariedade, haja vista que

[343] Habermas, *op. cit.*, p. 157.

nem todos podem pagar as mesmas tarifas. Ao mesmo tempo, a tarifa tem que ser, nos termos do Marco Regulatório, módica para todos, de modo que o direito ao saneamento básico seja de todos.

É mister que o consumidor participe efetivamente do processo, não só ao nível do esclarecimento receptivo, mas da intervenção que se faça necessária para os objetivos do alcance da cidadania preconizada no Estado Democrático de Direito.

Como se poderá observar nos Capítulos que se seguem, nem os órgãos de controle e fiscalização, nem os representantes eleitos são exclusivamente suficientes para a concepção de uma democracia deliberativa discursiva nos termos propostos por Habermas.

Como se disse, o conceito de justiça passa pela teoria discursiva como garantia às autonomias privada e pública das pessoas a fim de alcançar a dignidade humana.

CAPÍTULO 3
PRIVATIZAÇÃO DO SETOR DO SANEAMENTO BÁSICO: PERSPECTIVAS DEMOCRÁTICAS PARA A EQUAÇÃO TARIFÁRIA

3.1. O dilema da privatização e da reestatização do serviço de saneamento básico

Água e saneamento básico têm sido temas da agenda política de vários países do globo terrestre, seja para privatizar o seu fornecimento seja para reestatizá-lo.

Especialmente no Brasil verificou-se o movimento em prol das privatizações[344] como meio de sanar a crise financeira instaurada (adesão ao

[344] A escolha do termo se refere ao fato de que quem executa a atividade ou o serviço é setor privado, embora o serviço continue a ser público.
Esse termo foi utilizado inicialmente pela Lei 8.031/90, que no seu art. 2º, §1º, dispunha que privatização é a alienação pela União, de direitos que lhe assegurem, diretamente ou através de outras controladas, preponderância nas deliberações sociais e o poder de eleger a maioria dos administradores da sociedade. No entanto, a Lei foi revogada pela 9.491/97 que passou a denominar desestatização o que a lei anterior chamava de privatização, indicando que o objetivo é afastar o Estado da posição de executor de certas atividades e serviços. E ampliou o conceito para considerar desestatização também a transferência, para a iniciativa privada, da execução de serviços públicos explorados pela União, diretamente ou através de entidades controladas, bem como daqueles de sua responsabilidade (art, 2º, §1º, b). No art. 7º a Lei estabelece que a desestatização dos serviços públicos pressupõe a concessão ou permissão. Por conseguinte, são criadas as agências reguladoras, objeto de maior estudo no capítulo seguinte, cuja função é precipuamente o controle e a fiscalização dessas empresas privadas executoras de serviços públicos conforme os ditames do interesse público e evitando quaisquer abusos do poder econômico. Esse fenômeno faz parte das medidas do Estado Regulador que se fez presente na Constituição de 1988.
Por sua vez, considera-se concessão de serviço público: a delegação de sua prestação, feita pelo poder concedente, mediante licitação, na modalidade concorrência ou diálogo competitivo, a pessoa jurídica ou consórcio de empresas que demonstre capacidade para seu desempenho,

Regime de Recuperação Fiscal), foi o caso do estado do Rio de Janeiro com relação à Companhia Estadual de Água e Esgoto (CEDAE).

Neste contexto é que foi promulgada a Lei nº 14.206, de 15 de Julho de 2020, em vigor desde 16 de Julho de 2020, que atualiza o marco legal do saneamento básico.

Vital Moreira ensina que

> A privatização consiste essencialmente na alienação pelo Estado do sector público empresarial, pela venda de empresas ou das participações sociais. Muitas vezes esse processo de 'privatização material' é precedido de um processo de privatização jurídico-formal das empresas públicas, que deixam de ser entidades de direito público, sujeitas ao menos parcialmente ao direito administrativo, passando a ser sociedades de capitais públicos, sujeitas essencialmente ao direito comercial.[345]

Na esteira do que se ressaltou nas últimas linhas do Capítulo I, a privatização foi o modelo prioritariamente eleito pelo novo marco regulatório do saneamento básico.

Verificou-se também a vulnerabilidade do consumidor pagador da tarifa correspondente a esse serviço, já agora, privatizado ou em caminhos de o ser, e seu papel fundamental nesse contexto.

Nomeadamente a universalização a que se propõe o novo marco regulatório do saneamento básico visa à inclusão de milhares de pessoas que ainda não têm acesso a esse bem e serviço essenciais.

O presente Capítulo se presta a enfrentar essa realidade, problemas e conceitos para a conjugação final entre todos os interesses envolvidos, mas, sobretudo, o de cidadania, de inclusão, de dignidade da pessoa humana, de proteção dos direitos fundamentais e de uma verdadeira democracia.

por sua conta e risco e por prazo determinado (art. 2º, II, da Lei 8.987/95, com redação dada pela Lei 14.133/21. Têm natureza de contrato administrativo.
É o caso do saneamento básico, cujo art. 10 da Lei 11.445/07 dispõe que: "a prestação dos serviços públicos de saneamento básico por entidade que não integre a administração do titular depende da celebração de contrato de concessão, mediante prévia licitação, nos termos do art. 175 da Constituição Federal, vedada a sua disciplina mediante contrato de programa, convênio, termo de parceria ou outros instrumentos de natureza precária." (Com redação da Lei 14.026/20).

[345] Vital Moreira. *Serviço Público e Concorrência. A Regulação do Sector Eléctrico.* Boletim da Faculdade de Direito da Universidade de Coimbra. Os Caminhos da Privatização da Administração Pública. STVDIA IVRIDICA 60-COLLOQUIA-7, 2001, p. 226.

Sem prejuízo, como se pôde salientar no Capítulo I, os efeitos do aquecimento global têm diminuído a oferta da água no planeta, com severa escassez em inúmeras regiões do mundo e consequente ocorrência de graves danos à vida e à saúde dos seres humanos, suas relações e ambientes, rurais e urbanos, bem como à fauna e à flora, trazendo, ainda, danos diretos à economia, à agricultura, ao desenvolvimento social e ao ordenamento dos territórios.

Concomitantemente extrai-se da realidade do mundo que a água é escassa em determinados lugares e abundante em outros e que têm acontecido conflitos a ela relacionados que variam entre os resultados da privatização do setor e a sua reestatização e os problemas de ordem ambiental.

A preocupação com os conflitos resultantes da água foram manifestados no 8º Fórum Mundial da Água (2018):

> Aproximadamente 40% da água consumida no planeta provêm de lagos e rios compartilhados, que nascem em um país e seguem seu curso para outros, o que propicia risco de conflitos, especialmente diante das mudanças climáticas, que tornam iminente a possibilidade de escassez. As nações precisam estabelecer marcos globais de compartilhamento de recursos hídricos para evitar tais conflitos, garantindo, assim, que todos os seres humanos tenham o direito de acesso à água.

A reestatização, naqueles casos, decorreu da insatisfação da população no concernente ao serviço prestado e principalmente do valor da tarifa. É possível verificar diversos casos no mundo de reestatização da água.

São várias as razões que motivam o fim da privatização do setor de água: economia de custos, melhor qualidade do serviço, transparência financeira e a recuperação tanto da capacidade operacional quanto do controle social, destacando-se também os objetivos de ordem ambiental relacionados ao aceleramento do desenvolvimento renovável eà redução do desperdício. A preocupação com as famílias de baixa renda e o acesso indispensável ao bem e ao serviço constitui o principal fator motivador da reestatização, uma vez que é preciso fixar tarifas sociais e racionalizar os seus custos entre todos (Estado e demais consumidores) como atuação do dever de solidariedade insculpido na Constituição Federal como objetivo fundamental da República (art.3º).

Ressalta-se como primeira a reverter a privatização a cidade de Cochabamba, na Bolívia, o que se deu em 2000, devolvendo a empresa privatizada às mãos públicas.[346]

Em 2004, a Constituição Uruguaia sofreu alteração para proteger a água da privatização.[347]

Na Indonésia privatizou-se a água e em seguida houve aumento das tarifas, má qualidade da água, inacessibilidade em comunidades economicamente mais pobres e falência de infraestrutura.

A Argentina também vendeu a água para empresas estrangeiras que se viram sob limites de preços e sob execução para o fornecimento de água potável e saneamento.[348] Especialmente se tem notícia que uma empresa, subsidiária da Enron, processou a Argentina em US$ 165 milhões porque o governo se recusou a aumentar os preços.[349] Igualmente sofreu ação judicial por parte da Suez, uma das empresas originais que tem contratos para a água de Jacarta e pela Saur, outra empresa francesa de água.

No caso Saur, o tribunal reconheceu a obrigação do governo de garantir que o direito à água, mas ponderou que os direitos humanos dos cidadãos precisam ser contrabalançados contra os direitos dos investidores e concedeu ao investidor US$ 40 milhões.[350]

Na Bulgária, onde a subsidiária de outra empresa francesa de água, a Veolia, não forneceu serviços de água de qualidade a preços acessíveis, os cidadãos recolheram assinaturas para realizar um referendo para avaliar o contratante privado. O risco de enfrentar um processo judicial e o preço associado a ele dissuadiram o governo da Bulgária de permitir a realização do referendo.[351]

[346] MURRAY, Adrian; LOBOS, Fany e MÁRQUEZ, Javier.*Rivers of Resistance. Water for life, not profit.* Coord. Lavinia Steinfort. Transnational Institute (TNI), Platform for Public Community Partnerships of the Americas (PAPC), The Catalan Association of Engineering Without Borders (ESF), Blue Planet Project, e Corporación Ecológica y Cultural Penca de Sábila. Sarah Finch, Abril, 2023. Disponível em: Rivers of Resistance | Transnational Institute (tni.org). Acesso em Maio 2023.

[347] *Idem.*

[348] SOMAD, Abdul. *Trade agreements put our right to water at risk.* Public Services International. 20 Março 2019. Disponível em: Trade agreements put our right to water at risk | PSI (world-psi.org). Acesso em Maio de 2022.

[349] *Idem.*

[350] *Idem.*

[351] *Idem.*

No Reino Unido, o escândalo e fechamento das praias poluídas por descargas generalizadas de esgoto levaram a população a questionar que as contas de água sustentam a lucratividade das empresas de saneamento básico no lugar de ser revertido para limpar os rios e mares.[352]Igualmente salientou-se o altíssimo preço das tarifas; as manipulações financeiras e a evasão fiscal, que são endêmicas; os dividendos dos acionistas, que assumem a maioria dos lucros, e os CEOs que pagam a si mesmos salários exorbitantes.[353]

Mais recentemente, noticiado em 3 de Maio de 2023, a Câmara dos Lordes do Parlamento Britânico produziu um relatório no qual denuncia que as empresas privadas que assumiram a prestação de serviço de água e esgoto não estão cumprindo com suas obrigações perante a população (baixo investimento nas estações de tratamento do esgoto, com inundações, escassez de água pelo não funcionamento de unidades de dessalinização) e de cuidados com o meio ambiente (poluição das águas doces e costeiras) e priorizaram os lucros dos investidores, a tarifas altas ao usuário.[354]

A reestatização da água ocorreu, sobretudo, na França, assinalando 106 casos, o país com o mais longo historial de privatização da água e no qual estão sediadas as grandes multinacionais do sector Suez e Veolia.[355]

Um relatório publicado pela Public Services International (PSI) e pelo Instituto Transnacional mostra que de 2000 a Janeiro de 2017, ocorreram 267 casos de remunicipalização da água em 33 países.[356]

No Brasil, há o caso de Itu, no interior do Estado de São Paulo, onde ocorreu a remunicipalização do serviço de água e saneamento após oito

352 LAVILLE, Sandra. *Água da Inglaterra pode ser renacionalizada sem compensação, dizem ativistas.* Disponível em:Água da Inglaterra pode ser renacionalizada sem compensação, dizem ativistas | Água | O Guardião (theguardian.com) de 2 Dezembro 2022. Acesso em Fevereiro 2023.

353 BOYS, David. *O fim da privatização da água?* Le Monde Diplomatique Brasil. 22 Março 2018. Disponível em: O fim da privatização da água? – Le Monde Diplomatique Brasil. Acesso em Março 2020.

354 Sindicato dos Trabalhadores em Água, Esgoto e Meio Ambiente do Estado de São Paulo. Empresas Privadas levam ao colapso os serviços de saneamento no Reino Unido.Sintaema, 3 de Maio de 2023. Disponível em https://sintaemasp.org.br/noticias/privatizacao-colapso-uk Capturado em 20 de Maio de 2023.

355 KISHIMOTO, Satoko e PETITJEAN, Olivier. *Reconquistar os Serviços Públicos. Como estão as cidades e os cidadãos a reverter as privatizações?* Informação à Comunicação Social – Junho de 2017. TNI, ESPU e PSI. Disponível em: rps_pt_rgb (tni.org). Acesso em Maio 2022, p. 9.

356 *Idem.*

anos de gestão privada (2007-2015), que causou o maior racionamento e um levante popular sem precedentes na história da cidade.[357]

Apesar desse exemplo, a privatização do serviço de água no Brasil, sob o formato de concessão ou PPP, e a autorização de captação desse bem em larga escala por grandes empresas, têm sido comuns em todo o país. Em muitos lugares, tais práticas têm causado revoltas populares, como em Correntina, no oeste da Bahia.[358]

De outro lado, a privatização alavanca os investimentos no setor. Ao mesmo tempo, isso é repassado ao destinatário final do serviço – consumidor –, como ocorre também com os consumidores em relação aos tributos quando aumentados por qualquer motivo, embora tarifa não seja tributo[359].

Diante dessas informações, verifica-se que o tema reúne vários interesses e apresenta diversas dificuldades a serem superadas.

Promover o equilíbrio entre a atividade econômica e a essencialidade do bem e do serviço constitui um problema que desafia o pesquisador a

[357] "Sob a gestão da concessionária privada Águas de Itu desde 2007, o saneamento básico do município paulista foi marcado pela falta de transparência na prestação dos serviços de água e esgoto, incluindo o aumento de tarifas, sucateamento de equipamentos e grave racionamento de água. Para sanar esses problemas, a prefeitura decretou uma intervenção administrativa em junho de 2015, culminando com a extinção do contrato em junho do ano passado.
Enquanto se criava a autarquia municipal, os serviços foram repassados para a empresa Eppo Saneamento Ambiental, sob o regime de permissão, em caráter precário e pelo prazo determinado de 180 dias.
Segundo a prefeitura, entre os motivos que levaram ao rompimento com a Águas de Itu destaca-se o descumprimento das obrigações de investimento fixadas no contrato, com conseqüente prejuízo à necessária ampliação de capacidade do sistema de abastecimento da cidade. Além disso, auditoria realizada na empresa revelou uma série de irregularidades, como a contratação indevida de empréstimos, inadimplência e captação de água em poços particulares."(SINDSAN. *Saneamento de Itu retorna para as mãos públicas – Companhia Ituana de Saneamento nasce para devolver à população o compromisso com a transparência e qualidade dos serviços públicos* (Disponível em:https://sindisan.org.br/saneamento-de-itu-retorna-para-maos-publicas/, de 30/1/2017.
Também o texto de Sandoval Rocha, *A Tragédia da Privatização do Saneamento Itu/São Paulo.* Amazonas Atual, 1 de Novembro de 2019. Disponível em: https://amazonasatual.com.br/a-tragedia-da-privatizacao-do-saneamento-itu-sao-paulo/.

[358] Coletivo de Comunicação do MAB. *Correntina, A Guerra pela Água!* Movimento dos Atingidos por Barragens. De 16 de Novembro de 2017. Disponível em https://www.mab.org.br/2017/11/16/correntina-guerra-pela-gua/

[359] Esse assunto será desenvolvido pormenorizadamente no capítulo seguinte.

buscar por meio dos contratos celebrados pelo poder concedente as normas que garantam os princípios proclamados pela lei ao usuário que mais que uma concepção de uso, tem o conteúdo real e inafastável de pessoa humana que da água depende para existir.

É fundamental ter em vista primeiramente o conteúdo do contrato que se firma com o usuário da atividade essencial. É preciso olhar antes para o consumidor do serviço que tem caráter econômico, mas não é nem pode ter essa perspectiva como exclusiva nem principal, sob pena de se colocar em risco a vida humana. É necessário garantir à pessoa humana a verdadeira universalização, com todo o conteúdo que significa.

Desta forma, a análise da experiência frustrada da privatização do saneamento básico em outros países contribui para que não se cometam os mesmos erros e se alcance, de fato, os objetivos da lei vigente.

Assim como, a elaboração das cláusulas do contrato de adesão celebrado com o consumidor deverá guardar, na unilateralidade que lhe é própria (visto que seu conteúdo é elaborado previamente pelo prestador do serviço), todos os elementos indispensáveis à verdadeira universalização, que inclui diversos conceitos, desde a acessibilidade, à quantidade, continuidade e qualidade do serviço essencial.

Água e saneamento básico estão entre a economia e o direito (humano), as cláusulas contratuais para o fornecimento de bem e serviço essenciais têm como ponto de partida a observação das tendências privatizadoras, no cenário nacional, impulsionadas pela alegada necessidade de resolver os problemas financeiros, a melhoria da prestação desse serviço público e quiçá reduzir os níveis de corrupção no âmbito das atividades econômicas controladas pelo Estado.

Neste diapasão, há de se efetuar uma ponderação entre os interesses jurídicos em questão, bem como os resultados dos países que já experimentaram a privatização e a reestatização do setor hídrico – como ocorreu mais notoriamente nos Estados Unidos e na França – como parâmetro para a realização de contratos que sejam mais justos entre os usuários e fornecedores, tendo em consideração a diversidade e as peculiaridades regionais.

Por um lado, a privatização, as parcerias público-privadas ou as concessões do setor hídrico podem significar um avanço econômico que venha a promover o desenvolvimento social, de outro podem agravar os problemas já enfrentados pelo consumidor, sobretudo pelas populações mais pobres que não têm ou pouco têm acesso à água potável e ao saneamento básico, se o Estado Regulador não atuar corretamente por meio de normas de fiscalização e prevenção adequadas às hipóteses em que se afasta do exercício da atividade econômica relacionada a um serviço essencial, cedendo-a à iniciativa privada.

Importante pontuar cenários anteriores em que a transição do serviço público de fornecimento de água e esgoto do Estado para o particular trouxe resultados positivos à população e analisar os motivos do insucesso e o retrocesso à estatização.

Desta forma e a partir das questões postas acima, poder-se-á indagar qual conteúdo contratual é o mais justo para o usuário do serviço público essencial de abastecimento de água e saneamento básico, de maneira que o poder público possa implementar políticas e criar normas jurídicas que garantam a justiça do contrato.

A análise econômica do direito[360] é a teoria mais aplicada atualmente para a busca da eficiência de uma decisão, tem sido objeto de estudo e aplicação em situações complexas, nas quais é preciso equacionar os interesses em jogo no sentido da promoção do melhor bem estar social.

A maximização do resultado de uma ação – proposição legislativa, decisão judicial ou política pública – visa, em outras palavras, à solução do problema de modo a evitar o custo mais alto para as partes envolvidas na situação.

Para tanto, é preciso saber os custos de transação gerados pelo negócio realizado pelas partes e a verdade e completude das informações das quais podem extrair os riscos envolvidos. A partir desses pressupostos, são capazes de racionalmente alocar recursos.

A teoria, no contexto do presente trabalho, auxilia a perquirir primeiramente a eficiência dos modelos público ou privado no sentido da universalização da prestação do serviço de saneamento básico, e de outro lado os problemas de ineficiência diagnosticados nos países que tiveram o serviço de saneamento reestatizado para então tratar dos instrumentos indispensáveis para que a equação tarifária se estabeleça de forma democrática nos termos de Habermas.

[360] A escola da análise econômica do direito remonta às décadas de 1960 e 70, nos Estados Unidos, sob as cátedras de Ronald Coase, Gary Becker, Guido Calabresi e Richard Posner.

3.2. Análise econômica do direito

A análise econômica do direito (*Law and Economics*) visa a garantir a eficiência das trocas econômicas e mensurar quais medidas e normas são adequadas, e devem ser implementadas ou alteradas, para se alcançar a maximização dos resultados desejados, possíveis e previsíveis, ao menor custo permitido.

Assim, há de se considerar os impactos que a transação terá frente ao bem-estar social e a escolha, determinada por uma proposição legislativa, só será de fato eficiente se vier a aumentar o bem-estar da sociedade. É uma perspectiva cada vez mais utilizada pelos Tribunais, pelas proposições legislativas, estudada e debatida em doutrina e nas universidades e tem sua fonte no sistema jurídico da *common law*, nomeadamente nos Estados Unidos onde a formação em Direito não ocorre por meio de uma graduação, mas necessariamente após uma graduação em Filosofia ou Economia, por exemplo.

Desta forma, inicia-se esclarecendo que a análise econômica do Direito é um método cuja utilização se tornou inafastável no direito brasileiro (seja o direito abstrato ou o direito vivo)[361] [362] [363], mas não é a única, tampouco a mais correta ou a mais segura forma de se analisar o Direito, suas proposições e decisões. E aqui caberiam inúmeras indagações sobre o Direito em si, o que é e a que se serve.

Contudo, sob a perspectiva de funcionamento das normas jurídicas e decisões judiciais, elege-se muitas vezes e cada vez mais a análise econômica do direito para fins de eficiência e aumento de bem-estar geral e social, como um porto seguro para os comportamentos individuais e sociais. O Direito ganha, sob essa perspectiva, a característica consequen-

[361] Uma pesquisa realizada pela Fundação Getúlio Vargas em 15 de Janeiro de 2021 verificou a existência de 60 decisões monocráticas e 5 acórdãos no Superior Tribunal de Justiça que fazem menção expressa à análise econômica do direito, sendo 42% dos casos publicadas em 2020, o que sugere que o emprego da AED pelo tribunal está em expansão. (THENEVARD, Lucas. *Análise Econômica do Direito na Jurisprudência do STJ*. FGV Direito Rio. 21 Janeiro 2021. Disponível em: Análise Econômica do Direito na Jurisprudência do STJ | Direito, Economia e Justiça (fgv.br). Acesso em Dezembro 2021.

[362] Também por força das alterações à Lei de Introdução às Normas do Direito Brasileiro introduzidas pela Lei 13.655/2018 doravante explicitada.

[363] O Conselho Nacional de Justiça, por meio da Resolução n. 423, de 5 de Outubro de 2021, incluiu a análise econômica do direito como disciplina avaliativa para os concursos da magistratura.

cialista, de que se pode medir e prever os resultados de uma dada escolha legislativa ou judicial.

A análise econômica do direito – de custo/benefício – é consequencialista, na medida em que se propõe a calcular os efeitos de determinadas decisões e então escolher entre aquelas que maximizam o bem estar social. Considera o que vai acontecer (em termos probabilísticos) depois de tomada a decisão, e não as causas que levaram à necessidade de tomar uma decisão. A preocupação é com o futuro e não com o passado (uma vez que este não pode ser modificado).

A *Law and Economics* visa a garantir a eficiência das trocas econômicas e mensurar quais medidas e normas são adequadas, e devem ser implementadas ou alteradas, para se alcançar a maximização dos resultados desejados, possíveis e previsíveis, ao menor custo permitido.

Assim, há de se considerar os impactos que a transação terá frente ao bem-estar social e a escolha, determinada por uma proposição legislativa, só será de fato eficiente se vier a aumentar o bem-estar da sociedade. O bem-estar social é medido pela agregação do bem-estar dos indivíduos, sendo certo que não há uma medida única para isso.

A análise econômica do direito importa conceitos e métodos da economia e busca respostas a duas perguntas, a primeira de como o comportamento dos indivíduos e das instituições é afetado pelas normas legais, e a segunda, quais são as melhores normas em termos de bem estar social e como se podem comparar diferentes normas legais.

Especialmente no Brasil, a Lei 13.655/2018 alterou a Lei de Introdução às Normas do Direito Brasileiro para introduzir o consequencialismo nas decisões, visando evitar, segundo a lei, o recurso desmedido ou desordenado a princípios e conceitos indeterminados. Pretendeu o legislador tornar os resultados mais previsíveis, a vida mais previsível, de modo a calcular os impactos de determinada ação.[364]

Esse pragmatismo revelado pelo consequencialismo esculpido na norma acima transcrita e do qual a análise econômica do Direito é atualmente

[364] Assim, dispõem os arts. 20 e 21 da LINDB:
"Art. 20. Nas esferas administrativa, controladora e judicial, não se decidirá com base em valores jurídicos abstratos sem que sejam consideradas as consequências práticas da decisão. Parágrafo único. A motivação demonstrará a necessidade e a adequação da medida imposta ou da invalidação de ato, contrato, ajuste, processo ou norma administrativa, inclusive em face das possíveis alternativas.

a sua principal via constitui, segundo seus defensores, a concretização da abstração baseada em princípios do Direito, os quais ganharam força para superar a equivocada plenitude da lei imposta pelo positivismo legal. Todavia, a análise econômica do Direito não afasta os princípios, mas os complementa. Mesmo assim, impõe-se-lhes, pois não mais se podem apresentar sem aquela, como se fosse possível medir a todo tempo as consequências de uma ação.

E aqui merece especial referência a pandemia do COVID-19 como fato imprevisível em termos de consequências (ainda que cientistas pudessem ter previsto o vírus e seus efeitos, não se teve alcance de todos os seus impactos), em outras palavras se quer dizer que se pretende medir a vida como se a vida pudesse ser medida.

De toda forma, é uma tentativa de busca de medir, agora economicamente, a justiça sob o codinome de bem geral ou da maximização do resultado, como em outras vezes já se tentou por via do positivismo legal e posteriormente através de normas principiológicas que agora cedem ao consequencialismo por puro medo de algum excesso (?) do princípio da dignidade humana.

3.3. Equilíbrio, sustentabilidade e eficiência

O viés principal da análise econômica do Direito é a eficiência, que vem a ser a melhoraria do bem-estar social. No entanto, não se propõe a corrigir aspectos de distribuição ou desigualdade social.

A fundamentação é a de que existem outros meios para a distribuição equitativa dos recursos e bens, como a política fiscal ou orçamentária, que podem corrigir aquelas distorções sociais.

O dilema para o Direito, e enfrentado continuamente em debates jurídicos, porém, continua a ser a noção de eficiência e o ideal de justiça. O fundamento é o resultado, já concebido como consequencialismo jurídico pela Lei de Introdução às Normas do Direito Brasileiro.

Art. 21. Decisão que, nas esferas administrativa, controladora ou judicial, decretar a invalidação de ato, contrato, ajuste, processo ou norma administrativa deverá indicar de modo expresso suas consequências jurídicas e administrativas.
Parágrafo único. A decisão a que se refere o *caput* deste artigo deverá, quando for o caso, indicar as condições para que a regularização ocorra de modo proporcional e equânime e sem prejuízo aos interesses gerais, não se podendo impor aos sujeitos atingidos ônus ou perdas que, em função das peculiaridades do caso, sejam anormais ou excessivos."

Ao mesmo tempo, o bem estar social é afetado pelos sentimentos de justiça, e a ideia de justiça[365] afeta o comportamento individual por meio de normas sociais ou de normas psicológicas.

Por sua vez, tais normas vão alterar a análise custo/benefício e por conseguinte as decisões dos indivíduos, o que de outro modo afeta o resultado de eficiência que propõe a teoria.

A gestão dos recursos hídricos há de fazer de maneira sustentável, garantindo o bem-estar das gerações presentes e futuras, de modo a não prejudicar o meio ambiente onde todos os seres vivos estão inseridos e do qual somos dependentes.

No entanto, assinalam-se que principalmente em países com normas e meios de controle deficientes as atividades extrativas, agrícolas e industriais provocam a contaminação das águas subterrâneas, para além dos efeitos provocados na água por microrganismos, produtos químicos de uso comercial ou doméstico.

O referido quadro traz à baila questões de saúde pública relacionadas à água, que comprometem a sobrevivência e a vida de inúmeras pessoas, sobretudo as menos favorecidas e que moram em locais onde o acesso àquele bem e a qualidade da água já lhes são prejudiciais.

Além disso, é preciso, em outra mão, a implantação de técnicas para o reuso da água de forma a evitar o desperdício.

Ao mesmo tempo, a busca pelo domínio do setor hídrico, nomeadamente sem a observância das regras da defesa da concorrência num Estado Regulador, associada à escassez do bem em determinados lugares tendem a produzir impactos altamente negativos à sociedade, com custos elevados para os usuários.

Neste sentido pode haver, *ex vi*, aumento dos valores das tarifas de fornecimento de água e saneamento básico e não cumprimento dos investimentos previstos nos contratos administrativos, atentando contra o interesse público, o que levou muitos países que privatizaram o exercício da atividade econômica a reestatizarem o serviço público.

[365] O conceito de justiça apresenta as mais variadas concepções e ramificações, desde as que se fundam no cristianismo até a filosofia iluminista. Como se disse, até mesmo o positivismo legal tentou através da plenitude da lei a estabelecer, o que foi frustrado com as atrocidades cometidas durante a Segunda Guerra Mundial, que fez o Direito repensar a forma de se alcançar a justiça. Foi nesse sentido que se flexibilizaram leis, códigos para adotar mais princípios que deixassem ao intérprete um campo justo de aplicação das normas, servindo ainda de supressão de lacunas normativas.

Contudo, ao se delinear o conteúdo do contrato com o usuário, quais prestações lhes são essenciais e justas, poder-se-á alcançar o bem-estar social a partir de uma decisão política, porquanto, embora explorada em sentido econômico, a água (no seu aspecto mais amplo) que é um direito humano e como tal deve ser tratada.

Desta forma, a solução deve se dar a partir do âmbito da pessoa humana e não ao contrário, como se a pessoa humana fosse um mero receptor de todos os impactos e resultados de decisões políticas ditas democráticas.

O conjunto de resultados a chamar de bem-estar social só pode ter em consideração a pessoa humana, a erradicação da pobreza e a diminuição das diferenças regionais, como propósitos do Estado brasileiro, sem descuidar da soberania nacional, de modo que todos possam igualmente usufruir de um bem que lhes é comum: a terra, da qual a água é parcela vital ao ser humano.

Portanto, é na comunhão de esforços, de resultados e de "usufruto" da terra e de todos os recursos naturais que devem ser pautadas as decisões políticas e criadas as normas jurídicas no setor hídrico.

O ser humano tem que ser o núcleo, entendido no seu todo que compõe a sociedade, e não interesses privados, egoísticos e que venham a beneficiar apenas uma parcela ínfima da comunidade mundial.

Um comportamento distorcido, que não tenha em conta o impacto na pessoa humana, usuária da água, em nível do direito brasileiro, eivaria a função social do contrato e da propriedade, amparada constitucionalmente, contrariaria a defesa da concorrência, prejudicaria o consumidor, atentaria contra a dignidade da pessoa humana, serviria para aumentar a pobreza e as diferenças regionais, criaria mais problemas de saúde pública e principalmente poria em risco a vida humana de um número incalculável de pessoas.

É mister a averiguação das decisões políticas implementadas no setor como base para a realização de um contrato justo com o usuário. A partir deste último, deve-se ponderar também o conteúdo do contrato administrativo aquando da concessão do serviço público, pois produz reflexos no final da cadeia econômica.

3.4. O problema

Uma vez que a análise econômica do Direito visa à eficiência das escolhas normativas no sentido da maximização do bem-estar social, abrem-se diversas opções para esta finalidade.

A começar, é de se destacar que o mundo jurídico é formado basicamente por dois sistemas jurídicos, o da *civil law* e da *common law*, e ambos, nas sociedades mais diversas, apresentam soluções diferentes mas igualmente eficientes para uma dada situação.

No Brasil, particularmente, se vê um avanço das instituições do *common law* predominando na operação do Direito, a começar pela própria análise econômica do direito, que tem origem nesse sistema jurídico e lá é justificado porque o curso de Direito ocorre como pós-graduação às faculdades de Economia ou Filosofia.

Além disso, a diferença entre o Direito e a Economia por si só já conduzem à tensão das escolhas através da análise econômica do direito.

Nesse diapasão, George Stigler explica que:

> Enquanto a eficiência se constitui no problema fundamental dos economistas, a justiça é o tema que norteia os professores de Direito (...) é profunda a diferença entre uma disciplina que procura explicar a vida econômica (e, de fato, toda ação racional) e outra que pretende alcançar a justiça como elemento regulador de todos os aspectos da conduta humana. Essa diferença significa, basicamente, que o economista e o advogado vivem em mundos diferentes e falam diferentes línguas.[366]

No entanto, a prioridade do Marco Regulatório do Saneamento Básico é a universalização desse bem e serviço essenciais à vida humana, cujo acesso maior, considera-se, necessitar de investimentos privados de modo que possa estendê-lo às pessoas mais vulneráveis.

Entender pela maximização do resultado e do bem estar geral numa análise econômica do Direito significa ponderar aspectos relevantes para se alcançar essa finalidade, como a delimitação tarifária, a sustentabilidade tarifária dos seus usuários, de modo que garanta também que o serviço seja prestado para aqueles que não o podem pagar.

Uma vez que se opta cada vez mais pela análise econômica do Direito em terras brasileiras, em termos de eficiência e bem geral, é preciso resolver a (aparente?) tensão com a justiça, nomeadamente a justiça social nos casos do saneamento básico.

[366] STIGLER, George. *Law or Economics?* The Journal of Law and Economics, v. 35, n. 2.

3.5. Análise econômica do direito e os contratos de saneamento básico

É mister considerar, no que tange aos bens e serviços essenciais quais os ganhos, sua amplitude e a proporção destes em relação aos custos que determinadas decisões políticas podem gerar. Especialmente ao se delinear o conteúdo do contrato com o usuário, quais prestações lhes são essenciais e justas, poder-se-á alcançar o bem-estar social a partir de uma decisão política.

Destarte, as normas jurídicas devem perseguir o equilíbrio benéfico para a sociedade, evitando ou diminuindo e jamais aumentando os conflitos entre as pessoas.

Inicialmente assinala-se que para a ciência econômica, o contrato é visto como o acordo bilateral de coordenação de condutas, a via dominante para a produção e circulação da riqueza.

A análise econômica do contrato se apresenta como complementar à análise jurídica, pois tem como escopo utilitário a deliberação de contratar, ou seja, foca nos efeitos geradores de riquezas dessa troca.

As finalidades básicas, convergentes e comuns entre as duas disciplinas – Direito e Economia – na perspectiva de que aqui se trata, nomeadamente no setor contratual, se estabelecem da seguinte forma:

A) A autonomia da vontade demarca a prossecução dos objetivos demarcados do contrato. Desta forma é que há a negociação, a realização de promessas, a sujeição voluntária a uma disciplina legal (fonte de obrigações) e se estabelecem salvaguardas para a segurança do vínculo básico;

B) O encorajamento das trocas decorre de um quadro de confiança mútua-maximização do bem-estar entre as partes, da preservação das expectativas gerais, entre as quais estão a previsão, a planificação, o investimento e o crédito, e

C) Promoção da justiça comutativa entre as partes, como consequência natural da liberdade contratual, *pacta sunt servanda* e da relatividade dos contratos e eventualmente (mais controverso) da justiça (re)distributiva, para o qual a função social do contrato como princípio que lhe é básico serviria não apenas às partes nele envolvidas, mas também corresponderia a um ganho social de um contrato particular.

A partir das finalidades, que são relativamente comuns aos sistemas jurídicos existentes[367], debruça-se sobre as soluções jurídicas numa base de valores de custos e benefícios.

Desta forma, analisa-se a otimização do bem-estar social, a significar a convergência dos interesses de todos os envolvidos dentro e fora da relação contratual, bem como se busca a maximização do bem-estar das partes, protegendo suas expectativas.

No entanto, nem sempre o bem-estar privado das partes terá encontro com o bem-estar social (que se estende das partes a terceiros). Essa tensão entre autonomia e eficiência constitui as falhas do contrato.

Considera-se ainda que o fenômeno contratual depende de um ambiente social de confiança (*trust*)[368], ou seja, cada reação bilateral bem sucedida sedimenta a confiança genérica naquele tipo de relações, e externaliza positivamente, as que se sucedem dentro e fora da relação contratual-exemplo.

Assim, para o direito dos contratos em geral, a análise econômica proporciona o reforço da ordem jurídica no sentido de que torna exigíveis os termos contratuais; fornecer uma tipificação supletiva e faculta métodos de interpretação do contrato.

No entanto, é preciso ressaltar que os sistemas jurídicos possuem valores diversos de eficiência, que vão desde a formação do contrato, sua validade e seu cumprimento.

No *common law* onde principalmente se desenvolveu a escola do *Law and Economics, a consideration* exige que todo contrato tenha como base existencial do contrato o sinalagma (permuta causal de utilidades)-*bargain principle.* Têm como tradição o pragmatismo, os precedentes, as decisões judiciais. Por sua vez, a *civil law tem como* tradição o dogmatismo edificado na teoria do contrato, na atividade legiferante, na abstração e no formalismo.

[367] Mesmo assim nota-se que a função social do contrato não é um princípio a ser observado necessária e explicitamente nos sistemas da *common law*, embora existam outros mecanismos de defesa da parte mais vulnerável de uma relação contratual que geralmente decorrem de uma determinada norma jurídica inscrita num estatuto, visto que o Direito anglo-saxão se construiu e constrói (originalmente, portanto) a partir dos precedentes judiciais. Mas não é parte da construção do Direito, nesses países, a função social do contrato, tampouco, por exemplo, o princípio da boa fé objetiva que exigiriam uma análise judicial mais profundamente interventiva no contrato, o que é de regra inadmissível em *common law*.

[368] Muito comum no direito alemão – Doutrina da Confiança, e no direito norte-americano e anglo-saxão de um modo geral, originalmente no ambiente de negócios, corporativo e empresarial.

Em contrapartida, encontra-se convergência entre os dois sistemas jurídicos como a proteção das promessas unilaterais – *promissory estoppel* – *venire contra factum proprium*, na *common law*, e na *civil law* as cláusulas gerais, conceitos indeterminados, *ex vi*, boa-fé objetiva, função social do contrato.

Ainda quanto aos remédios jurídicos, o inadimplemento (*breach of the contract*) e cláusula penal, há a proibição, pelas Cortes, de uma pré-estipulação irrazoavelmente alta.

Também existem soluções diversas para o cumprimento do contrato, no sentido se ocorre se e somente se ele for economicamente eficiente, e quanto à execução específica (obrigação substitutiva ou não).

Relativamente à interpretação do contrato, diversos métodos são apresentados para a eficiência no caso particular, por exemplo, o sentido não desejado (*penalty default rule*).

No que concerne à abusividade de cláusulas e proteção do consumidor, as soluções são fundamentadas entre a vulnerabilidade, a força desigual de barganha e a falta de informação.

No tocante à teoria do erro, perquire-se como se distribui os riscos.

Outrossim questionam-se os contratos incompletos, se necessariamente o são por estratégia ou mera flexibilidade adaptativa para novas circunstâncias.

Enfim, os sistemas jurídicos que fundamentam seu Direito originalmente de forma diferente apresentam soluções jurídicas diversas, mas igualmente eficientes e ainda dentro de um único sistema jurídico várias soluções estão dispostas a atender à eficiência.

Não obstante os objetivos e princípios da nova lei, existe experiência de países estrangeiros no sentido de reestatização do serviço público de saneamento, haja vista a ineficiência da prestação do mesmo pelo particular e o aumento demasiado dos valores cobrados aos usuários, o que acabou por inviabilizar uma verdadeira universalização do bem e serviço essenciais à população.

Se o saneamento básico, no seu sentido mais amplo, é uma atividade econômica e, portanto, sujeita à exploração do lucro por parte do particular, por outro, a água é indispensável e essencial à vida humana.

Promover o equilíbrio entre a atividade econômica e a essencialidade do bem e do serviço constitui um problema que desafia o pesquisador a buscar por meio dos contratos celebrados pelo poder concedente as normas que garantam os princípios proclamados pela lei ao usuário que mais que uma concepção de uso, tem o conteúdo real e inafastável de pessoa humana que da água depende para existir.

E isso porque, se não for buscado esse equilíbrio, a prestação do serviço pode se tornar desastrosa, com aumentos tarifários insuportáveis aos usuários e má qualidade como ocorreu nos países onde se verificou a reestatização.

É fundamental ter em vista primeiramente o conteúdo do contrato que se firma com o usuário da atividade essencial. É preciso olhar antes para o consumidor do serviço que tem caráter econômico para os que o exploram, mas não é nem pode ter essa perspectiva como exclusiva nem principal, sob pena de se colocar em risco a vida humana. É necessário garantir à pessoa humana a verdadeira universalização, com todo o conteúdo que significa.

Desta forma, a análise da experiência frustrada da privatização do saneamento básico em outros países contribui para que não se cometam os mesmos erros e se alcance, de fato, os objetivos da lei vigente.

Assim como, a elaboração das cláusulas do contrato de adesão celebrado com o consumidor deverá guardar, na unilateralidade que lhe é própria (visto que seu conteúdo é elaborado previamente pelo prestador do serviço), todos os elementos indispensáveis à verdadeira universalização, que inclui diversos conceitos, desde a acessibilidade, à quantidade, continuidade, qualidade do serviço essencial e a contraprestação, tarifária.

Os estudos sobre a água e o saneamento básico estão entre a economia e o direito humano, as cláusulas contratuais para o fornecimento de bem e serviço essenciais têm como ponto de partida a observação das tendências privatizadoras, no cenário nacional, impulsionadas pela alegada necessidade de resolver os problemas financeiros, a melhoria da prestação desse serviço público e sua universalização, diminuindo as desigualdades sociais e regionais, e quiçá reduzir os níveis de corrupção no âmbito das atividades econômicas controladas pelo Estado.

Neste diapasão, há de se efetuar uma ponderação entre os interesses jurídicos em questão, bem como os resultados dos países que já experimentaram a privatização e a reestatização do setor hídrico – como ocorreu mais notoriamente nos Estados Unidos e na França – como parâmetro para a realização de contratos que sejam mais justos entre os usuários e fornecedores, tendo em consideração a diversidade e as peculiaridades regionais.

Por um lado, a privatização, as parcerias público-privadas ou as concessões do setor hídrico podem significar um avanço econômico que venha a promover o desenvolvimento social, de outro podem agravar os problemas já enfrentados pelo consumidor, sobretudo pelas populações mais pobres que não têm ou pouco têm acesso à água potável e ao saneamento básico, se o Estado Regulador não atuar corretamente por meio de normas de fiscalização e prevenção adequadas às hipóteses em que se afasta do exercício da atividade econômica relacionada a um serviço essencial, cedendo-a à iniciativa privada.

Importante pontuar cenários anteriores em que a transição do serviço público de fornecimento de água e esgoto do Estado para o particular trouxe resultados positivos à população e analisar os motivos do insucesso e o retrocesso à estatização.

Desta forma e a partir das questões postas acima, poder-se-á indagar qual conteúdo contratual é o mais justo para o usuário do serviço público essencial de abastecimento de água e saneamento básico, de maneira que o poder público possa implementar políticas e criar normas jurídicas que garantam a justiça do contrato.

E principalmente, de que forma o usuário pode ser mais ativo no processo de formação tarifária que constitui a contraprestação do serviço que lhe é prestado, tendo em consideração a essencialidade do bem água para a vida e a dignidade humana.

3.6. Privatização, investimentos e agências reguladoras: tríade de freios e contrapesos para o modelo republicano

3.6.1. A privatização no marco regulatório do saneamento básico: solução ou problema?

A privatização do serviço de água, sob o formato de concessão ou parcerias público-privadas, e a autorização de captação desse bem em larga escala por grandes empresas, têm sido comuns em todo o país.

Nos termos do art. 10 da Lei 11.446/07 (com redação da Lei 14.026/20), a prestação dos serviços públicos de saneamento básico por entidade que não integre a administração do titular depende da celebração de contrato de concessão, mediante prévia licitação, nos termos do art. 175 da Constituição Federal, vedada a sua disciplina mediante contrato de programa, convênio, termo de parceria ou outros instrumentos de natureza precária.

A intenção do legislador ao transferir para as mãos particulares a exploração e distribuição do saneamento básico foi garantir os investimentos no setor, que não podem ser suportados na mesma dimensão pelo poder público.

Discute-se, entretanto, se a entrada de empresas privadas irá de fato ampliar o acesso ao saneamento em regiões onde há maior carência pelos serviços. Além disso, questiona-se o risco de aumento de tarifas, haja vista que esses foram os motivos que levaram a algumas cidades a reestatizarem o saneamento.[369]

A meta da universalização estabelecida pelo novo marco regulatório do saneamento básico até 2033, ou seja, abastecer 99% da população brasileira com água potável e 90% com o serviço de esgotamento sanitário demanda esforços econômicos que o particular está mais apto a enfrentar com eficácia.

Esse foi o entendimento do Supremo Tribunal Federal que, em 2 de Dezembro de 2021, por maioria, declarou a validade da referida Lei questionada em quatro Ações Diretas de Inconstitucionalidade – ADIs 6492, 6356, 6583 e 6882. Ou seja, a Lei 14.026/20 –Novo Marco Regulatório do Saneamento Básico – está conforme os ditames da Constituição da República.

Ao contrário, no mundo, assiste-se ao movimento de remunicipalização, que devolve às mãos públicas os serviços de água – na grande maioria das vezes, após décadas de má gestão privada, como ressaltado na seção 3.1.

A despeito disso, a Organização das Nações Unidas e muitos governos incentivam as parcerias público-privadas (PPPs) e de financiamento privado para alcançar os Objetivos do Desenvolvimento Sustentável (ODSs) da Agenda 2030 da ONU.

O Fórum Mundial da Água, organizado pelo governo federal e pelo Conselho Mundial da Água, ocorrido em 2017 em Brasília contou com a organização vinculada a grandes empresas privadas de todo o mundo e patrocínios de grandes corporações como Coca-Cola, Nestlé e Ambev.[370]

[369] Como já referido anteriormente, entre 2000 e 2017, foram registradas no mundo 267 cidades que reestatizaram os serviços de saneamento, segundo levantamento do Transnational Institute, centro holandês de estudos em democracia e sustentabilidade. Na maioria dos casos, a volta da responsabilidade para o Estado esteve ligada a uma percepção de que as empresas que prestavam os serviços não eram capazes de cumprir com o total das obrigações envolvidas. Os serviços eram considerados ineficientes, com aumento de preços e investimentos insuficientes, nomeadamente na Europa, como nas cidades de Berlim, Paris e Budapeste. Só na França, 106 cidades reestatizaram o saneamento. Mas o fenômeno ocorreu também fora do continente europeu: Buenos Aires (Argentina) e La Paz (Bolívia) são alguns casos sul-americanos, enquanto Bamako (Mali), e Maputo (Moçambique) foram cidades africanas que passaram pelo processo.

[370] Pode-se conferir no site do próprio Forum: http://8.worldwaterforum.org/pt-br/organizadores-e-apoiadores.

A privatização seria o caminho ideal, segundo o Marco Regulatório do Saneamento Básico para universalizar os serviços que, de acordo com o Ministério das Cidades serão necessários R$ 420 bilhões nos próximos 20 anos para se lograr esse objetivo no País, que inclui abastecimento, esgoto, resíduos sólidos e manejo das águas fluviais e drenagem.[371]

Em São Paulo, por exemplo, a Secretaria de Infraestrutura e Meio Ambiente assinou em21/1/20 a liberação de R$ 32 milhões para estudos, projetos e obras de recursos hídricos, saneamento e meio ambiente na capital e interior. Os recursos, do Fundo Estadual de Recursos Hídricos (Fehidro), com destinação a projetos firmados com 53 contratos com municípios, órgãos estaduais e entidades da sociedade civil. As obras envolvem empreendimentos de combate a perdas de água, instalação de fossas sépticas, controle de erosão, obras de micro e macrodrenagem, além de ações focadas em resíduos sólidos urbanos.[372]

O novo marco legal do saneamento visa a ampliar a participação privada no mercado, por meio de licitação quando os estados e municípios contratarem um serviço de saneamento.[373/374/375]

[371] Conforme Agência Nacional de Águas: https://www.ana.gov.br/noticias-antigas/ana-participa-da-elaboraassapso-do-plano-nacional.2019-03-15.5436044175. Capturado em Fevereiro de 2020.

[372] São Paulo Governo do Estado *SIMA libera R$ 32 milhões para obra de saneamento na capital e interior de SP.* 21/1/2020. Disponível em:. https://www.infraestruturameioambiente.sp.gov.br/2020/01/sima-libera-r-32-milhoes-para-obras-de-saneamento-na-capital-e-interior-de-sp/. Capturado em Fevereiro de 2020.

[373] Até o novo marco legal do saneamento básico, as autoridades locais podiam optar por firmar o chamado "contrato de programa". Essa modalidade permitia que empresas estatais que prestam serviços de saneamento sejam contratadas sem licitação – portanto, sem concorrência privada.

[374] Com investimento estimado em um total de R$ 500 bilhões até 2033. Cfe. Ministério da Economia. *Infraestrutura é pauta prioritária para o desenvolvimento do país em 2020.* 2/2/2020. Disponível em: http://www.economia.gov.br/noticias/2020/01/infraestrutura-e-pauta-prioritaria-para-o-desenvolvimento-do-pais-em-2020. Capturado em Julho de 2021.

[375] Os novos contratos já deverão conter as metas de universalização dos serviços de saneamento postas pelo novo marco legal. Isso vale também para os contratos de programa que serão renovados até março de 2022. Só poderão renovar esses contratos as empresas estatais que comprovarem cobertura de ao menos 90% no serviço de fornecimento de água tratada e ao menos 60% no serviço de esgoto tratado na data da publicação da lei. Para os contratos de saneamento que já estão em vigor, o prazo para definição de metas de universalização será de um ano. Os contratos de programa que não forem renovados no prazo estipulado pelo projeto cumprirão seus prazos originais e terão de passar pelo processo de licitação se quiserem ser renovados posteriormente.

A questão que se formula é que os agentes econômicos, ao tomarem suas decisões, levam em consideração seus custos e benefícios privados, e não os custos e benefícios sociais.

É sabido que o setor requer muitos investimentos relacionados a todas as fases e serviços que envolvem o saneamento básico, associadas às dificuldades de desorganização urbanística e os desafios que a atual situação ambiental invoca e ressaltada amplamente no Capítulo I deste trabalho.

Seria ingênuo pensar que o particular não visa o lucro dessa atividade. No entanto, é preciso ter como prioridade que se está diante de um bem essencial à vida – água – e o serviço do saneamento básico indispensável à dignidade humana. Trata-se de uma necessidade de primeira ordem na vida das pessoas.

Valendo-se do método da análise econômica do direito anteriormente explanada, de um lado há de haver estímulo às empresas privadas concessionárias do referido serviço público para que façam bons e permanentes investimentos e mantenham a prestação de forma adequada e dentro dos parâmetros de quantidade, acessibilidade e qualidade exigidos por lei e instrumentos internacionais; de outro, a tarifa, que é o pagamento pelo usuário do serviço que lhe é prestado deve ser módica nos termos da própria lei para que lhe seja de fato disponível o serviço público essencial.

Como visto acima, a maioria dos casos no mundo em que ocorreu a reestatização do serviço do saneamento básico se deveu ao fato da má prestação de serviço associada ao aumento insuportável da tarifa.

Se a Constituição da República garante, na ordem econômica, a livre iniciativa (art. 170, *caput*), como contrapeso protege a função social da propriedade, o consumidor e o meio ambiente (art. 170, III, V e VI).

Desta forma, a iniciativa privada deverá atuar em conjunto com todos os elementos que compõem o exercício da livre iniciativa, de modo que sua atividade seja legítima e esteja de acordo com o Estado Democrático de Direito, pois é esse o desenho constitucional escolhido pelo Poder Constituinte Originário.

Por sua vez, o Estado, como Regulador (arts. 173, 174 e 175, CRFB), deve controlar e fiscalizar as atividades econômicas, nomeadamente as de saneamento básico, que uma vez privatizado, deverão esta conforme a Constituição da República.

A questão da privatização e os interesses econômicos envolvidos devolve o debate à análise econômica do direito, uma vez que os que investem no setor visam aos lucros que a atividade vai lhes gerar e a medida do investimento tem em conta exatamente a ponderação dos riscos, custos e lucros.

Nesse sentido, a aplicação da análise econômica do direito que visa ao bem estar geral como medida de eficiência de uma norma ou política pública, terá que lidar com esses aspectos da empresa prestadora do serviço de saneamento básico, pois o seu interesse poderá entrar em conflito com o interesse do usuário/ consumidor e mais ainda com a finalidade do marco regulatório no sentido de universalizar o bem e o serviço essenciais, alcançando pessoas que não suportam as tarifas.

Sobretudo há de se ter em conta que o pagamento das tarifas por quem quer que seja provoca o efeito solidarizador na universalização, ou seja, pagam-se tarifas diversas, de acordo com cada caso, para que todos tenham acesso ao bem e serviço que são indispensáveis à existência humana.

Trata-se do princípio da solidariedade previsto no art.3º da Constituição da República que como objetivo ali declarado na Lei Fundamental visa a erradicar a pobreza, a diminuir as desigualdades sociais regionais e a promoção do bem de todos, uma vez que constitui seus fundamentos a dignidade da pessoa humana e a cidadania (art.1º da Constituição da República), como outrora tratado no Capítulo I deste trabalho.

Destarte, os contratos que se celebram entre o poder concedente e a concessionária hão de levar em conta não apenas os interesses das partes contratantes, mas o final da cadeia econômica, que é o pagador do serviço, não apenas porque é ele quem paga e tem direito a uma prestação equivalente e justa, mas porque é ele que através do pagamento da tarifa se solidariza com aqueles que não têm o serviço ou o têm e não podem suportar o seu pagamento.

Essa foi uma das questões mais verificadas nos casos de reestatização dos serviços de saneamento básico, repita-se: a busca por lucros exorbitantes das prestadoras privadas do serviço público, não apenas a recuperação de investimentos, custos e lucros acrescidos, o que levou ao encarecimento das tarifas de modo insuportável aos usuários associado à má prestação do serviço.

Por essa razão, o controle deve ocorrer já desde o edital de licitação, a licitação e o contrato administrativo em si. Mas não apenas. É preciso ter o controle que impeça o pagamento inequitativo das tarifas frente ao serviço prestado, não apenas como medida de justiça comutativa contratual como mais ainda como medida de justiça social, pois como ressaltado, o pagamento da tarifa é a forma de universalizar, de fazer chegar a quem não tem, o bem e serviço essenciais do saneamento básico.

Para tanto, não cabe ao empresário comportamentos egoísticos, distantes da função social da empresa que a Constituição da República lhe impõe. Conforme se verá adiante, a função social da empresa prevista constitucionalmente é uma norma republicana e que garante, portanto, o dever de solidariedade também consagrado pela Lei Fundamental.

3.6.2. A função social da empresa e teoria discursiva do direito empresarial

A função social da empresa surge como corolário da função social da propriedade em seguida a função social do contrato.

Como limitação à propriedade privada surgida no seio liberal, o Estado Social que se lhe seguiu procura a distribuição equitativa de direitos como aplicação do princípio da igualdade material que viria a superar a igualdade formal burguesa. Visava-se a distribuição mais justa da riqueza produzida socialmente.

Assim, a intervenção estatal, com prestações sociais, positivas, se justificaria na órbita privada como medida de justiça social, um Estado com papel dirigista e redistribuidor, que manteria a liberdade, mas trar-lhe-ia limites impostos pela necessidade de defesa de direitos fundamentais e dignidade humana. Ou seja, ambivalente: propiciando e ao mesmo tempo retirando a liberdade.

No entanto, Habermas critica os paradigmas acima trazendo para o contexto a necessidade de se incluir uma ética discursiva no âmago das autonomias privada e pública (já discutidas no capítulo anterior):

> Os dois paradigmas concentram-se nas implicações normativas do funcionamento social de um status negativo protegido pelo direito e procuram saber se é suficiente garantir a autonomia privada através de direitos à liberdade ou se a emergência ou surgimento da autonomia privada tem que ser assegurada através da garantia de prestações sociais. Em ambos os casos, perde-se de vista o nexo interno que existe entre autonomia privada e autonomia do cidadão e, com isso, o sentido democrático da auto-organização de uma comunidade jurídica. Entretanto, a disputa entre os dois paradigmas, que ainda perdura, limita-se à determinação dos pressupostos fáticos para o status de pessoas do direito em seu papel de destinatárias da ordem jurídica. Todavia,

elas somente serão autônomas na medida em que puderem se entender também como autoras do direito, ao qual se submetem enquanto destinatárias.[376]

Para Habermas, portanto, a autonomia das pessoas privadas remete à legitimidade do direito e vice-versa. O direito é legítimo se nasce da formação discursiva da opinião e da vontade de cidadãos, por meio da esfera pública (Capítulo I) que possuem os mesmos direitos.

Em outras palavras, não basta ao Estado Democrático de Direito, nos moldes concebidos por Habermas, que se garanta da autonomia privada pura e simplesmente ou eu ela encontre limites nas prestações sociais do Estado para fins de proteção de direitos fundamentais iguais.

Na teoria habermasiana, a cidadania e a legitimidade do Direito passam necessariamente pelo procedimento discursivo realizado em esfera pública, como medida de emancipação política e esclarecimento para o desenvolvimento pleno da pessoa.

Retoma-se ao enfrentamento da análise econômica do direito como desafiadora para a atividade empresarial, a ética do resultado, porquanto prevista na Lei de Introdução às Normas do Direito Brasileiro e aplicada cada vez mais pelos Tribunais brasileiros que acompanham o sistema jurídico *common law*, nomeadamente o direito norte-americano.

A par das considerações de sua imprecisão em termos de consequências efetivas, a não ser num plano abstrato previamente considerado num determinado contexto temporal e espacial, a análise econômica do direito procura novos horizontes haja vista os intervencionismos do Estado paternalista, substituindo-os pela alegada maximização do bem estar social.

A ética do resultado própria da AED não pode substituir, entretanto, a ética do fundamento prevista na Constituição da República, ou seja, a dignidade da pessoa humana, que constitui um dos fundamentos do Estado Democrático de Direito Brasileiro (art. 1º, III).

De toda sorte, volta-se ao mesmo dilema refletido por Habermas sobre os erros dos paradigmas do direito liberal e do Estado Social, que não é superado pela nova perspectiva proposta pela AED, pois ambos entendem a constituição jurídica da liberdade como distribuição e a equiparam ao modelo a repartição igual de bens adquiridos ou recebidos, quando na verdade a questão não gira em torno de bens, mas de direitos, nomeadamente

[376] HABERMAS. *Direito e Democracia...*, *op. cit.*, p. 145-146.

da garantia da liberdade e da dignidade humana que são privadas quando se retira ou impede as condições institucionais necessárias ao desenvolvimento e ao exercício das capacidades individuais, da comunicação e da cooperação coletiva.[377]

Conjuga-se com o art. 3º da Constituição Federal, em que predomina o teor republicano e, nomeadamente para os fins dessa seção, o art. 5º, XXIII, onde é determinada que a propriedade atenda à sua função social. Sendo a atividade empresarial exercício do direito de propriedade e da liberdade (livre iniciativa negocial).

O comportamento egoístico, de que os indivíduos se movem na busca do auto-interesse, é explicado por Gilvan Hansen como baseado numa interpretação liberal de cidadania e liberdade e não republicana:

> A práxis de muitos empresários e o discurso de alguns doutrinadores contemporâneos corrobora a postura liberal acima descrita, e se volta para a defesa da desregulamentação e da diminuição do controle estatal sobre a atividade empresarial.[378]

Mister considerar que o serviço de saneamento básico está sujeito ao monopólio natural, ou seja, ainda que várias empresas participem do processo licitatório para exercer essa atividade, apenas uma poderá prestar o serviço em determinada região.

É fisicamente impossível existir alternativas de escolha de qual empresa dentre tantas o usuário contratará para ter água potável e esgotamento sanitário.

Essa situação deixa o consumidor do bem e do serviço mais vulnerável do que já é por previsão legal objetiva, pois o não fornecimento do bem e do serviço coloca em risco a vida e a saúde.

Por esses motivos, a atividade empresarial, nomeadamente nesse setor, deverá considerar os impactos sociais das suas decisões. Ela deve servir de benefício à sociedade, aumentando-lhe o bem-estar geral, provocando mudanças positivas sociais.

[377] HABERMAS. *Direito e Democracia...*, *op. cit*, p. 159-160.

[378] HANSEN, Gilvan. *O Direito enquanto instância de confluência das tensões entre empresa e sociedade*. *In* História e Direito-Instituições Políticas, Poder e Justiça. Org. CAMPOS, Adriana Pereira; NEVES, Edson Alvisi e HANSEN, Gilvan Luiz. Vitória: GM Editora, 2012, p. 155.

Mesmo porque muitas se valem do Banco Nacional de Desenvolvimento Econômico e Social – BNDES, que financia empresas a taxas de juros subsidiadas e é uma das fontes de captação importantes de recursos da economia brasileira. Contudo, esses recursos são subsidiados e acabam onerando o Tesouro Nacional e as contas públicas.

Quando não, os casos de pagamento exorbitante aos acionistas acabam por trazer um malefício à sociedade, vez que não reverte em melhorias para o bem comum, distribuindo em poucas mãos o que deveria reverter em favor de todos.

O exercício da livre iniciativa não tem legitimidade constitucional se atuar sozinha e deliberadamente sem considerar os elementos sobre os quais incide. A proporção dos danos ao meio ambiente e ao consumidor (e do trabalhador, etc.) provocados pelos grandes empreendimentos são imensuráveis e irreversíveis, demandando responsabilização à altura.

No entanto, antes da responsabilidade pelo não cumprimento de suas obrigações, que não são só legais ou contratuais, mas constitucionais, e com o Estado Democrático de Direito, vez que é esse que lhe autoriza atuar nos moldes ali explicitados, como *longa manus* da soberania do povo, a atividade empresarial deve ser fiscalizada pelo Estado Regulador quanto ao exercício legítimo de suas atividades.

Desta forma deverá estar cumprindo deveres no que tange à sustentabilidade econômica, ambiental e social.

A atuação empresarial deve ser multidimensional e transparente. A gestão deve ser social, de modo a ouvir seus funcionários e seus consumidores. A empresa não pode gerir exclusivamente para si mesma, ela tem que dar retorno à sociedade dentro dos campos que a ordem econômica determina (meio ambiente, redução das desigualdades sociais e regionais, seus consumidores, seus trabalhadores), sob pena de o exercício da livre da iniciativa ser ilegítimo diante do Estado Democrático de Direito estabelecido constitucionalmente.

Nesse caso, o modelo de gestão é compartilhada. Diverge da gestão estratégica que visa com os instrumentos de que dispõe alcançar meramente o lucro como objetivo maior e acima de quaisquer outros.

Diferente do Fordismo/Taylorismo, modelo em que o dono do meio de produção estabelecia as metas e valores da empresa. Não interessava o que dizia o funcionário. Esse paradigma sofreu colapso na década de 70 nos Estados Unidos da América, chegou-se à conclusão que o modelo de gestão não pode ser de "chicote".

Verificou-se que o funcionário não mais se submete a qualquer sistema hierárquico, melhor quando participa dos processos de construção dos valores da empresa. Passa, então, a ser ouvido, como todos estão no mesmo barco, participando dos processos de construção dos valores da empresa, e precisam ser de fato colaboradores do processo em benefício de todos e da melhoria do bem-estar geral.

A gestão social, a significar cidadania deliberativa como categoria de palavra mediadora entre as demais palavras, no seu aspecto interno e cujo aspecto externo é como constrói os valores (esfera pública).

Outra questão que se põe é a oitiva do consumidor. Para conhecê-lo bem é preciso ouvi-lo, o que tem sido feito hodiernamente por meio da tecnologia, muitas vezes sem que o próprio se dê conta.

O processo gerencial há de ser participativo, com a transparência que gera confiança nas relações que se estabelecem e segurança jurídica entre os concernidos, através de consultas e audiências públicas

Ressalta-se que, conforme salienta Gilvan Hansen,

> A visão republicana parte do pressuposto de que a cidadania, a participação e a comunicação não são direitos negativos de pessoas individuais isoladas e exclusivamente auto-interessadas, mas sim o resultado do direito positivo de autonomia racional enquanto participação política numa coletividade, enquanto práxis comum, na qual as pessoas se tornam o que querem ser, ou seja, sujeitos politicamente responsáveis de uma comunidade de pessoas livres e iguais. [379]

Destarte, as empresas constituem importantes campos de reflexão para contribuir no desenvolvimento do Estado Democrático de Direito. Deixam de ser exclusivamente como organismos econômicos para integrar-se à estrutura da coletividade como instituições sociais, na qual o diálogo entre os interessados se conforma no consenso,

A respeito dessa prática intersubjetiva de entendimento, Gilvan Hansen salienta que

> Urge, portanto, que repensemos os fundamentos filosóficos do direito brasileiro, se quisermos, no âmbito do direito empresarial, contribuir para uma nova compreensão do papel social da atividade empresarial e das

[379] HANSEN, *op. cit.*, p. 156.

relações dela derivadas. Mister se mostra o desenvolvimento de uma teoria discursiva do direito empresarial.[380]

Arremata o autor que a perspectiva republicana introduz, ao lado do poder administrativo e dos interesses pessoais, o elemento da solidariedade como terceira fonte de integração.[381]

Assim é que a aplicação da Lei 14.026/20 – Novo Marco Regulatório do Saneamento Básico – a considerar todos os aspectos de que dependem a verdadeira universalização do bem e serviço requer a observância do princípio da solidariedade previsto constitucionalmente como objetivo fundamental da República (art. 3º, I).

A solidariedade conjuga a propriedade privada com a sua função social, na medida em que gere equilíbrio entre a liberdade (livre iniciativa) e a igualdade (material – com a defesa do consumidor, do pleno emprego, do meio ambiente), de modo a promover a justiça social.

O Estado Regulador, nesse cenário, tem o papel fundamental de através do controle e fiscalização promover os objetivos republicanos, uma vez que está na própria ordem econômica constitucional esse equilíbrio (arts. 170 a 176).

3.6.3. Investimentos em áreas menos lucrativas e o princípio republicano da solidariedade

A lei prevê também que o saneamento seja prestado de forma regionalizada, significando que blocos com cidades devem prestar os serviços do setor em conjunto, ou seja, municípios vizinhos podem integrar a mesma licitação.

Mister ressaltar que a Constituição da República conferiu aos estados a competência para instituir regiões metropolitanas, aglomerações urbanas e microrregiões, a fim de integrar a organização e o planejamento da execução de funções públicas de interesse comum, ao mesmo tempo outorgou competência aos municípios para tratar dos assuntos de interesse local.

Assim, apesar de a competência sobre o serviço de saneamento básico ser municipal, quando a função pública extrapola o interesse local, sendo comum aos municípios de regiões metropolitanas, deve ser gerido por

[380] HANSEN, *op. cit.*, p. 158.
[381] HANSEN, *op. cit.*, p. 154.

um conselho integrado pelo estado e pelos municípios envolvidos, o qual deve buscar uma solução compartilhada para a prestação desses serviços. Esse foi o entendimento do Supremo Tribunal Federal, na Ação Direta de Inconstitucionalidade nº 1.842, do Rio de Janeiro[382].

A separação dos blocos feita pelos estados, e os municípios tiveram o prazo de cento e oitenta dias para aderir a essas modalidades, contados a partir da publicação oficial da lei. Na hipótese de os estados não conseguirem montar um bloco a tempo, fica a cargo da União a decisão de como ocorrerá a referida divisão.

A regionalização dos serviços de saneamento visa a tornar os blocos mais atrativos aos investimentos do setor privado. Neste diapasão, com a junção de municípios de diferentes atratibilidades sob um mesmo processo de licitação, é mais provável que locais que teriam dificuldades de obter bons contratos consigam um serviço melhor do que num processo próprio de licitação.

Para tanto, as empresas devem comprovar a capacidade econômico-financeira de realizar investimentos no setor para cumprir as metas de universalização estipuladas pelo novo Marco Legal do Saneamento, visando à eficiência na prestação do serviço.

O Instituto Trata Brasil publicou em 2022 relatório sobre o ano de 2020 a respeito da diferença que se verifica entre os 100 maiores municípios brasileiros nesse setor.

Assim, constatou-se que enquanto 99,32% da população dos 20 melhores municípios têm acesso a redes de água potável, 82,52% da população dos 20 piores municípios têm o serviço. Sendo certo que a porcentagem da população com rede de coleta de esgoto é ainda mais discrepante: 95,59% da população nos 20 melhores municípios têm os serviços e somente 31,78% da população nos 20 piores municípios são abastecidos com a coleta do esgoto.[383]

De acordo com dados publicados pelo Sistema Nacional de Informação sobre Saneamento (SNIS) a respeito do processo de regionalização de abastecimento de água e esgotamento sanitário, em 2022, ano base 2021, os

[382] Supremo Tribunal Federal. *Ação Direta de Inconstitucionalidade nº 1.842/RJ*. Tribunal Pleno. Relator Ministro Luiz Fux. DJE 16/9/2013.

[383] *100 Maiores cidades brasileiras. Ranking do Saneamento 2022*. Instituto Trata Brasil. Disponível em: Resumo_Executivo_-_Ranking_22.pdf (tratabrasil.org.br). Acesso em Março de 2023.

estados regionalizados são Amazonas, Pará, Tocantins, Ceará, Bahia, Alagoas e Santa Catarina. Em tramitação se encontram os estados de Roraima, Rondônia, Maranhão, Paraíba, Sergipe, Pernambuco, Rio Grande do Norte, Mato Grosso, Mato Grosso do Sul, Goiás, Minas Gerais, Espírito Santo, São Paulo, Paraná e Rio Grande do Sul. Acre e Piauí estão com o processo de regionalização em estudo.[384] E Rio de Janeiro e Amapá tem modelagem anterior ao (revogado) Decreto 10.588/2020.[385]

Particularmente, no estado do Rio de Janeiro a regionalização da prestação dos serviços de abastecimento de água e de esgotamento sanitário se deu por meio da concessão dos serviços, pelo prazo de 35 anos, sendo contemplado por modelagem anterior ao (revogado) Decreto nº 10.588/2020. A concessão dos serviços de distribuição de água, coleta e tratamento de esgoto e gestão comercial dos usuários contempla 35 municípios, divididos em 4 blocos de concessão, reunindo municípios da Região Metropolitana (RM) com municípios de fora desta em cada bloco. Para isso, o município do Rio de Janeiro foi dividido em 4 regiões, cada uma delas integrante de um bloco de concessão. Cada região abrange uma ou mais áreas de planejamento, que constituem divisões administrativas elaboradas pela prefeitura do Rio de Janeiro. Os blocos são assim definidos: Bloco 1: AP 2.1 + 18 municípios; Bloco 2: AP 4 + 2 municípios; Bloco 3: AP 5 + 20 municípios e Bloco 4: AP 1, 2.2 e 3 + 8 municípios. Sendo 43 municípios sem regionalização.[386]

A regionalização tem por objetivo reduzir as desigualdades regionais e sociais, proclamada na Constituição da República como objetivo fundamental no seu art. 3º, III, pois permitem que municípios pequenos e deficitários tenham estruturas e instalações mais desenvolvidas para melhorar a qualidade dos serviços prestados, alcançando a preconizada universalização.

[384] *Mapa da Regionalização no Brasil. In* Painel de Regionalização dos Serviços de Saneamento Básico no Brasil. Disponível em Painel de Regionalização (mdr.gov.br). Capturado em Março de 2023.

[385] Revogado pelo Decreto 11.467, de 5 de Abril de 2023, que dispõe sobre a prestação regionalizada dos serviços públicos de saneamento básico, o apoio técnico e financeiro de que trata o art. 13 da Lei nº 14.026, de 15 de julho de 2020, a alocação de recursos públicos federais e os financiamentos com recursos da União ou geridos ou operados por órgãos ou entidades da União de que trata o art. 50 da Lei nº 11.445, de 5 de janeiro de 2007, e a alteração do Decreto nº 7.217, de 21 de junho de 2010, e do Decreto nº 10.430, de 20 de julho de 2020.

[386] *Idem.*

Nesse sentido, é de considerar que "a política não consiste apenas em eliminar regulamentações ineficientes e antieconômicas, mas também criar e garantir condições de vida, no interesse simétrico de todos"[387].

Como ensina Habermas, a solidariedade é fonte da integração social na perspectiva republicana.[388] A atividade empresarial, como uma das propulsoras do desenvolvimento econômico e social, tem responsabilidade de gerar cidadania, não apenas ganhar lucros, mas assumir o papel centralizador do que propõe a República, já que especialmente no caso de serviço público de saneamento básico explora um bem de todos, essencial à existência da vida humana e serviço indispensável à dignidade humana, acrescido do fato de estar esse bem em escassez devido ao mau uso do bem e sobretudo às mudanças climáticas provocadas em maioria pelas atividades produtivas e lucrativas em geral. Assim também têm compromisso com a saúde pública, com a preservação ou uso sustentável dos recursos naturais e proteção do meio ambiente.

Nesse diapasão, a atividade empresarial só encontra a legitimidade de exercício no Estado Democrático de Direito se estiver alinhada com o princípio da solidariedade previsto na Constituição como objetivo fundamental da República (art. 3º, I), sem o qual não é possível construir uma sociedade justa, nem igual, tampouco reduzir as desigualdades regionais e sociais, erradicar a pobreza e promover o bem de todos que em tela seria especialmente ter acesso à água potável e os serviços de coleta e tratamento de esgoto.

Nesse condão, as agências reguladoras têm também papel essencial, porquanto exercem a fiscalização e controle das atividades empresariais nos termos dos arts. 173 a 175 da Lei Fundamental, não apenas em torno da legalidade de seus atos, mas principalmente se atendem aos fins republicanos.

[387] HABERMAS citando ELSTER. *Direito e Democracia: Entre facticidade e validade*. Vol. II. Trad. Flávio Beno Siebeneichler. Rio de Janeiro: Tempo Brasileiro, 1997, p. 70, nota 120.
[388] HABERMAS, Jürgen. *A inclusão do outro: estudos da teoria política*. Trad. George Sperber e Paulo Astor Soethe. São Paulo: Loyola, 2002, p. 270.

3.6.4. A Agência Reguladora de Águas e Saneamento Básico – ANA – como propulsora da República e do Estado Democrático de Direito

3.6.4.1. ANA e Marco Regulatório do Saneamento Básico: as normas de referência

A Lei 14.026/20, que alterou a Lei 11.445/07, resgata a ideia original de atribuir à Agência Nacional de Águas (ANA) alguma responsabilidade sobre a regulação do saneamento, embora de maneira bastante atenuada, denominada doravante Agência Nacional de Águas e Saneamento Básico (arts. 1º, 2º e 3º).[389]

O objetivo inicial da ANA era administrar os rios e lagos, evitando que a soma desordenada dos interesses individuais resulte em prejuízo para o interesse coletivo, o que os economistas chamam de "tragédia do uso dos bens comuns". No caso dos rios, a tragédia se manifesta na forma de rios secos, devido à desordenada retirada de água, ou em rios poluídos, devido ao lançamento de esgoto sem tratamento.

A Agência não cuidava do serviço de água e esgoto. Nos primeiros rascunhos de sua lei de criação, a ANA teria a responsabilidade de tratar também da área de saneamento. Todavia, essa prerrogativa se perdeu nas discussões subsequentes porque a Constituição não atribui à União a responsabilidade sobre o saneamento, ao contrário do que ocorre com a energia elétrica, por exemplo.

No entanto, passa a ter com o Marco Regulatório papel fundamental na fiscalização e controle do setor de saneamento básico, lidando com o bem mais importante para a vida humana: a água.

Entre o escopo da ANA estão o estabelecimento dos padrões de qualidade e eficiência que serão adotados no saneamento básico e a determinação das tarifas a serem cobradas dos consumidores dos serviços.

A Agência também tem por função padronizar as diferentes metas do setor, considerando as condições de cobertura e viabilidade da prestação de serviços em cada local.

[389] De acordo com o art. 3º da referida Lei, "fica criada a Agência Nacional de Águas e Saneamento Básico (ANA), autarquia sob regime especial, com autonomia administrativa e financeira, vinculada ao Ministério do Desenvolvimento Regional, integrante do Sistema Nacional de Gerenciamento de Recursos Hídricos (Singreh), com a finalidade de implementar, no âmbito de suas competências, a Política Nacional de Recursos Hídricos e de instituir normas de referência para a regulação dos serviços públicos de saneamento básico."

Essa função regulatória é dotada de independência decisória e autonomia administrativa, orçamentária e financeira e deve atender aos princípios de transparência, tecnicidade, celeridade e objetividade das decisões.

A regulação do saneamento básico tem como objetivos: a) estabelecer padrões e normas para a adequada prestação e a expansão da qualidade dos serviços e para a satisfação dos usuários, com observação das normas de referência editadas pela ANA; b) garantir o cumprimento das condições e metas estabelecidas nos contratos de prestação de serviços e nos planos municipais ou de prestação regionalizada de saneamento básico; c) prevenir e reprimir o abuso do poder econômico, ressalvada a competência dos órgãos integrantes do Sistema Brasileiro de Defesa da Concorrência; e d)definir tarifas que assegurem tanto o equilíbrio econômico-financeiro dos contratos quanto a modicidade tarifária, por mecanismos que gerem eficiência e eficácia dos serviços e que permitam o compartilhamento dos ganhos de produtividade com os usuários.

Além disso, à agência reguladora é atribuída competência de altíssima importância, qual seja para editar normas de referência para a regulação dos serviços públicos de saneamento básico por seus titulares e suas entidades reguladoras e fiscalizadoras.

A verificação da adoção das normas de referência ocorrerá periodicamente e será obrigatória no momento da contratação dos financiamentos com recursos da União ou com recursos geridos ou operados por órgãos ou entidades da administração pública federal.

Cabe à ANA zelar pela uniformidade regulatória do setor de saneamento básico e pela segurança jurídica na prestação e na regulação dos serviços.

O conteúdo das normas de referência deve versar sobre, segundo a Lei:

> I – padrões de qualidade e eficiência na prestação, na manutenção e na operação dos sistemas de saneamento básico;
>
> II – regulação tarifária dos serviços públicos de saneamento básico, com vistas a promover a prestação adequada, o uso racional de recursos naturais, o equilíbrio econômico-financeiro e a universalização do acesso ao saneamento básico;
>
> III – padronização dos instrumentos negociais de prestação de serviços públicos de saneamento básico firmados entre o titular do serviço público e o delegatário, os quais contemplarão metas de qualidade, eficiência e ampliação da cobertura dos serviços, bem como especificação da matriz de riscos

e dos mecanismos de manutenção do equilíbrio econômico-financeiro das atividades;

IV – metas de universalização dos serviços públicos de saneamento básico para concessões que considerem, entre outras condições, o nível de cobertura de serviço existente, a viabilidade econômico-financeira da expansão da prestação do serviço e o número de Municípios atendidos;

V – critérios para a contabilidade regulatória;

VI – redução progressiva e controle da perda de água;

VII – metodologia de cálculo de indenizações devidas em razão dos investimentos realizados e ainda não amortizados ou depreciados;

VIII – governança das entidades reguladoras, conforme princípios estabelecidos no art. 21 da Lei nº 11.445, de 5 de janeiro de 2007 ;

IX – reúso dos efluentes sanitários tratados, em conformidade com as normas ambientais e de saúde pública;

X – parâmetros para determinação de caducidade na prestação dos serviços públicos de saneamento básico;

XI – normas e metas de substituição do sistema unitário pelo sistema separador absoluto de tratamento de efluentes;

XII – sistema de avaliação do cumprimento de metas de ampliação e universalização da cobertura dos serviços públicos de saneamento básico;

XIII – conteúdo mínimo para a prestação universalizada e para a sustentabilidade econômico-financeira dos serviços públicos de saneamento básico.

Embora o Brasil seja dotado de desigualdades regionais que implicam que as normas de referência precisam considerar as necessidades de cada espaço, e por isso não necessariamente sejam iguais para todas as regiões, que guardam suas peculiaridades – sob pena de violar igualdade material-, elas servem de parâmetro normativo, a partir do qual devem ser realizados comportamentos adequados ao caráter nacional de universalização do serviço e do bem, assim como devem atender aos princípios ali elencados.

Constituem princípios fundamentais do saneamento básico: universalização do acesso e efetiva prestação do serviço; integralidade, compreendida como o conjunto de atividades e componentes de cada um dos diversos serviços de saneamento que propicie à população o acesso a eles em conformidade com suas necessidades e maximize a eficácia das ações e dos resultados; abastecimento de água, esgotamento sanitário, limpeza urbana e manejo dos resíduos sólidos realizados de forma adequada à saúde pública, à conservação dos recursos naturais e à proteção do meio ambiente; disponibilidade, nas áreas urbanas, de serviços de drenagem e manejo das águas pluviais, tratamento, limpeza e fiscalização preventiva das redes, adequados à saúde pública, à proteção do meio ambiente e à segurança da vida e do patrimônio público e privado; adoção de métodos, técnicas e processos que considerem as peculiaridades locais e regionais; articulação com as políticas de desenvolvimento urbano e regional, de habitação, de combate à pobreza e de sua erradicação, de proteção ambiental, de promoção da saúde, de recursos hídricos e outras de interesse social relevante, destinadas à melhoria da qualidade de vida, para as quais o saneamento básico seja fator determinante; eficiência e sustentabilidade econômica; estímulo à pesquisa, ao desenvolvimento e à utilização de tecnologias apropriadas, consideradas a capacidade de pagamento dos usuários, a adoção de soluções graduais e progressivas e a melhoria da qualidade com ganhos de eficiência e redução dos custos para os usuários; transparência das ações, baseada em sistemas de informações e processos decisórios institucionalizados; controle social; segurança, qualidade, regularidade e continuidade; integração das infraestruturas e dos serviços com a gestão eficiente dos recursos hídricos; redução e controle das perdas de água, inclusive na distribuição de água tratada, estímulo à racionalização de seu consumo pelos usuários e fomento à eficiência energética, ao reuso de efluentes sanitários e ao aproveitamento de águas de chuva; prestação regionalizada dos serviços, com vistas à geração de ganhos de escala e à garantia da universalização e da viabilidade técnica e econômico-financeira dos serviços; seleção competitiva do prestador dos serviços; e prestação concomitante dos serviços de abastecimento de água e de esgotamento sanitário.

Os princípios norteadores do exercício dessa atividade econômica não apenas devem estar imbuídos nas normas de referência a serem editadas pela Agência Reguladora de Águas e Saneamento Básico, mas devem compor toda e qualquer norma do setor. Assim, os contratos celebrados entre os titulares do serviço e as concessionárias, bem como os contratos das concessionárias com os consumidores, em toda a cadeia econômica.

As normas de referência para a regulação dos serviços públicos de saneamento básico têm como escopo (art. 4º-A, §3º):

> I – promover a prestação adequada dos serviços, com atendimento pleno aos usuários, observados os princípios da regularidade, da continuidade, da

eficiência, da segurança, da atualidade, da generalidade, da cortesia, da modicidade tarifária, da utilização racional dos recursos hídricos e da universalização dos serviços;

II – estimular a livre concorrência, a competitividade, a eficiência e a sustentabilidade econômica na prestação dos serviços;

III – estimular a cooperação entre os entes federativos com vistas à prestação, à contratação e à regulação dos serviços de forma adequada e eficiente, a fim de buscar a universalização dos serviços e a modicidade tarifária;

IV – possibilitar a adoção de métodos, técnicas e processos adequados às peculiaridades locais e regionais;

V – incentivar a regionalização da prestação dos serviços, de modo a contribuir para a viabilidade técnica e econômico-financeira, a criação de ganhos de escala e de eficiência e a universalização dos serviços;

VI – estabelecer parâmetros e periodicidade mínimos para medição do cumprimento das metas de cobertura dos serviços e do atendimento aos indicadores de qualidade e aos padrões de potabilidade, observadas as peculiaridades contratuais e regionais;

VII – estabelecer critérios limitadores da sobreposição de custos administrativos ou gerenciais a serem pagos pelo usuário final, independentemente da configuração de subcontratações ou de subdelegações; e

VIII – assegurar a prestação concomitante dos serviços de abastecimento de água e de esgotamento sanitário.

Nesse processo de instituição das normas de referência, a ANA deve, dentre outros, realizar consultas e audiências públicas, de forma a garantir a transparência e a publicidade dos atos, bem como possibilitar a análise de impacto regulatório das normas propostas.

Desta forma, é assegurada a publicidade aos relatórios, estudos, decisões e instrumentos equivalentes que se refiram à regulação ou à fiscalização dos serviços, bem como aos direitos e deveres dos usuários e prestadores, a eles podendo ter acesso qualquer do povo, independentemente da existência de interesse direto.

Segundo a Lei, esse acesso informacional pode se efetivar, preferencialmente, por meio de sítio mantido na rede mundial de computadores – internet.

Ainda dentro do princípio da transparência contemplado para a atividade regulatória, é garantido aos usuários amplo acesso a informações sobre os serviços prestados; o direito ao prévio conhecimento dos seus direitos e deveres e das penalidades a que podem estar sujeitos; o acesso a manual de prestação do serviço e de atendimento ao usuário, elaborado pelo prestador e aprovado pela respectiva entidade de regulação; o acesso a relatório periódico sobre a qualidade da prestação dos serviços.

3.6.4.2. Transparência e controle social da ANA como fundamentais ao modelo republicano nos termos de Habermas

Verifica-se que a Lei determina à ANA transparência dos seus atos e que sobre eles haja o controle social (art. 47 Lei 11.447/07), que pode se dar através de consultas públicas, audiências públicas ou colegiados.

O modelo republicano predominante de democracia representativa, em que o poder legislativo é o representante da soberania do povo não se mostra suficiente para a legitimidade dos atos administrativos e legais, porquanto as eleições dos membros dos poderes se faz pela maioria, o que deixa de fora a minoria do povo brasileiro que, entretanto, não pode ter seus direitos fundamentais ignorados ou não considerados.

Além disso, Habermas aponta outro problema mais amplo:

> Há evidências que o sistema administrativo só pode operar num espaço muito estreito; parece que ele age mais no nível reativo de uma política que tenta contornar crises do que uma política que planeja. No lado *output*, o "Estado ativo" logo atinge os limites de sua capacidade de regulação, porque sistemas funcionais e grandes organizações se subtraem a intervenções diretas. No lado *input*, o espaço de iniciativa do governo e dos partidos é limitado, além disso, através da imprevisibilidade, tanto dos eleitores esclarecidos, como dos que são mobilizáveis populisticamente, cujos laços com os partidos são cada vez mais frouxos. Com o azedamento da política, os partidos estabelecidos têm que temer pela perda de legitimação provocada pelas vozes de protesto e pelos que não são eleitores. Déficits de legitimação e de regulação favorecem uma espécie de incrementalismo muito próxima do quietismo.[390]

Portanto, não obstante a Constituição Republicana consagre os princípios da impessoalidade, publicidade e moralidade, no seu art. 37, que impõem transparência à atividade pública, como medida de prestação de contas à sociedade por parte do Estado e das concessionárias, sabe-se

[390] Habermas. *Direito e Democracia...*, *op. cit.*, p. 61.

também que um dos problemas mais sérios das agências reguladoras é que são cooptadas, ou seja, dificilmente resistem às pressões da administração, do controle político e do setor regulado, mesmo porque o setor possui o domínio técnico da atividade que exerce e paga melhores salários ao seu corpo técnico que a iniciativa pública.

A ausência de controle adequado gera frequentemente o abuso do poder econômico, trazendo imensos prejuízos financeiros à sociedade e ao Estado brasileiro, além de perda no serviço prestado.

A prática do abuso do poder econômico se configura em auferir lucros altos, deixando de repassar para a população os benéficos gerados pela atividade econômica, seja pelo não cumprimento correto das suas obrigações *stricto sensu* seja porque não investe adequadamente em melhorias do serviço ou do bem que oferece ou ainda quando cobra tarifas desarrazoáveis pela prestação que impedem o acesso a bem e serviço fundamentais à dignidade humana, ferindo o dever de promover cidadania.

Esse desrespeito aos ditames da ordem econômica nacional, fundada no art. 170 da Constituição, compromete o bem estar da sociedade para o qual a atividade econômica se presta – desenvolvimento econômico e social.

Quando se verificam as abusividades, o consumidor é sobrecarregado com o aumento das tarifas, tem a agência reguladora papel primordial na defesa do consumidor, como um contrapeso imposto pela própria ordem econômica constitucional (art. 170, V, CRFB), do qual a função regulatória serve como balança (arts. 173 e 174, CRFB).

A responsabilidade, pela falta de cumprimento das obrigações, demanda um processo judicial longo, com todo o procedimento que lhe é próprio, em que aqueles danos só aumentam, ao passo que os lucros empresariais se reproduzem com o capital aplicado/ investido até a decisão definitiva do processo.

O modelo da prevenção, ou seja, fazer um controle prévio das atividades empresariais e respectiva fiscalização por parte do povo constitui uma forma de minorar a possibilidade desses desvios, sendo ainda um modo de exercício de participação democrática mais próxima e efetiva do povo brasileiro.

Voltando à insuficiência do modelo representativo de democracia, Habermas, ao tratar da esfera pública e seu poder de modificação política, critica que "os partidos políticos deveriam participar na formação da opinião e da vontade do público, assumindo a perspectiva própria deste público, ao invés de tentar influir no público para manter seu poder político, visando apenas extrair da esfera pública a lealdade das massas"[391].

Habermas constrói a teoria discursiva a se desenvolver na esfera pública e cuja sociedade civil possa ativamente influenciar nas decisões do Estado de modo que não sejam meramente passivas nas suas prestações, mas de fato produtoras das prestações de que necessita.

O saneamento básico, cujo bem e serviço em questão, são vitais demandam uma participação popular bastante ativa, não apenas como fundamental ao alcance efetivo dos direitos relacionados, mas também como necessário ao controle do poder econômico através do que paga-a tarifa, sendo o consumidor o maior interessado, mesmo porque o princípio da solidariedade demanda que o particular participe da universalização.

Assim, é princípio fundamental do direito ao saneamento básico o controle social, sendo mesmo condição de validade do contrato, nos termos da Lei 11.446/2007, cuja tarifa é uma das suas prestações (obrigação do usuário/consumidor).[392]

Como se vê, o controle social deve ocorrer antes mesmo da concessão, no entanto a tarifa cuja atribuição parte da agência reguladora deve também estar sujeita à participação popular.

3.6.4.3. Agências reguladoras, saneamento básico e formação de preço

No início do novo século, o projeto de privatizações continua a avançar em diversos setores e países, o saneamento por se tratar de um direito fundamental material há uma preocupação maior, a própria formação do preço depende de uma regulação eficaz, sob pena de ou se excluir grande parte de uma população, ou uma parte da população custear para as demais com valores excessivos.

[391] HABERMAS, Jürgen. *Direito e Democracia entre facticidade e validade, op. cit.* p. 112-113.

[392] Nos termos do art. 2º, "os serviços públicos de saneamento básico serão prestados com base nos seguintes princípios fundamentais: ... X – controle social.

Também o art. 3º prevê que "para fins do disposto nesta Lei, considera-se: ... IV – controle social: conjunto de mecanismos e procedimentos que garantem à sociedade informações, representações técnicas e participação nos processos de formulação de políticas, de planejamento e de avaliação relacionados com os serviços públicos de saneamento básico.

Por fim, o art. 11 estabelece que: "são condições de validade dos contratos que tenham por objeto a prestação de serviços públicos de saneamento básico:...IV – a realização prévia de audiência e de consulta públicas sobre o edital de licitação, no caso de concessão, e sobre a minuta do contrato."

Um grande desafio é estabelecer a importância de uma agência reguladora que atue de forma independente e com isso atrair investimentos privados no setor do saneamento básico, contudo ainda não há um delineamento eficaz para uma governança no desenvolvimento de um saneamento universal.

Para qualquer política de governo é necessário se estabelecer alicerces, isto é, princípios norteadores, e no setor de formação de preços seria uma fundação de qualquer política pública de governo.

Portanto, o elemento de conexão principiológica deve inicialmente garantir o mínimo existencial, as necessidades básicas da população como água potável e saneamento; a redução das desigualdades sociais poderá ser através de incentivos públicos de modo a buscar parcerias públicos e privada, neste caso a atuação e controle das agências reguladoras é fundamental.

Portanto, a tarifa a ser cobrada deve ser proporcional e progressiva às necessidades básicas das pessoas.

Além disso, um elemento fundamental a ser considerado é o crescimento populacional, o investimento de médio e longo prazo deve buscar dados para que possa ser antecipado esse problema, portanto, além de considerar o presente, o investimento deve ser prospectivo, e contínuo.

Constata-se que não será eficiente a política de saneamento que não tiver como prioridade também o crescimento populacional.

Para buscar soluções e encontrar um modelo funcional, uma agência reguladora dotada de autonomia, tanto no aspecto formal, substantivo e normativo, deve atuar com a aproximação de um modelo que possa minorar os riscos para o investimento privado em consonância com a proteção do mínimo existencial.

Para que essa agência seja autônoma, o processo regulatório deverá não sofrer influências externas, seja em nível governamental, ou das próprias empresas privadas.

Sem que com isso possa representar um distanciamento da população usuária, para que possa ter dignidade.

Portanto, essa autonomia da agência reguladora não pode estar distante da pessoa humana, no seu próprio projeto estrutural deve conter normas que venham servir de garantia da pessoa humana o acesso à água e ao saneamento, para que a precificação seja primeiramente regulada por esse princípio.

Observa-se que o crescimento populacional não veio acompanhado de políticas públicas e pode-se afirmar que a água potável e o saneamento estão entre as maiores deficiências, mesmo cobrando preços públicos, o Estado não conseguiu suprir essa necessidade de grande parte da população, afinal o crescimento desordenado criou muros altos para que essa camada da sociedade não consiga ter acesso a água e saneamento.

Uma coisa é certa, a formação de preços tarifários é um elemento essencial de controle e as agências regulatórias devem ser protagonistas nesse setor, atuando no tripé: sociedade-empresas-regulação, não por acaso a sociedade seria o ápice desse vértice, como acima explicitado, a dignidade da pessoa humana deve ser o primeiro critério, portanto, proporcional e progressivo.

Não podendo deixar de considerar como fornecimento eficiente de água e saneamento a qualidade e quantidade, portanto, também são elementos formadores do preço.

Observa-se, portanto, que, para manter o fornecimento de água e saneamento de forma contínua, os investimentos na tecnologia são altos, não só para manter a qualidade da água, mas também na manutenção e criação de estações de tratamento, para que os resíduos sólidos não sejam despejados *in natura* nos rios e mares, tornando assim, de forma prospectiva um menor custo futuro de potabilidade de água e continuação de um saneamento tratado.

Neste diapasão, costuma-se afirmar que uma decisão técnica deve preponderar, porém o mínimo existencial deve ser o ponto de partida ao desenvolvimento técnico, afinal, a função social da empresa deve, portanto, ter esse início.

Ainda que fosse um elemento facilitador para atrair o investimento do setor privado, os problemas sociais seriam inevitáveis, e, portanto, aumentariam os riscos do investido, ao passo que um desenvolvimento racional e justo abarcaria muito mais pessoas e com isso o retorno seria mais seguro, minorando a possibilidade de expropriação ou qualquer outra forma de intervenção de direitos, apesar de a amortização ser um pouco mais lenta.

Além disso, funcionando em consonância com diversos setores da sociedade, outros órgãos de controle, seja no aspecto concorrencial como o Conselho Administrativo de Defesa Econômica (CADE) ou mesmo o Ministério Público, ou até o Judiciário, o mais importante é que haja uma responsabilização dos gestores para que possa todo esse sistema funcionar.

Qualquer formação de preço deve passar por constantes avaliações através de auditorias, não só da agência reguladora, mas cruzando dados com os órgãos de controle governamental, de modo a tornar transparente ao consumidor o quanto está a ser cobrado, sem muitas complexidades na sua formação, de modo a aprimorar a sua cobrança pela prestação de serviços.

Destaca-se que a escolha de quem compõe as agências reguladoras deveria ser eminentemente pelo critério técnico, senão haverá de alguma forma uma interferência nociva na sua composição. Além, da autonomia financeira já lhe conferir uma maior independência de ação.

A eficácia de uma agência reguladora depende, portanto, do fortalecimento das instituições de um Estado e com isso ter-se-á como resultado uma agência com autonomia suficiente para regular de forma eficiente.

Destarte, um desenho tarifário para ser eficaz e justo deve estar atrelado ao princípio da proporcionalidade, da progressividade, do mínimo existencial e uma autonomia das agências reguladoras.

A formação do preço não pode somente estar atrelada ao mercado e recomposição patrimonial da empresa investidora, tudo isso é importante para atrair o investimento, contudo, a função social da empresa direciona para uma tarifa justa, como já dito, garantirá dessa forma maior segurança jurídica.

Há um elemento humano no desenho tarifário, este será complementado com a participação popular, de modo que esses agentes técnicos possam apresentar suas propostas e debaterem o seu resultado, e a função social da empresa também espelha a função social da tarifa, que aqui se descreve como o elemento humano na sua composição.

Constata-se, portanto, que a aplicação do elemento humano tarifário vai garantir aos investidores uma maior segurança jurídica àquilo que foi investido, sem que com isso haja a perda da eficiência técnica, apenas estaria se desenhando um ponto de partida – mínimo existencial.

Dessa forma, o organograma institucional de uma agência reguladora deve ser de agentes técnicos, mas a formação das tarifas deve partir do mínimo existencial, portanto, a tarifa deve ser igual a técnica mais dignidade, uma não exclui a outra, se complementam.

Deve ser destacado que o investimento em infraestrutura no sistema de saneamento e potabilidade da água deve ser corroborado na aplicação do princípio da sustentabilidade, isto é, no binômio crescimento econômico e a preservação dos direitos humanos.

Neste sentido, as estações de tratamento assumem uma função essencial na prestação de serviços de forma eficiente e sustentável, não só para o abastecimento de água potável, mas a preservação ambiental, servindo ainda como consectário do princípio da solidariedade entre gerações, a proteção ao meio ambiente prospectiva.

Por tudo isso, as agências reguladoras exercem protagonismo na gestão da água e do saneamento juntamente com os pagadores das tarifas que estão no final da cadeia econômica e que sofrem todos os impactos financeiros, econômicos e dos serviços.

Além disso, a utilização racional da água, sem desperdício, o descarte consciente (lixo), também servem de forma premente como trabalho de gestão comunicativa, no sentido de informação à população como forma de minorar os danos ambientais.

Aliás, cabe à ANA declarar a situação crítica de escassez quantitativa ou qualitativa de recursos hídricos e estabelecer e fiscalizar o cumprimento de regras de uso da água, a fim de assegurar os usos múltiplos durante a vigência da declaração dessa situação crítica.

Salienta-se que o investimento em infraestrutura repercute no preço tarifário, contudo os efeitos são prospectivos, afinal as gerações posteriores poderão ter acesso a um meio ambiente mais saudável, por conseguinte o saneamento básico poderá evitar uma série de doenças causadas pela sua falta.

Chama-se a atenção que o direito à água é um direito fundamental, mas finito, e sua utilização tanto pode ser no seu consumo feito diretamente pelos usuários, mas também usado no setor agrícola e industrial.

Já no saneamento se utiliza da água corrente para o transporte e manutenção dos resíduos sólidos, portanto, as estações de tratamento garantem os rios e mares menos afetados por essa poluição e, essa mesma água poderá ser aproveitada e tornada potável.

Portanto, toda essa ciranda dos ciclos da água, seja sua extração na fonte, ou o seu tratamento formam uma máxima utilização, combinada com o combate ao desperdício, precisam de infraestrutura e investimentos constantes, principalmente considerando que as populações continuam a crescer, sobretudo nos países em desenvolvimento, como é exemplo o Brasil.

A complexidade constante, em todas as fases de utilização da água, precisa de uma normatização que entenda e atenda essas necessidades, além, de uma gestão que seja sustentável, nisso a participação da Sociedade-

-Estado-Agências deve funcionar de forma indissolúvel e sustentável, pois se assim não o fizerem uma grande parte das pessoas ficarão (já ficam) sem acesso, portanto, a sua utilização plena será privilégio de poucos.

A redução das desigualdades perpassa pela acessibilidade à água potável e ao saneamento, portanto, o combate à situação de extrema pobreza, a saúde pública e o meio ambiente saudável, tudo isso é oriundo de uma política sustentável da utilização racional da água, e o saneamento figura como elemento essencial dentro de todo esse ciclo, tendo como grande resultado a existência digna.

3.6.4.4. Desigualdades regionais e agências reguladoras

Desde o início do processo de desestatização, foram criadas muitas agências reguladoras. Existem agências reguladoras no setor de saneamento no âmbito municipal, intermunicipal, distrital e estadual.[393]

Todavia, não há uma integração entre as administrações dessas agências reguladoras e, acrescente-se, que não há um cadastro nacional de todas as agências reguladoras que atuam nas suas esferas, sequer um controle dos resultados obtidos por elas.

Os órgãos de controle para serem eficazes deve haver uma autonomia, mas também uma integração entre eles e como constitucionalmente não há um dispositivo expresso estabelecendo a obrigatoriedade dessa integração, os controles acabam por serem isolados, às vezes conjuntamente, contudo, sem essa integração a política de saneamento resta por prejudicada.

Essa integração deve ocorrer nas esferas federativas, assim como com os órgãos de controle interno do executivo.

Isso repercute na política tarifária no setor do saneamento, pois, para que haja uma discussão ampla com os diversos setores da sociedade, é necessária uma integração entre as agências, não só para cruzar informações e trocar experiências, mas também para a participação com a sociedade em geral ser transparente e ampla.

Dessa forma, o resultado será o estabelecimento a tarifa justa de acordo com a região do país.

[393] Existem oitenta e oito agências catalogadas pela Agência Nacional das Águas. Conforme Agência Nacional de Águas e Saneamento Básico. Disponível em:https://www.gov.br/ana/pt-br/assuntos/saneamento-basico/agencias-infranacionais
Capturado em: 20 de Maio de 2023.

A redução das desigualdades sociais, além da capacidade econômica dos usuários, servem de régua para ponderar a tarifa justa e proporcional, portanto, o elemento basilar para quantificar as tarifas.

O princípio da universalização do saneamento deve perpassar pela integração administrativa entre as agências reguladoras, bem como sua participação com outros órgãos de controle.

A Agência Nacional das Águas deve funcionar como elemento centralizador dessas agências, sem retirar-lhes essa autonomia, mas estabelecendo orientações uniformizadoras, que são as normas de referência.

Com isso haverá maior segurança jurídica na formação tarifária, não só para o usuário do serviço de saneamento, mas por parte das empresas privadas que estiverem prestando esse serviço essencial.

Portanto, o primeiro passo para se ter uma política nacional de saneamento é haver uma integração entre os órgãos de controle. O espelho dessa falta de política nacional de água e saneamento acaba por incentivar a maior litigiosidade do usuário contra o fornecedor, seja ele prestado pelo Estado, ou por estatal ou mesmo pela iniciativa privada, pois, como cada age isoladamente e desconsiderando os fatores nacionais que influenciam suas atuações, e, ainda, órgãos de fiscalizações desintegrados.

Verifica-se que a dimensão dessa barafunda que compõe a teia das agências reguladoras do saneamento nas dimensões federativas exigiu atualização da Lei que trata da criação da Agência Nacional das Águas (Lei nº 9.984/2000) pela Lei 14.026/2020, com algumas alterações bem evidentes e necessárias.

Para regulação tarifária do serviço público de saneamento estabeleceu como princípios norteadores com o objetivo de universalizar o acesso ao saneamento básico, o princípio da utilização racional da água e desenvolvimento sustentável.[394]

O desperdício da água é dos grandes desafios e que influencia diretamente no estabelecimento da tarifa, pois, os altos custos para potabilidade da água e limpeza e drenagem de rios e mares não dão espaços ao desperdício de tão precioso bem da vida, e impacta na formação tarifária, na medida em que aumentam a necessidade de extração de água.

Assim como o investimento na área do saneamento básico exige cada vez mais recursos, a pesquisa em tecnologia pode ser a forma do encontro do desenvolvimento econômico e a evitar a degradação ambiental.

[394] Art. 4º – A, §1º, II, da Lei nº 9.984/2000.

Portanto, o binômio utilização racional e desenvolvimento sustentável exige medidas de âmbito nacional para que possa de fato universalizar o serviço público do saneamento.

Mas esse dispositivo não pode ser meramente programático, deve ser vinculante a qualquer espécie normativa que venha a ser criado em qualquer esfera estatal, pois, são princípios fundacionais do desenvolvimento do saneamento.

O serviço público prestado de forma adequada passa por uma regulação tarifária progressiva, proporcional e justa.

As normas de referência que regularem o saneamento básico não conseguirão a eficiência necessária sem a cooperação não só entre os entes federativos[395], mas também os próprios órgãos de controle, afinal, estes últimos gozam de autonomia, mas compõem de um corpo técnico que podem dar o suporte que apresentar a discussão a formação tarifária, e, como se disse, podem cruzar informações e tecnologias de modo a estabelecer um critério mais justo tarifário.

Ao dispor que a ANA é que deve estabelecer as tarifas, deixou de considerar as agências estaduais, municipais e distritais que também possuiriam essa função.

Interessante notar que a cooperação com entes federativos "a fim de buscar a universalização dos serviços e a modicidade tarifária"[396] seria muito mais ampla do que inicialmente parece, afinal deve-se formar uma teia de cooperação também com as agências dos outros entes da federação.

3.6.4.5. Princípio da concorrência e a tarifa

A aplicação do princípio da concorrência é considerada pela lei um fator importante para o desenvolvimento, entretanto não há como deixar de se levar em consideração a cadeia que envolve desde a potabilidade da água ao tratamento do resíduo sólido, o que não permite a participação de muitas empresas concorrentes, uma cadeia depende da outra.

A fragmentação da prestação de serviços de saneamento por região não resolve o problema concorrencial.

O certame exigido que ocorra a concessão do serviço público do saneamento pode estimulara competição entre os participantes, contudo o

[395] Art. 4º-A, § 3º, III da Lei 9.984/2000.

[396] Art. 4º – A, § 3º, III da Lei 9.984/2000.

resultado não permite, por ser inerente a esse tipo de prestação de serviços, muitos concorrentes, na maioria das vezes ocorre o monopólio.

Portanto, não será em razão da concorrência que haverá uma influência dos valores tarifários.

A competição antecedente, ocorrida na fase licitatória, pode permitir o maior investimento em infraestrutura, contudo um controle rígido e cooperativo será o diferencial para a participação popular na configuração tarifária.

Porquanto, a continuidade da prestação de serviço de saneamento depende eminentemente da tarifa cobrada, em outras palavras, a fonte de receita não só para manutenção dos serviços, mas, no caso da iniciativa privada, o lucro.

CAPÍTULO 4
EQUAÇÃO TARIFÁRIA: ESTADO REGULADOR E DEMOCRACIA PARTICIPATIVA

4.1. O estado regulador e a política tarifária no setor do saneamento básico

Observou-se ao longo da atual pesquisa que o setor do saneamento básico demanda, para os fins do presente capítulo, o enfrentamento dos seguintes desafios: a) relacionados às limitações da água em razão da mudança climática que de um lado causa escassez hídrica e de outro exige melhor administração do uso racional e das perdas d'água com objetivo ao desenvolvimento sustentável do meio ambiente; b) a universalização estabelecida como meta pelo Marco Regulatório de até 2033 dar acesso à água potável a 99% da população brasileira e esgotamento sanitário a 90% como bem e serviço públicos essenciais à vida e à dignidade humana; c) os investimentos necessários para se alcançar essa meta em infraestrutura, tecnologia, *know-how*; d) o crescimento populacional; e) a desestatização, nomeadamente por meio de concessões, como caminho mais adequado para a universalização, inobstante os fracassos experimentados em outros países que acabaram por reestatizar essa atividade econômica; f) as peculiaridades regionais e desigualdades sociais e g) a edição de normas de referência por parte da Agência de Águas e Saneamento Básico como uniformizadora da atividade regulatória.

Regular a tarifa – sua fixação, revisão e reajuste – diante de todos esses desafios aumenta a responsabilidade da atividade regulatória, mas, sobretudo, passa a exigir um novo perfil, de maior transparência e maior controle social, haja vista as falhas e as necessidades que se apresentam.

De fato, a Constituição da República, preferiu, com raras exceções, a exploração da atividade econômica pela iniciativa privada.[397]

No entanto, isso não significa que o direito de propriedade (privada) seja exercido sem limites. A uma porque o bem e o serviço à disposição permanecem sob a titularidade do Poder Público, de interesse público – sendo então serviço público e essencial, cabendo apenas à iniciativa privada a sua exploração, a duas porque é a mesma Constituição que, seja na ordem econômica seja nos direitos fundamentais, estabelece como limite a função social da propriedade em concomitância com a defesa do meio ambiente, do consumidor, dentre outros direitos igualmente fundamentais.

Nesse sentido, cria o Estado Regulador, cujo art. 174 dispõe que como agente normativo e regulador da atividade econômica, o Estado exercerá, na forma da lei, as funções de fiscalização, incentivo e planejamento, sendo este determinante para o setor público e indicativo para o setor privado.

Sendo a regulação estatal uma forma de intervenção do Estado no comportamento econômico das empresas privadas[398], haja vista o interesse público.

Saddy explica que:

> A regulação estatal, assim, nada mais é que a restrição intencional da eleição por meio de atos imperativos, incitativos ou indicativos para realizar finalidades públicas, isto é, resultados que possam beneficiar toda a coletividade.[399]

O Estado Regulador visa, destarte, uma maior eficiência no âmbito econômico e social. Nomeadamente quanto ao setor do saneamento, viu-se a necessidade de investimentos vultosos para se alcançar a meta da universalização e lidar com os desafios ambientais permanentes.[400/401]

[397] Trata-se do art. 173 da Constituição da República: "Ressalvados os casos previstos nesta Constituição, a exploração direta de atividade econômica pelo Estado só será permitida quando necessária aos imperativos da segurança nacional ou a relevante interesse coletivo, conforme definidos em lei."

[398] SADDY, André. *Regulação Estatal, Autorregulação Privada e Códigos de Conduta e Boas Práticas.* Rio de Janeiro, CEEJ, 2020, p. 48.

[399] SADDY, *op. cit.*, p. 54-55.

[400] Desta forma, o art. 9º, II, da Lei 11.445/07, prevê que: "Cabe ao titular do serviço público prestar diretamente os serviços, ou conceder a prestação deles, e definir, em ambos os casos, a entidade responsável pela regulação e fiscalização da prestação dos serviços públicos de saneamento básico."

Não obstante, é preciso considerar o ambiente regulatório heterogêneo existente no país, que gera insegurança jurídica e risco regulatório incompatível com a capacidade de gestão dos prestadores, o que acaba por criar obstáculo ao ingresso de potenciais investidores.[402]

Além disso, a maioria das regiões é dotada de um quadro de baixa capacidade institucional das entidades reguladoras e fiscalizadoras dos serviços de saneamento diante dos desafios que se apresentam no setor.[403]

A atividade regulatória tem por finalidade, então, promover segurança jurídica e mais atratividade de investimentos ao setor de saneamento por meio de contratos consistentes e o mais completo possível, reduzindo custos transacionais, inclusive regulatórios.

Mas não só. Como a atividade regulatória tem por finalidade e razão de ser o interesse público, esse é o seu foco principal, sem, porém, fingir esquecimento do lucro que é o que almeja a empresa privada.

Em se tratando de bem essencial à vida e serviço indispensável à dignidade humana, que é o setor do saneamento básico, a atividade regulatória exerce uma função ainda mais relevante.

Acrescenta-se o monopólio natural a que está sujeita essa atividade econômica, o que torna o princípio da livre concorrência, que é limitador da propriedade privada e da livre iniciativa, e que visa também a proteção do consumidor, bastante atenuado e restrito à fase licitatória.

Agrava-se o fato de que o setor privado geralmente possui maior domínio técnico do setor, e também a influência política que sofrem os agentes reguladores, produzindo rotatividade na administração pública.

O usuário, por sua vez, fica nas mãos desse cenário, como mero pagador de tarifas, que suporta tanto esse quadro quanto quaisquer oscilações financeiras e econômicas.

Não sabe os custos, os investimentos, os tributos (se houver), tampouco a margem de lucro que paga e é no lucro que estão os riscos para a exorbitância de uma tarifa quando nas mãos da iniciativa privada.

[401] Ainda, o art. 23, § 1º da Lei 11.445/07, dispõe que: "A regulação da prestação dos serviços públicos de saneamento básico poderá ser delegada pelos titulares a qualquer entidade reguladora, e o ato de delegação explicitará a forma de atuação e a abrangência das atividades a serem desempenhadas pelas partes envolvidas."

[402] Problema apontado no Formulário para inscrição de tema na Agência Regulatória da ANA. Documento nº: 02500.041560/2020. Datado de 27 de Agosto de 2020.

[403] *Idem.*

Desta forma, como apontado por Giddens, já destacado no primeiro capítulo, o Estado deve desempenhar também um papel facilitador – e não apenas regulador –, cuja função primordial seja acionar uma diversidade de grupos para que eles cheguem a soluções de problemas coletivos, sendo que muitos desses grupos atuarão de baixo para cima.[404]

4.1.1. Análise de Impacto Regulatório

A Lei da Liberdade Econômica – Lei 13.874/19 (art. 5º) e a Lei sobre a gestão, organização, o processo decisório e controle social das agências reguladoras – Lei 13.848/19 (art. 6º) trazem à baila a Análise de Impacto Regulatório (AIR), que é um procedimento de análise prévia à edição de atos normativos, baseado em evidências, dados e informações que busca avaliar, a partir da definição de um problema regulatório, os possíveis impactos das alternativas de ação disponíveis para o alcance dos objetivos pretendidos.[405]

[404] Giddens, *op. cit.*, p. 37.

[405] De acordo com o art. 6º do Decreto 10.411/20, a AIR será concluída por meio de relatório que contenha:
I – sumário executivo objetivo e conciso, que deverá empregar linguagem simples e acessível ao público em geral;
II – identificação do problema regulatório que se pretende solucionar, com a apresentação de suas causas e sua extensão;
III – identificação dos agentes econômicos, dos usuários dos serviços prestados e dos demais afetados pelo problema regulatório identificado;
IV – identificação da fundamentação legal que ampara a ação do órgão ou da entidade quanto ao problema regulatório identificado;
V – definição dos objetivos a serem alcançados;
VI – descrição das alternativas possíveis ao enfrentamento do problema regulatório identificado, consideradas as opções de não ação, de soluções normativas e de, sempre que possível, soluções não normativas;
VII – exposição dos possíveis impactos das alternativas identificadas, inclusive quanto aos seus custos regulatórios;
VII-A – os impactos sobre as microempresas e as empresas de pequeno porte;
VIII – considerações referentes às informações e às manifestações recebidas para a AIR em eventuais processos de participação social ou de outros processos de recebimento de subsídios de interessados na matéria em análise;
IX - mapeamento da experiência internacional quanto às medidas adotadas para a resolução do problema regulatório identificado;
X – identificação e definição dos efeitos e riscos decorrentes da edição, da alteração ou da revogação do ato normativo;
XI – comparação das alternativas consideradas para a resolução do problema regulatório identificado, acompanhada de análise fundamentada que contenha a metodologia específica

Consoante o art. 2º do Decreto nº 10.411/20, que regulamenta a AIR, considera-se:

> II – ato normativo de baixo impacto – aquele que:
> a) não provoque aumento expressivo de custos para os agentes econômicos ou para os usuários dos serviços prestados;
> b) não provoque aumento expressivo de despesa orçamentária ou financeira; e
> c) não repercuta de forma substancial nas políticas públicas de saúde, de segurança, ambientais, econômicas ou sociais.

Por sua vez, o art. 8º do Decreto sobre AIR dispõe que o relatório de AIR poderá ser objeto de participação social específica realizada antes da decisão sobre a melhor alternativa para enfrentar o problema regulatório identificado e antes da elaboração de eventual minuta de ato normativo a ser editado.

Outrossim, nos termos do art. 9º do referido Decreto, na hipótese de o órgão ou a entidade competente optar, após a conclusão da AIR, pela edição, alteração ou revogação de ato normativo para enfrentamento do problema regulatório identificado, o texto preliminar da proposta de ato normativo poderá ser objeto de consulta pública ou de consulta aos segmentos sociais diretamente afetados pela norma, sendo obrigatória essa consulta, previamente à tomada de decisão pelo conselho diretor ou pela diretoria colegiada, as minutas e as propostas de alteração de atos normativos de interesse geral dos agentes econômicos, consumidores ou usuários dos serviços prestados (art. 9º, caput, da Lei 13.848/19).

No setor do saneamento básico foram realizadas, dentro da Agenda Regulatória 2020-2021, quinze AIR.

4.1.2. ANA e regulação tarifária

A Lei 9.984/00, com a redação dada pela Lei 14.026/20 (atualizadora do Marco Legal do Saneamento Básico), que dispõe sobre a criação da Agência

escolhida para o caso concreto e a alternativa ou a combinação de alternativas sugerida, considerada mais adequada à resolução do problema regulatório e ao alcance dos objetivos pretendidos; e
XII – descrição da estratégia para implementação da alternativa sugerida, acompanhada das formas de monitoramento e de avaliação a serem adotadas e, quando couber, avaliação quanto à necessidade de alteração ou de revogação de normas vigentes.

Nacional de Águas e Saneamento Básico (ANA), responsável pela instituição de normas de referência para a regulação dos serviços públicos de saneamento básico, no seu art. 4º-A, estabelece que:

> § 1º Caberá à ANA estabelecer normas de referência sobre:
>
> I – padrões de qualidade e eficiência na prestação, na manutenção e na operação dos sistemas de saneamento básico;
>
> II – regulação tarifária dos serviços públicos de saneamento básico, com vistas a promover a prestação adequada, o uso racional de recursos naturais, o equilíbrio econômico-financeiro e a universalização do acesso ao saneamento básico;
>
> III – padronização dos instrumentos negociais de prestação de serviços públicos de saneamento básico firmados entre o titular do serviço público e o delegatário, os quais contemplarão metas de qualidade, eficiência e ampliação da cobertura dos serviços, bem como especificação da matriz de riscos e dos mecanismos de manutenção do equilíbrio econômico-financeiro das atividades;
>
> IV – metas de universalização dos serviços públicos de saneamento básico para concessões que considerem, entre outras condições, o nível de cobertura de serviço existente, a viabilidade econômico-financeira da expansão da prestação do serviço e o número de Municípios atendidos;
>
> V – critérios para a contabilidade regulatória;
>
> VI – redução progressiva e controle da perda de água;
>
> VII – metodologia de cálculo de indenizações devidas em razão dos investimentos realizados e ainda não amortizados ou depreciados;
>
> VIII – governança das entidades reguladoras, conforme princípios estabelecidos no art. 21 da Lei nº 11.445, de 5 de janeiro de 2007;
>
> IX – reúso dos efluentes sanitários tratados, em conformidade com as normas ambientais e de saúde pública;
>
> X – parâmetros para determinação de caducidade na prestação dos serviços públicos de saneamento básico;
>
> XI – normas e metas de substituição do sistema unitário pelo sistema separador absoluto de tratamento de efluentes;
>
> XII – sistema de avaliação do cumprimento de metas de ampliação e universalização da cobertura dos serviços públicos de saneamento básico;
>
> XIII – conteúdo mínimo para a prestação universalizada e para a sustentabilidade econômico-financeira dos serviços públicos de saneamento básico.

Como se pode verificar, todo esse conteúdo para edição de normas de referência de atribuição da ANA impactam na tarifa, embora seja a regulação tarifária uma norma específica e autônoma.

As normas de referência explicitadas no aludido artigo têm em conta a sustentabilidade ambiental, social e econômica da atividade do saneamento básico, cujos custos naturalmente serão suportados pelo destinatário final dessa cadeia econômica, isto é, o consumidor, para quem esse serviço público é essencial à vida e à saúde, a salvo os subsídios prestados pelo Estado que de outro lado são suportados pelos contribuintes quando pagam seus tributos.

4.2. Formação tarifária

Inicialmente, cumpre-se esclarecer os conceitos da tarifa.

A tarifa é receita originária empresarial, proveniente da intervenção do Estado, por meio dos seus associados, permissionários ou concessionários, na atividade econômica.[406/407]

[406] PÊGAS, Paulo Henrique. *Manual de Contabilidade Tributária*. São Paulo: Atlas, 2022, p. 35.

[407] Tarifa não se confunde com preço público tampouco com taxa. A delegabilidade eleita pelo Constituinte Originário (art. 175, III, CRFB) e pela Lei do Saneamento Básico que informa o novo marco regulatório do setor, ou seja, a transferência do serviço público de saneamento básico a particulares exclui o regime tributário das taxas, pois o s tributos (dentre eles, a taxa) é de competência exclusiva e direta do Estado. Se o Estado decide prestar diretamente o serviço, pode-se indagar o caráter tributário (taxa) ou não (tarifa) do serviço público. Ainda assim, restaria indagar se o serviço é obrigatório ou facultativo, sendo o primeiro caso um identificador da contraprestação (inafastável) tributária como manifestação da soberania estatal, ao passo que sendo facultativo adota-se o regime tarifário.
Como salienta CÂMARA, "não há um critério essencialista que imponha um regime ou outro (tributário-taxa ou tarifário). A constatação da forma de remuneração que tal serviço comporta depende, entre outras coisas, do regime jurídico (ou seja, de aspecto formal) a ele aplicável, pois é o regime jurídico que define se haverá, ou não, obrigatoriedade." (CÂMARA, Jacintho Arruda. *Tarifa nas Concessões*. São Paulo: Melhoramentos, 2009, p. 43).
A taxa, por sua vez, "é definível como prestação que o Estado impõe a fim de buscar uma receita em estrita correlação ao implemento de funções públicas que dizem respeito especificamente ao obrigado numa situação de escambo de utilidade.' (TESAURO, Francesco. *Instituições de Direito Tributário*. São Paulo: Instituto Brasileiro de Direito Tributário, 2017, p. 22, nota de rodapé 11).
No entanto, já se discutiu no Supremo Tribunal Federal a natureza jurídica do pagamento pelo serviço de saneamento básico (RE 54.194, julg. 25/3/1965 e RE 54.491, julg. 3/5/1965), quando prevaleceu a posição que admitia a cobrança de tarifa nos serviços de água e esgoto.

Posteriormente, a Súmula 545 do Supremo Tribunal Federal, de 1969, estabeleceu que "preços de serviços públicos e taxas não se confundem, porque estas, diferentemente daqueles, são compulsórias e têm sua cobrança condicionada à prévia autorização orçamentária, em relação à lei que as instituiu."
No entanto, em 1980, no RE 89.876, julg. 4/9, por maioria, decidiu-se que o serviço público de limpeza pública para o qual se pagava tarifa era em verdade taxa uma vez que obrigatório, específico e divisível, declarando-se, assim, a inconstitucionalidade da cobrança daquele serviço mediante tarifa porque não condizente com o regime formal instituído pela Constituição para sua instituição.
Em 11/6/2002, no RE 201.630 AgR, aponta-se a aplicação do regime tarifário ao serviço de água e esgoto, cuja ementa *in verbis*: "Serviço de fornecimento de água. Adicional de tarifa. Legitimidade. Mostra-se coerente com a jurisprudência do Supremo Tribunal o despacho agravado, ao apontar que o ajuste de carga de natureza sazonal, aplicável aos fornecimentos de água pela CAESB, criado para fins de redução de consumo, tem caráter de contraprestação de serviço e não de tributo. Precedentes: ERE 54.491, RE 85.268, RE 77.77.162 e ADC 09. Agravo regimental desprovido."
Finalmente, no RE 518.256, Rel. Min. Luiz Fux, julgado em 15/12/2011, o Supremo Tribunal Federa entendeu que o serviço de saneamento básico está sujeito à tarifa, *in verbis*:
"PROVIDO. 1. A remuneração dos serviços de água e esgoto, prestados por concessionária de serviço público, é de tarifa ou preço público, consubstanciando, assim, contraprestação de caráter não-tributário, razão pela qual não se subsume ao regime jurídico tributário estabelecido para as taxas." (Precedentes: RE n. 447.536-ED, Relator o Ministro Carlos Velloso, Segunda Turma, DJ de 26.08.05; AI n. 516.402 – AgR, Relator o Ministro Gilmar Mendes, Segunda Turma, DJe de 21.11.08; RE n. 544.289-AgR, Relator o Ministro Ricardo Lewandowski, Primeira Turma, DJe de 19.06.09; AI n. 765.037, Relator o Ministro Dias Toffoli, DJe de 15.09.11; AI n. 765.696, Relator o Ministro Gilmar Mendes, DJe 07.10.11; RE n. 637.132, Relator o Ministro Marco Aurélio, DJe de 03.08.11; RE n. 509.167, Relator o Ministro Dias Toffoli, DJe de 28.04.11; AI n. 825.216, Relator o Ministro Ricardo Lewandowski, DJe de 14.04.11; RE n. 486.306, Relatora a Ministra Cármen Lúcia, DJe de 02.02.11, entre outros).
Sobre o assunto, ainda merecem destaque as seguintes ementas de acórdãos do Supremo Tribunal Federal:
"Segundo a jurisprudência firmada nessa Corte, o elemento nuclear para identificar e distinguir taxa e preço público é o da compulsoriedade, presente na primeira e ausente na segunda espécie, como faz certo, aliás, a Súmula 545: "Preços de serviços públicos e taxas não se confundem, porque estas, diferentemente daqueles, são compulsórias e têm sua cobrança condicionada à prévia autorização orçamentária, em relação à lei que as instituiu". Esse foi o critério para determinar, por exemplo, que o fornecimento de água é serviço remunerado por preço público (...). Em suma, no atual estágio normativo constitucional, o pedágio cobrado pela efetiva utilização de rodovias não tem natureza tributária, mas sim de preço público, não estando, consequentemente, sujeita ao princípio da legalidade estrita. 8. Ante o exposto, julgo improcedente o pedido formulado nesta ação direta de inconstitucionalidade."
(ADI 800, Rel. Min.Teori Zavascki, P, j. 11-6-2014, *DJE* 125 de 1º-7-2014).
"A Súmula 545 está atrelada às constituições precedentes que previam o princípio da anualidade, não repetido na Constituição de 1988. A facultatividade caracterizadora de tarifas ou

Como explica Pêgas,

> As tarifas são cobradas pelas empresas associadas, concessionárias ou permissionárias de serviços públicos federais, estaduais e municipais, para permitir a justa remuneração do capital, o melhoramento e a expansão dos serviços e assegurar o equilíbrio econômico e financeiro do contrato.[408]

De um modo geral, atribui-se à tarifa o pagamento voluntário em contrapartida a um serviço facultativo.[409]

No entanto, especialmente no caso do saneamento básico, a tarifa, que é paga pelo usuário do serviço, tem contornos peculiares dado o conjunto de direitos fundamentais que envolve, sendo essencial à vida e à saúde humanas.

Desta forma, a formação tarifária vai além da composição dos interesses entre usuários e prestadores de serviços públicos.

Como ressalta Câmara,

> O poder concedente, além de intermediar esta constante tensão de interesses, tem como atribuição instituir, por intermédio do regime jurídico tarifário, uma política pública para o serviço em questão.[410]

Principalmente porque o setor está sujeito ao monopólio natural, não sendo possível fisicamente e estruturalmente vários prestadores do serviço de saneamento básico em termos concorrenciais, como se viu nos Capítulos

de preços públicos é o regime jurídico à qual a exação está sujeita, isto é, se se trata de serviço público primário e de prestação obrigatória pelo Estado (ou exercício de poder de polícia, e.g., na forma de fiscalização), trata-se de tributo (cf., e.g., o AI 531.529 AgR, rel. min. Joaquim Barbosa, Segunda Turma, DJe de 07.10.2010 e o RE 181.475, rel. min. Carlos Velloso, Segunda Turma, DJ de 25.06.1999). Os próprios precedentes citados na inicial, sobre o Adicional de Tarifa Portuária – ATP, confirmam essa assertiva (a ATP foi caracterizada invariavelmente como tributo, ora da espécie contribuição de domínio econômico, ora como taxa)." (STA 710 MC,Rel. Min. Presidente Joaquim Barbosa, dec. monocrática, j. 31-5-2013, *DJE* 106 de 6-6-2013).
Para o Superior Tribunal de Justiça, a cobrança de serviços de água e esgoto também tem natureza tarifária. Conforme Súmula Anotada 412, as ações de repetição de indébito de tarifa de água e esgoto submetem-se ao prazo prescricional do Código Civil e não à prescrição qüinqüenal do Decreto 20.910/32(que prevê as dívidas passivas dos entes federados) pleiteada por alguns consumidores. (Julg. 25/11/2009).

408 PÊGAS, *op. cit.*, p. 32.

409 *Idem.*

410 CÂMARA, Jacintho Arruda. *Tarifa nas Concessões.* São Paulo: Melhoramentos, 2009, p. 67-68

anteriores. Ou seja, se os consumidores não contratarem os serviços da concessionária de água da região, não terão o serviço essencial à vida humana.

Está embutido no valor tarifário a recuperação dos valores investidos, assim como os valores operacionais, o lucro e, um elemento muito importante, caso não seja estatal, isto é, o capital constitutivo da empresa ser privado, deverá pagar tributos e com isso mais custos operacionais.

Esclarece-se que de acordo com o entendimento atual na jurisprudência[411] brasileira, as empresas com capital majoritário privado, não estariam amparadas pela imunidade recíproca[412], sendo extensível as estatais por ser um serviço de cunho essencial e exclusivo.[413]

Portanto, o aspecto tributário é um elemento essencial para considerar nas concessões de serviços de saneamento, principalmente na formação tarifária.[414]

Ressalta-se, também, que o pagamento de um tributo exige uma estruturação administrativa muito alta (contador, advogado, etc.), representando, portanto, mais uma fatia a ser repassada através das tarifas.[415]

Neste caso, novamente a atuação do Estado deve ser no sentido de se estabelecer algum incentivo fiscal que serva de permissivo a redução da tarifa, o que demandaria um controle rígido dos órgãos de controle.[416]

Além disso, esses custos tributários deverão ser apresentados a discussão com a sociedade civil, o que tornaria ainda mais complexa a apresentação e discussão da elaboração de um modelo tarifário.[417]

A Agência Nacional das Águas teria a função de "estabelecimento de tarifa"[418], mas, como acima disposto, são vários fatores a serem considerados, as despesas operacionais, a recuperação do investimento, se for empresa privada, o tributo e acresce os custos operacionais etc. Todas essas despesas são condições iniciais para fixação da tarifa.

411 Vide ACO 2757, Rio de Janeiro, Supremo Tribunal Federal, Relator Luiz Fux.

412 Art. 150, VI, "a" da CRFB/88.

413 Gomes, Fabio Luiz. *Tributação no Saneamento Básico após a Privatização. In* Seminário sobre Análise Econômica do Direito. Direito, Instituições e Regulação. Rio de Janeiro: Universidade Federal do Rio de Janeiro, 13 de Setembro de 2019.

414 *Idem.*

415 *Idem.*

416 *Idem.*

417 *Idem.*

418 Art. 4º-A, § 3º, XIX da Lei 9984/2000.

Dentro desse quadro de formação tarifária deve também haver a participação das empresas, que em sentido colaborativo, não só informação uma tabela de receitas e gastos, mas uma proposta tarifária.

Observa-se que a colaboração envolve governo, órgãos de controle e empresas, mas, obviamente, nada disso teria o resultado pretendido sem a participação popular, e para isso o critério principiológico da transparência e confiança não poderia ser dispensado, a aritmética tarifária deve ser transparente e de simples entendimento.

Portanto, o resultado da integração entre os órgãos de controle, a cooperação entre os entes federativos e a exposição da proposta tarifária, não para ser referendado, sim com o intuito de promover o debate com a sociedade do modelo tarifário e a partir dali definir um critério de definição tarifária.

Pode-se, inclusive, a proposta tarifária ter início com a sociedade civil e submetida ao debate com os órgãos do governo e controle.

Ademais, não há como se levar em conta as peculiaridades regionais sem a participação da sociedade envolvida naquele modelo tarifário[419], isto é, o desenvolvimento regional para ser sustentável precisa levar em consideração a realidade daquela sociedade em que ser irá implementar a tarifa.

Verifica-se ainda que existem outros princípios condicionantes ao modelo tarifário: a continuidade da prestação de serviços de saneamento (regularidade), a eficiência, a segurança na prestação de serviços, a atualidade e a generalidade.[420]

Devem irradiar todos esses princípios no investimento em infraestrutura, portanto, o binômio qualidade e presteza na prestação de serviços de saneamento englobam diversos atos não só operacionais, mas com a pesquisa na manutenção da potabilidade da água, como o tratamento dos resíduos sólidos como forma de aplicação do princípio da solidariedade entre gerações.

4.3. Tarifa e prestação do serviço

A tarifa é a remuneração pela prestação do serviço público concedido cobrada e arrecadada pelo prestador diretamente do usuário/consumidor.

O valor inicial da tarifa é instituído mediante contrato de concessão, de acordo com o edital de concessão; por ato administrativo do titular,

[419] Art. 4º-A, § 3º, VI da Lei 9984/2000.

[420] Art. 4º-A, § 3º, I da Lei 9984/2000.

quando prestado pela administração pública direta, autarquia, empresa pública ou sociedade de economia mista controladas pelo titular e por ato de entidade reguladora.[421]

Como se verificou ao longo do presente trabalho, se trata de uma relação de consumo regida pelo Código de Defesa do Consumidor, reconhecidamente pela Lei Geral das Concessões de Serviço Público – Lei 8.987/95, no seu art. 7º.[422/423]

Se por um lado, o concessionário tem diversos direitos em relação ao conteúdo tarifário, o consumidor também tem em relação ao conteúdo do serviço e do bem que lhe são entregues.

O art. 6º da Lei Geral das Concessões (Lei 8.987/95) dispõe que toda concessão ou permissão pressupõe a prestação de serviço adequado ao pleno atendimento dos usuários, conforme estabelecido na referida Lei,

[421] Carvalho Filho, José Santos. *Manual de Direito Administrativo.* Rio de Janeiro: Lumen Juris, 2007, p. 340.

[422] "Sem prejuízo do disposto na Lei nº 8.078, de 11 de setembro de 1990, são direitos e obrigações dos usuários:
I – receber serviço adequado;
II – receber do poder concedente e da concessionária informações para a defesa de interesses individuais ou coletivos;
III – obter e utilizar o serviço, com liberdade de escolha entre vários prestadores de serviços, quando for o caso, observadas as normas do poder concedente;
IV – levar ao conhecimento do poder público e da concessionária as irregularidades de que tenham conhecimento, referentes ao serviço prestado;
V – comunicar às autoridades competentes os atos ilícitos praticados pela concessionária na prestação do serviço;
VI – contribuir para a permanência das boas condições dos bens públicos através dos quais lhes são prestados os serviços."

[423] Também a Lei 13.460, de 2017, que dispõe sobre os direitos dos usuários dos serviços públicos, prevê que:
"Art. 1º Esta Lei estabelece normas básicas para participação, proteção e defesa dos direitos do usuário dos serviços públicos prestados direta ou indiretamente pela administração pública.
§ 1º O disposto nesta Lei aplica-se à administração pública direta e indireta da União, dos Estados, do Distrito Federal e dos Municípios, nos termos do inciso I do § 3º do art. 37 da Constituição Federal .
§ 2º A aplicação desta Lei não afasta a necessidade de cumprimento do disposto:
I – em normas regulamentadoras específicas, quando se tratar de serviço ou atividade sujeitos a regulação ou supervisão; e
II – na Lei nº 8.078, de 11 de setembro de 1990, quando caracterizada relação de consumo.
§ 3º Aplica-se subsidiariamente o disposto nesta Lei aos serviços públicos prestados por particular."

nas normas pertinentes e no respectivo contrato. Sendo serviço adequado aquele que satisfaz as condições de regularidade, continuidade, eficiência, segurança, atualidade, generalidade, cortesia na sua prestação e modicidade das tarifas.

Na tarifa devem estar incluídos a geração dos recursos necessários para realização dos investimentos destinados às metas de universalização do saneamento; deve ser apta a inibir o consumo supérfluo e o desperdício de recursos, sobretudo depois de um cenário de perdas d'água consideráveis e de mudança climática que torna cada vez mais o bem água limitado; deve permitir a recuperação dos custos incorridos na prestação do serviço, em regime de eficiência; deve proporcionar a remuneração adequada do capital investido pelos prestadores dos serviços; deve estimular o uso de tecnologias modernas e eficientes, compatíveis com os níveis exigidos de qualidade, continuidade e segurança na prestação dos serviços; e deve ser um incentivo à eficiência dos prestadores dos serviços.[424]

Além disso, muitos contratos são sucintos na alocação dos riscos ou endereçam ao prestador todos os riscos extraordinários (com a conhecida cláusula "sob sua conta e risco"). Esta imprevisibilidade, entretanto, acaba por ser precificada na tarifa por conta das incertezas ao longo da vida útil do contrato.[425]

Ademais, inafastável de qualquer atividade econômica desempenhada pela iniciativa privada, existe o lucro.

O lucro, típico do exercício privado da atividade econômica, todavia não pode gerar o indevido e desproporcional enriquecimento do concessionário com graves prejuízos para os usuários.[426]

O problema é exatamente medir essa desproporção, colocando-se aqui que um dos princípios fundamentais da tarifa é a modicidade tarifária, que corresponde ao direito do usuário de acesso financeiro ao bem e ao serviço.

Quanto aos direitos do usuário desse serviço público, é de se ressaltar que o direito ao saneamento básico compreende os direitos à qualidade, quantidade, acessibilidade física, econômica e financeira, de modo a garantir

[424] CÂMARA, Jacintho Arruda. *Tarifa nas Concessões*. São Paulo: Melhoramentos, 2009, p. 83.

[425] Problema referido pela Agência Nacional de Águas e Saneamento Básico no Formulário para inscrição de tema na Agenda Regulatória. Documento nº: 02500.041656/2020. Datado de 27 de agosto de 2020.

[426] CARVALHO FILHO, José dos Santos. *Manual de Direito Administrativo*. Rio de Janeiro: Lumen Juris, 2007, p. 340.

a dignidade humana, sem desperdícios que comprometam o direito das outras pessoas a esse bem, visto que limitado, com continuidade, pois a sua interrupção é incompatível com o seu caráter essencial.

Constitui objetivos da regulação estabelecer padrões e normas para a adequada prestação e a expansão da qualidade dos serviços e para a satisfação dos usuários, com observação das normas de referência editadas pela Agência Nacional de Águas e Saneamento Básico, assim como verificar o cumprimento das metas de universalização do serviço, definir tarifas que assegurem tanto o equilíbrio econômico-financeiro dos contratos quanto a modicidade tarifária, por mecanismos que gerem eficiência e eficácia dos serviços e que permitam o compartilhamento dos ganhos de produtividade com os usuários e prevenir e reprimir o abuso do poder econômico (art. 22 da Lei 11.445/07).

4.4. Tarifa e o princípio da continuidade do serviço público

O Código de Defesa do Consumidor em seu artigo 22[427], em consonância como a Constituição da República Federativa do Brasil, estabelece que os serviços a serem prestados por órgãos públicos ou por comissionárias e permissionárias devem ser eficientes e, em se tratando daqueles essenciais, contínuos, sob pena de reparação dos danos sofridos.

Ocorre que no caso do saneamento básico os danos na maioria das vezes são irreversíveis, pois se está diante da vida e da saúde das pessoas.

A continuidade do serviço público é um dos direitos dos seus usuários, consumidores, junto com a regularidade, segurança, atualidade, eficiência, cortesia, generalidade e modicidade tarifária.

No entanto, em se tratando de fornecimento de água e esgotamento sanitário, a continuidade se apresenta como fundamental à vida das pessoas, à sua saúde e à sua dignidade, pelo que sua interrupção causa danos irreversíveis ao indivíduo.

Lembre-se que, infelizmente, nos tempos da pandemia de COVID-19 ficou ressaltada a essencialidade desse serviço para a população, o que levou

[427] "Os órgãos públicos, por si ou suas empresas, concessionárias, permissionárias ou sob qualquer outra forma de empreendimento, são obrigados a fornecer serviços adequados, eficientes, seguros e, quanto aos essenciais, contínuos.
Parágrafo único. Nos casos de descumprimento, total ou parcial, das obrigações referidas neste artigo, serão as pessoas jurídicas compelidas a cumpri-las e a reparar os danos causados, na forma prevista neste código."

os administradores públicos a imporem normas diferenciadas quanto ao pagamento das tarifas para que todos pudessem ter acesso à água potável e esgotamento sanitário.

Dentre as situações excepcionais de interrupção do serviço público essencial de saneamento básico está o inadimplemento, com notificação prévia.[428/429]

No entanto, o legislador tratou de diferenciar as pessoas quanto ao grau dessa interrupção, como se o saneamento básico não fosse essencial a todo e qualquer ser humano.[430]

Seja num caso, seja noutro, a interrupção ou restrição deve ter em conta que para todos, indistintamente, a água é um bem vital.[431]

Acrescenta-se o fato de que o serviço de fornecimento de água é indivisível por sua natureza, significa dizer que só é possível a um prestador em determinado âmbito geográfico, não cabendo ao consumidor nenhuma outra escolha a não ser se submeter àquele único.[432]

De maneira que a vulnerabilidade do consumidor, nesse caso, é demasiadamente aumentada, expondo-se a um risco de dano à sua saúde ou de violação da sua vida. Não apenas é dependente da água como todo ser humano e ser vivo, mas dependente integralmente do fornecedor único e exclusivo do serviço de entrega de água.[433]

[428] Art. 40, §§ 1º e 2º da Lei 11.445/07.

[429] A Lei Geral das Concessões prevê que: "Art. 6º Toda concessão ou permissão pressupõe a prestação de serviço adequado ao pleno atendimento dos usuários, conforme estabelecido nesta Lei, nas normas pertinentes e no respectivo contrato... § 3º Não se caracteriza como descontinuidade do serviço a sua interrupção em situação de emergência ou após prévio aviso, quando: I – motivada por razões de ordem técnica ou de segurança das instalações; e, II – por inadimplemento do usuário, considerado o interesse da coletividade. § 4º A interrupção do serviço na hipótese prevista no inciso II do § 3º deste artigo não poderá iniciar-se na sexta-feira, no sábado ou no domingo, nem em feriado ou no dia anterior a feriado."

[430] Tratam-se respectivamente dos arts. 4º, §3º e 41 da Lei 11.445/07: "Art. 40, § 3º A interrupção ou a restrição do fornecimento de água por inadimplência a estabelecimentos de saúde, a instituições educacionais e de internação coletiva de pessoas e a usuário residencial de baixa renda beneficiário de tarifa social deverá obedecer a prazos e critérios que preservem condições mínimas de manutenção da saúde das pessoas atingidas.
Art. 41. Desde que previsto nas normas de regulação, grandes usuários poderão negociar suas tarifas com o prestador dos serviços, mediante contrato específico, ouvido previamente o regulador."

[431] Silva, Cândido Francisco Duarte Santos E e Morais, Fabíola Vianna. *O serviço público essencial de fornecimento de água potável – Responsabilidade civil pela interrupção indevida*. No prelo.

[432] *Idem*.

[433] *Idem*.

Se de um lado o pagamento da tarifa é indispensável para garantir o serviço de saneamento básico a todos, de outro o serviço é essencial para cada um de todos, pelo que o regime tarifário deve considerar as características próprias do setor e para tanto é fundamental a participação popular de modo que a tarifa, pois a responsabilidade civil da concessionária pelo não cumprimento da sua obrigação, em outras palavras, pela interrupção indevida não é suficiente para reverter os danos causados pela falta de água potável e esgotamento sanitário à vida e à saúde.

4.5. A tarifa como direito subjetivo do concessionário

A tarifa constitui remuneração paga pelo usuário em contraprestação ao serviço que lhe é prestado pelo concessionário.

A Constituição Federal, no seu art. 175, parágrafo único, III, prevê que é competência do poder concedente a fixação da tarifa, porém, o concessionário tem o direito subjetivo à fixação das tarifas em montante suficiente para ser devidamente prestado o serviço[434], cabendo exatamente por essa razão a revisão e o reajuste tarifários, que, aliás, compõem a função da entidade reguladora (art. 23, IV, da Lei 11.445/07).

Embora a tarifa tenha que observar a equação econômico-financeira da concessão, ela pode vir a ser alterada unilateralmente pelo poder concedente, o que a faz ter um caráter regulamentar e não contratual.[435]

Isso porque a fixação e regulação tarifárias se fazem em razão de uma atuação que é propriamente estatal, que a de serviços públicos, e, portanto, direcionada a políticas públicas.[436]

4.5.1. Equilíbrio econômico-financeiro do contrato de concessão

Como todo e qualquer contrato bilateral, oneroso e comutativo, olhado apenas para o seu aspecto econômico relativo às partes celebrantes, é indispensável a equivalência das prestações. Essa equivalência se refere à justiça comutativa a que se presta imediatamente relação contratual.

No caso em tela, a tarifa é o principal meio de composição econômico-financeira para a prestação do serviço de saneamento básico, ressalvados os subsídios do Estado.

[434] *Idem.*

[435] CÂMARA, *op. cit.*, p. 65.

[436] *Idem.*

Dispõe o art. 29 da Lei 11.445/07 que os serviços públicos de saneamento básico terão a sustentabilidade econômico-financeira assegurada por meio de remuneração pela cobrança dos serviços, e, quando necessário, por outras formas adicionais, como subsídios ou subvenções, vedada a cobrança em duplicidade de custos administrativos ou gerenciais a serem pagos pelo usuário.

Todavia, como se verá abaixo, a ANA aponta diferenças de entendimento entre agência reguladora e prestador de serviço sobre processo, parâmetros e fórmulas de cálculo para estudos de reequilíbrio econômico-financeiro, resultando em disputas regulatórias e, algumas vezes judiciais, bem como o desconhecimento, por parte de algumas agências reguladoras e prestadores, de procedimentos, parâmetros e fórmulas de cálculo para estudos de reequilíbrio econômico-financeiro de contratos.

4.5.2. Reajuste tarifário

O reajuste tem por finalidade a atualização dos valores das tarifas conforme índices inflacionários ou fórmulas paramétricas que visem refletir a variação de preços dos insumos que compõem os custos.

Nos termos do art. 37 da Lei 11.445/07, os reajustes de tarifas de serviços públicos de saneamento básico devem realizados observando-se o intervalo mínimo de doze meses, de acordo com as normas legais, regulamentares e contratuais.

Porém, é acentuado pela ANA que algumas agências reguladoras não dão o reajuste dentro do prazo correto, ou o percentual de reajuste concedido é inadequado ou utiliza um índice diferente do previsto em contrato. Em outros casos, aponta-se que titulares do Poder Executivo não concordam com o percentual de reajuste concedido.

Em outras ocasiões ainda, o Ministério Público e Poder Judiciário não concordam com o percentual de reajuste e buscam suspender, na justiça, o reajuste definido.[437]

Nota-se que há conflito de atribuições e competências quanto à tarifação, verificando-se a intervenção do Poder Judiciário, Ministério Público e até mesmo o Tribunal de Contas, nos casos cabíveis, o que gera insegurança jurídica generalizada.

[437] Problema apontado no Formulário para inscrição de tema na agenda regulatória da ANA Documento nº: 02500.041667/2020. Datado de 27 de Agosto de 2020.

Vê-se participação efetiva de muitos órgãos, exceto a dos que mais sofrem com a tarifa: o usuário do serviço público essencial, o consumidor, o destinatário econômico da atividade e que suporta todos os ônus econômicos, financeiros, sociais e ambientais.

4.5.3. Revisão das tarifas

De acordo com o art. 38 da Lei 11.445/07, as revisões tarifárias compreendem a reavaliação das condições da prestação dos serviços e das tarifas praticadas.

Podem ser de duas espécies: periódicas e extraordinárias. As primeiras visam à distribuição dos ganhos de produtividade com os usuários e a reavaliação das condições de mercado; ao passo que as segundas têm lugar quando se verificar a ocorrência de fatos não previstos no contrato, fora do controle do prestador dos serviços, que alterem o seu equilíbrio econômico-financeiro.[438]

Ainda nos termos desta Lei, as revisões tarifárias terão suas pautas definidas pelas respectivas entidades reguladoras, ouvidos os titulares, os usuários e os prestadores dos serviços; poderão ser estabelecidos mecanismos tarifários de indução à eficiência, inclusive fatores de produtividade, assim como de antecipação de metas de expansão e qualidade dos serviços; os fatores de produtividade poderão ser definidos com base em indicadores de outras empresas do setor e a entidade de regulação poderá autorizar o prestador de serviços a repassar aos usuários custos e encargos tributários não previstos originalmente e por ele não administrados.

A ANA, contudo, aponta que algumas agências não sabem como fazer um processo de revisão tarifária. Outrossim, que alguns prestadores não sabem elaborar seus planos de negócios para apresentar à agência; que existem diferentes interpretações sobre despesas, custos e investimentos que devem compor as tarifas; que existem diferentes interpretações sobre a definição da base de consumidores e, conseqüentemente, da demanda pelos serviços; que alguns processos de revisão tarifária não incorporam incentivos para aumento da cobertura e eficiência dos serviços.[439]

A oitiva dos consumidores é importante, mas mais importante é que se façam atuantes esse processo decisório, com voz ativa e participante e que

[438] CÂMARA, *op. cit.*, p. 187-189.

[439] Problema apontado no Formulário para inscrição de tema na agenda regulatória da ANA. Documento nº: 02500.041670/2020. Datado de 27 de Agosto de 2020.

haja um corpo comprometido tão somente com esse "lado da moeda" e que não sejam isolados, dispersos e possam de fato colaborar no consenso a respeito dos assuntos tarifários.

De sorte que a participação dos concernidos, nomeadamente da parte que mais sofre os impactos da tarifação, isto é, o consumidor, é indispensável para que o processo se dê de forma mais justa e consoante a democracia como nos ensina Habermas.

4.6. A modicidade tarifária como direito subjetivo do consumidor do saneamento básico

Nos casos de serviço público, nomeadamente essencial, a modicidade tarifária tem o objetivo de dar acesso a toda coletividade, sendo, portanto, um princípio de interesse público.[440]

Como salienta Rodrigo Gouveia,

> O termo serviço universal é utilizado para designar um conjunto de princípio e de obrigações que devem reger determinados serviços, por forma a que estes sejam acessíveis a todos os cidadãos a preços razoáveis.[441]

Para atender ao princípio da modicidade tarifária, é também possível ao poder concedente, ao fixar as normas do edital da licitação, prever o recebimento por parte concessionário de receitas alternativas.[442]

A modicidade tarifária é a sustentabilidade do serviço.[443] No entanto, em casos de monopólio natural, como o do saneamento básico, o consumidor fica obrigado a um único prestador, sobretudo em se tratando de serviço público essencial à vida, à saúde e à dignidade humana.

Desta forma, o agente regulador tem um compromisso acentuado nesse setor, mesmo porque a livre concorrência, que é um princípio também de proteção do consumidor, estará ausente de eficácia (pois monopólio natural).

Qualquer valor de tarifa e, mais ainda, quaisquer pedidos de majoração tarifária devem ter em consideração a realidade de um país de dificuldade econômica e social.

440 CÂMARA. Jacintho Arruda. *Tarifa nas Concessões*. São Paulo: Melhoramentos, 2009, p. 72-74.

441 GOUVEIA, Rodrigo. *Serviço de Interesse Geral em Portugal*. CEDIPRE. Direito e Regulação 2. Coimbra Editora, 2001, p. 25.

442 CARVALHO SILVA, *op. cit.*, p. 341.

443 *Idem.*

Mesmo porque, conforma salientado, acima, a tarifa tem o condão da instituição de políticas públicas.

Mas sobre as dores sociais, é a sociedade que é legitimada para falar, sob pena de colocar em risco o mínimo existencial das pessoas.

Verifica-se que Habermas, ao ensinar sobre o terceiro modelo de democracia – a deliberativa – defende o processo participativo de todos os concernidos, a partir do qual são extraídas soluções de forma racional, sendo autores e destinatários das normas.

Através da sua teoria do discurso, há uma intersubjetividade em procedimento de entendimento mútuo que se cumpre também na rede de comunicação formada pela opinião pública de cunho político (além da forma institucionalizada de aconselhamento sem corporações parlamentares).[444]

A modicidade tarifária tem como condição intransponível a participação ampla da sociedade, pois modelos complexos não são transparentes e, portanto, não acessíveis à sociedade, difíceis ou impossíveis de serem objeto de participação popular ativa, o que configura desde já um vício na origem.

Se de um lado, a tarifa é a principal fonte de capital que sustenta o serviço público essencial à população, de outro, para que a população tenha acesso a esse serviço público essencial, é preciso que a tarifa seja módica.

Em outras palavras, é contra o interesse público uma tarifa que extrapole a medida da dignidade humana, do mínimo existencial, ou seja, o conjunto de direitos fundamentais garantidores da dignidade da pessoa humana.

4.7. O papel da agência reguladora na definição das tarifas: entre o direito subjetivo do concessionário e a dignidade humana

Prevê o art. 22, IV, da Lei 11.445/07, dentre os objetivos da regulação, a definição de tarifas que assegurem tanto o equilíbrio econômico-financeiro dos contratos quanto a modicidade tarifária, por mecanismos que gerem eficiência e eficácia dos serviços e que permitam o compartilhamento dos ganhos de produtividade com os usuários.

Além disso, nos termos do art. 29, §1º do Marco Legal, a instituição das tarifas, preços públicos e taxas para os serviços de saneamento básico deve seguir as seguintes diretrizes: I – prioridade para atendimento das funções essenciais relacionadas à saúde pública; II – ampliação do acesso dos cidadãos e localidades de baixa renda aos serviços; III – geração dos recursos

[444] Habermas. *A Inclusão do Outro...*, *op. cit.*, p. 280.

necessários para realização dos investimentos, objetivando o cumprimento das metas e objetivos do serviço; IV – inibição do consumo supérfluo e do desperdício de recursos; V – recuperação dos custos incorridos na prestação do serviço, em regime de eficiência; VI – remuneração adequada do capital investido pelos prestadores dos serviços; VII – estímulo ao uso de tecnologias modernas e eficientes, compatíveis com os níveis exigidos de qualidade, continuidade e segurança na prestação dos serviços; VIII – incentivo à eficiência dos prestadores dos serviços.

Constata-se que dada a dimensão tarifária do serviço do saneamento básico, não há como se garantir a justiça social, com a redução das desigualdades regionais e sociais, bem como a dignidade humana, o acesso à cidadania efetiva e a universalização sem a participação do consumidor no processo de constituição das tarifas.

Como temos destacado, a competência para fixação e regulação de tarifas diz respeito à instituição de políticas públicas.[445]Desta forma, não seria possível a universalização e todos os consectários nela imbuídos sem a participação do seu maior interessado: o usuário consumidor.

Referindo Hannah Arendt, Habermas salienta que a opinião pública de cunho político deve revitalizar-se a ponto de um conjunto de cidadãos regenerados, nas diversas formas de autoadministração descentralizada, ser capaz de (re)apossar-se do poder estatal burocraticamente autônomo.[446]

Nomeadamente, há de se considerar também a responsabilidade que todos têm pela sustentabilidade ambiental, pelo que o compromisso em evitar o desperdício de água e a poluição compõe esse cálculo.

Em suma, o valor social do bem e do serviço é maior que o seu valor econômico. Razão pela qual, apesar do caráter técnico do cálculo tarifário, não se pode restringir ao tecnicismo, mas o debate deve se estender principalmente aos seus atores sociais, ou seja, à participação da população, nomeadamente o pagador da tarifa, o consumidor.

4.8. Os problemas da assimetria informacional entre agência reguladora e concessionário do serviço público

Especialmente sobre as obrigações nucleares do contrato entre o usuário do serviço público de saneamento básico e o concessionário, importante

[445] Câmara, *op. cit.*, p. 66.

[446] Habermas. *A Inclusão do Outro..*, *op. cit.*, p. 279.

apontar duas deficiências, já indicadas pela Agência Nacional de águas e Saneamento Básico.

Inicialmente destaca-se a baixa capacidade institucional de muitas entidades reguladoras e fiscalizadoras dos serviços de saneamento. [447]

Comumente verificam-se contratos e serviços que não dispõem de dispositivos que permitam que a agência reguladora possa acompanhar e cobrar a prestação dos serviços com a qualidade e eficiência esperadas pela população. Ainda quando existem esses padrões e indicadores, eles não permitem a comparação entre prestadores de serviço.[448]Assim, é necessária a atividade regulatória para definir padrões de qualidade e eficiência que possam vir a ser exigidos pelas agências reguladoras, e que possibilite a comparação entre os serviços e a melhoria da qualidade da prestação dos serviços de água e de esgotamento sanitário em todo o país.

Ressalta-se ainda a baixa capacidade técnica de muitas prefeituras e algumas Agências Reguladoras infranacionais para estabelecer os instrumentos contratuais consistentes com os prestadores de serviço.[449]

Insta acentuar que algumas agências não executam, de fato, a regulação econômica, por diferentes razões: não conhecem regulação econômica, ou os modelos de regulação econômica; algumas conhecem esses modelos, mas não tem condições técnicas de aplicá-los; algumas podem eventualmente estar adotando o modelo inadequado para sua circunstância. Porém, a escolha do modelo de regulação é pré-requisito para uma melhor definição das fórmulas e modelos de reajuste e revisão tarifários.[450]

A existência de diferentes interpretações sobre direitos e deveres de usuários e prestadores é também um problema, assim como as diferentes interpretações sobre o conceito e abrangência de universalização.[451] Nesse caso, é preciso estabelecer as condições gerais de prestação de serviço que atendam ao Novo Marco Legal do Saneamento, as expectativas do usuário

[447] Problema apontado no Formulário para inscrição de tema na Agenda Regulatória da ANA. Documentos nº: 02500.041642/2020. Datado de 27 de Agosto de 2020.

[448] Problema apontado no Formulário para inscrição de tema na Agenda Regulatória da ANA Documento nº: 02500.041665/2020. Datado de 27 de Agosto de 2020.

[449] Problema apontado no Formulário para inscrição de tema na Agenda Regulatória da ANA. Documento nº: 02500.041662/2020. Datado de 27 de Agosto de 2020.

[450] Problema apontado no Formulário para inscrição de tema na Agenda Regulatória da ANA Documento nº: 02500.041662/2020. Datado de 27 de Agosto de 2020.

[451] Problema apontado no Formulário para inscrição de tema na Agenda Regulatória da ANA. Documento nº: 02500.041657/2020. Datado de 27 de Agosto de 2020.

no que se refere à regularidade, continuidade, potabilidade e modicidade tarifária e do prestador, no que se refere à sua capacidade técnica, operacional e econômico-financeira.

Outrossim, o prestador de serviços possui informações mais detalhadas e concretas sobre seus custos de operação, manutenção e investimentos, o que torna a tarefa de determinação da tarifa mais difícil para o regulador quando esses lançamentos contábeis não são classificados de forma adequada.[452] Destarte, impõe-se uma avaliação mais precisa dos custos, despesas e investimentos em cada serviço e localidade atendida pelo prestador, dando condições para uma determinação de tarifa mais realista e justa.

Todas essas deficiências identificadas pela Agência Reguladora Nacional visam a ser se não reparadas, amenizadas, com a edição das normas de referência que explicamos no Capítulo III com vistas a uma harmonização do serviço, que considere as necessidades e peculiaridades regionais.

Contudo, é de se reconhecer as imensas dificuldades de que se está diante, o que facilita a captura da agência que fiscaliza e controla o serviço de saneamento básico pela prestadora desse serviço público essencial.

As lacunas normativas, técnicas e institucionais apontadas na seção anterior conduzem ao risco de o concessionário do serviço público essencial sobrepor os seus interesses privados ao interesse público, que deve ser resguardado pela agência reguladora, a qual tem por função principal o controle e a fiscalização do exercício da atividade econômica concedida pelo Poder Público ao particular.

Especialmente no caso da ANA, com as mais recentes alterações ao Marco do Saneamento Básico provocadas pela Lei 14.026/20, a agência reguladora do setor tem o poder de editar normas de referência, sobretudo porque ao abrir tão amplamente ao mercado à prestação desse serviço visa a atrair investimentos para proporcionar à população brasileira a universalização da água e da coleta e do tratamento do esgoto.

No entanto, precisa suprir todas as deficiências apontadas em âmbito nacional e na regulação local.

As dificuldades em torno da tarifa, contraprestação do serviço paga pelo consumidor, são agravadas pelo conflito de competência para tanto. São inúmeros os casos em que a Agência Reguladora estabelece a tarifa,

[452] Problema apontado no Formulário para a inscrição de tema na Agenda Regulatória da ANA. Documento nº: 02500.041654/2020.Datado de 27 de Agosto de 2020.

após a apresentação dos dados pelo prestador do serviço e essa é alterada pelo Poder Judiciário.[453]

4.9. Estrutura tarifária

De acordo com o art. 30 da Lei 11.445/07, observado o disposto no art. 29 desta Lei, a estrutura de remuneração e de cobrança dos serviços públicos de saneamento básico considerará os seguintes fatores: I – categorias de usuários, distribuídas por faixas ou quantidades crescentes de utilização ou de consumo; II – padrões de uso ou de qualidade requeridos; III – quantidade mínima de consumo ou de utilização do serviço, visando à garantia de objetivos sociais, como a preservação da saúde pública, o adequado atendimento dos usuários de menor renda e a proteção do meio ambiente; IV – custo mínimo necessário para disponibilidade do serviço em quantidade e qualidade adequadas; V – ciclos significativos de aumento da demanda dos serviços, em períodos distintos; e VI – capacidade de pagamento dos consumidores.

Mister ponderar a cobrança da tarifa mínima, devida pela disponibilidade do serviço, embora muitas vezes não seja prestado ao usuário. Dada a natureza contratual e de consumo do serviço de saneamento básico entre o prestador e o usuário, a cobrança de quaisquer tarifas só faria sentido se o serviço fosse efetivamente cobrado, porém razões de interesse público, enumeradas no inciso III do art. 30 da Lei 11.445/07, acima aludido, justificariam a cobrança de uma tarifa mínima.[454]

Dentro da estrutura tarifária, ainda se discute o valor cobrado como consumo mínimo aos condomínios onde há um único hidrômetro. O Tema Repetitivo 414, do Superior Tribunal de Justiça, tem como tese firmada desde 5/10/2010:

> Não é lícita a cobrança de tarifa de água no valor do consumo mínimo multiplicado pelo número de economias existentes no imóvel, quando houver único hidrômetro no local. A cobrança pelo fornecimento de água aos condomínios em que o consumo total de água é medido por único hidrômetro deve se dar pelo consumo real aferido. (REsp 1.166.561/RJ).

[453] CÂMARA, Jacintho Arruda. *Tarifa nas Concessões*. São Paulo: Melhoramentos, 2009, p. 204-208.

[454] José Santos Carvalho Filho se opõe à tarifa mínima, porque contratual e facultativa e na medida do serviço prestado. (*Op. cit.*, pp. 343 e 344).

Porém, atualmente a tese firmada está sob possível revisão do Tribunal Superior, para definir a forma de cálculo da tarifa progressiva dos serviços de fornecimento de água e de esgoto sanitário em unidades compostas por várias economias e hidrômetro único, após a aferição do consumo.[455]

O Superior Tribunal de Justiça, reafirmando seu entendimento de que a contraprestação pelo serviço de saneamento básico é tarifa, entende que é legítima a cobrança da tarifa de água fixada de acordo com as categorias de usuários e as faixas de consumo, sendo permitido o escalonamento e a progressividade, pois estimula o uso racional dos recursos hídricos, sendo, portanto, de interesse público.[456]

Verifica-se que a Lei trata imediatamente como critério da fixação tarifária a progressividade do uso da água, uma medida que visa a racionalizar o consumo do bem que é escasso.

De fato, é importante que a tarifa seja maior para os casos de consumo supérfluo de modo a evitar o desperdício da água e garantir o maior acesso ao bem a todas as pessoas. E também deve ser menor para garantir o acesso ao mínimo existencial.

Essa forma assegura a sustentabilidade social e ambiental do serviço de saneamento básico. A sustentabilidade social se caracteriza pela essencialidade do serviço a toda sociedade e a sustentabilidade ambiental pela observância do princípio do desenvolvimento sustentável do meio ambiente, discorridos nos capítulos anteriores.

4.10. Tarifa social

A tarifa social visa conferir o maior acesso possível ao saneamento básico, notadamente às pessoas que não podem arcar com valores mais altos decorrentes da prestação do serviço. Trata-se de medida de inclusão social, que confere dignidade à pessoa humana e lhe garante bem e serviço essenciais à vida e à saúde.

Um elemento sensível quando se trata das normas de referência de regulação tarifária, são as tarifas sociais, isto é, o governo deve buscar for-

455 Por conseguinte, o Superior Tribunal de Justiça determinou a suspensão dos recursos especiais ou agravos em recursos especiais em segunda instância e/ou no STJ cujos objetos coincidam com o da matéria afetada. (Proposta de Afetação no Recurso Especial 1937891/RJ, julg. 16/11/2021, Rel. Min. Manoel Erhardt).

456 Súmula Anotada nº 407, julg. 28/10/2009; Resp 776951RJ, julg. 13/5/2008; Resp 861661RJ, julg. 13/11/2007.

mas de atender ao princípio da dignidade da pessoa humana subsidiando parte ou integralmente as tarifas para as pessoas de baixa renda, somente assim será possível universalizar o direito fundamental do acesso à água potável e ao saneamento básico.[457]

Observa-se que subsidiar as tarifas e permitir o acesso universal à água potável e ao saneamento, antes, deve-se verificar a realidade daquela sociedade, ou comunidade carente, estas devem participar da formação dessa tarifa, pois estar-se-ia levando também a cidadania.

Na realidade, esse subsídio consideraria que todas as pessoas já teriam acesso à água potável e ao saneamento e somente seriam incentivadas as tarifas reduzidas ou o não pagamento.

Antes, ainda no processo licitatório, caso seja objeto de concessão, deve haver um programa de investimento para se ascender a água potável e o saneamento para essas pessoas, se não subsidiar as tarifas não alcançará os objetivos constitucionais de universalização.

Se este serviço for prestado por estatais, os dividendos obtidos devem ser convertidos em favor do desenvolvimento da infraestrutura em favor existência digna dessas pessoas.

Ao contrário, se o serviço for prestado pela iniciativa privada e o investimento não for prévio, os valores cobrados pelas tarifas serão muito altos.

Qualquer subsídio do Estado deve haver um controle rígido que os objetivos do subsídio estão sendo cumpridos, atualmente ainda que haja algum incentivo ao desenvolvimento humano, ainda que seja por ditames constitucionais, não há o resultado pretendido.

A Agência Nacional de Águas e Saneamento Básico abriu a possibilidade de participação da sociedade para discutir melhores formas de subsídios[458], ficando elencado na matriz de risco a tarifa social, contudo sem fixar os percentuais, os mesmos deverão ser feitos no edital, em face da totalidade de economias ativas existentes.[459]

Por óbvio, quem paga os subsídios é o Estado, portanto, a totalidade de economias existentes deveriam ser as pessoas em situação carente, assim, se evitaria onerar o valor das tarifas. Para que se torne possível a maior abran-

[457] Art. 4º-A, § 8º da Lei 9984/2000.

[458] Agência Nacional de águas e Saneamento Básico. Tomada de Subsídios nº 002/2023.

[459] Agência Nacional de águas e Saneamento Básico. Item 67 da Tomada de Subsídios nº 002/2023.

gência deverá ser cadastrado o maior número de pessoas vulneráveis, para que possam efetivamente ser consideradas pessoas com economia ativa, isto é, poderão pagar ou não tarifas proporcionais à sua real possibilidade.

Em razão da natureza muito técnica dos temas apresentados e a falta de divulgação ampla, houve muito pouca participação, somente treze contribuições recebidas e nenhuma delas envolvia diretamente o tema tarifa.[460] Portanto, os efeitos dessa participação popular não contribuíram de forma adequada para o aprimoramento da forma de subsídio a ser utilizado para as tarifas sociais.

Nota-se a dificuldade que o tecnicismo e o seu domínio trazem para o controle social de um assunto que é de extrema relevância não apenas para os bolsos dos consumidores, mas, sobretudo, para a garantia de sustentabilidade desse serviço público e essencial a longo prazo.

Por fim, há de se salientar o Projeto de Lei nº 9.543/18, que cria a tarifa social de água e esgoto, atualmente na Comissão de Constituição e Justiça e de Cidadania (desde 10/8/2021).[461]

De acordo com o art. 8º deste Projeto de Lei:

> O valor pago pelo serviço de água e esgoto adquirido na forma desta Lei, os custos administrativos e financeiros e os encargos tributários incorridos pela prestadora do serviço, após prévia exclusão do consumidor beneficiado pela Tarifa Social de Água e Esgoto, serão rateados entre todas as classes de consumidores atendidos pela prestadora do serviço, proporcionalmente ao consumo verificado.

[460] Agência Nacional de águas e Saneamento Básico.
Disponível em: https://participacao-social.ana.gov.br/Consulta/134/Contribuicoes. Capturado em 20 de maio de 2023.

[461] "Art. 1º É criada a Tarifa Social de Água e Esgoto. Parágrafo único. A Tarifa Social de Água e Esgoto será calculada de modo cumulativo, conforme indicado a seguir: I – para a parcela de consumo até 10 (dez) metros cúbicos de água por mês, o desconto será de 40% (quarenta por cento); II – para a parcela de consumo acima de 10 (dez) e até 15 (quinze) metros cúbicos de água por mês, o desconto será de 30% (trinta por cento); III – para a parcela de consumo acima de 15 (quinze) e até 20 (vinte) metros cúbicos de água por mês, o desconto será de 20% (vinte por cento); IV – para a parcela de consumo superior a 20 (vinte) metros cúbicos de água por mês, não haverá desconto. Art. 2º A Tarifa Social de Água e Esgoto será cobrada das famílias com renda per capita de até meio salário-mínimo. § 1º Para usufruírem do benefício de que trata esta Lei, as famílias, por meio de seu representante legal, inscrever-se-ão no Cadastro Único para Programas Sociais do Governo Federal (CadÚnico),de que trata o Decreto nº 6.135, de 26 de junho de 2007."

Trata-se do subsídio cruzado, em que os demais consumidores do bem e do serviço suportam a tarifa social de modo a garantir o acesso a pessoas que não têm condições financeiras de assumir o peso tarifário.

4.11. Subsídio cruzado

O subsídio cruzado é um mecanismo que consiste na elevação do preço de um produto ou serviço para um grupo de clientes, de modo a gerar um excedente que permite a redução do preço do mesmo bem para outro segmento econômico.

Em outras palavras, o subsídio cruzado é a transferência de recursos obtidos num determinado segmento para outro, a fim de que o segmento beneficiado possa pagar valores menores.[462]

Pretende-se com o subsídio cruzado garantir o maior acesso possível às pessoas do bem e do serviço público.[463]

Há casos em que os usuários da categoria de custo menor suportam uma tarifa maior que o necessário para que seja possível o financiamento do serviço a outras pessoas em que o serviço seria mais custoso, mas não poderia ser suportado por esse segmento deficitário, nos casos em que nas grandes cidades os altos custos do serviço são diluídos entre centenas de milhares ou milhões de usuários, ao passo que levar a infraestrutura necessária à prestação desse serviço público a localidades distantes tornaria inviável seu custeio exclusivamente por meio de tarifas cobradas diretamente de seus usuários.[464]

Todavia, ressalta-se que não há consenso sobre o uso desses subsídios. De um lado, entende-se ser um elemento benéfico e essencial à universalização, na medida em que garante o acesso a toda a população. Por outro lado, afirma-se que eles devem ser substituídos por outros mecanismos

[462] Câmara, JacinthoArruda. *Tarifa nas Concessões*. São Paulo: Melhoramentos, 2009, p. 79.

[463] O art. 29, § 2º, Lei 11.445/07, prevê que: "poderão ser adotados subsídios tarifários e não tarifários para os usuários que não tenham capacidade de pagamento suficiente para cobrir o custo integral dos serviços.

E o seu art. 31 estabelece que "os subsídios destinados ao atendimento de usuários determinados de baixa renda serão, dependendo da origem dos recursos:

... (revogado)

II – tarifários, quando integrarem a estrutura tarifária, ou fiscais, quando decorrerem da alocação de recursos orçamentários, inclusive por meio de subvenções; e

III – internos a cada titular ou entre titulares, nas hipóteses de prestação regionalizada."

[464] Câmara, *op. cit.*, p. 80.

eficientes, uma vez que distorcem os sinais de preços e induzem à ineficiência e ao sobreconsumo.[465]

O problema que se coloca, nesse caso, é que pelo preço baixo ou abaixo da água, consome-se mais do que o razoável, prejudicando a sustentabilidade do bem para as futuras gerações e quiçá para as presentes. Levando ao sobreconsumo ou consumo supérfluo de um bem essencial à vida e saúde humanas, o que prejudica outras pessoas que a ele não têm o mesmo acesso.[466]

Uma solução que se aponta é aumentar a tarifa, na medida em que aumenta o consumo acima do valor mínimo.

A doutrina não é unânime sobre o subsídio cruzado, havendo quem entenda que a tarifa social deve ser subsidiada pelo Estado e não pelos outros consumidores, que ficam sobrecarregados.[467]

Outro subsídio cruzado que é referido é entre os serviços de abastecimento de água e esgotamento sanitário, cujas despesas são mais difíceis de especificar dada a ausência de metodologia.[468]

Finalmente, existe ainda o subsídio cruzado entre os municípios associados a uma Companhia Estadual de Saneamento, que dadas características regionais, geográficas, alteram os custos de abastecimento e esgotamento sanitário. Tratam-se dos municípios superavitários e os deficitários. Aponta-se que "esse tipo de subsídio cruzado é fruto da estrutura iniciada no PLANASA, em que uma parcela dos municípios pode pagar um valor acima do custo de produção, ao passo que a outra é subsidiada por esses e paga um valor aquém do custo de produção. A conseqüência é a geração de um conflito em que os municípios superavitários podem ter interesse em assumir para si os serviços e reduzir a carga do subsídio cruzado."[469]

O subsídio cruzado afeta diretamente o direito ao saneamento básico e o esclarecimento das suas metodologias, bem como a participação dos

[465] CRUZ, Karlos Arcanjo da e RAMOS, Francisco de Souza. *Evidências de Subsídio Cruzado no Setor de Saneamento Básico Nacional e suas conseqüências*. Nova Economia 26 (2)-My-Aug 2016. Disponível em: https://www.scielo.br/j/neco/a/vstH66FQ8mRGV8NLznjSyjB/# .Capturado em Março de 2023.

[466] *Idem.*

[467] *Idem.*

[468] *Idem.*

[469] *Idem.*

pagadores/consumidores é fundamental para a distribuição desse bem e serviço essenciais.

4.12. Função social da tarifa

Assim como a função social da propriedade, a função social do contrato e a função social da empresa (tratados nos capítulos anteriores), sendo os últimos decorrentes da primeira, a função social da tarifa decorre da limitação necessária ao exercício do direito de propriedade e mais precisamente da livre iniciativa, como ponderação a quaisquer abusos que se possam verificar para além do que possa corresponder à atividade em si.

Ao mesmo tempo tem o condão de estimular o uso racional do serviço público essencial, evitando desperdícios, e no caso do saneamento básico, do desenvolvimento sustentável, haja vista que a água é um recurso natural limitado, sujeito a escassez, a perdas, e que deve ser utilizado com efeitos prospectivos no sentido de garantir as gerações presentes e futuras o acesso igual ao bem e ao serviço, conforme salientado no Capítulo I.

Nisso consiste a responsabilidade de uns para com os outros, num verdadeiro olhar coletivo, de dever de solidariedade, porque a água é um bem público vital e limitado que entretanto todos têm direito e necessidade existencial de aceder.

Essa é a razão pela qual a teoria do discurso de Habermas é fundamental para o tema, na medida em que através de um procedimento discursivo racional criam-se normas cujos destinatários também são seus autores, participando efetivamente, sendo corolários a autonomia privada e a pública, indispensáveis à democracia.

Nesse sentido aplica-se também o princípio da continuidade do serviço público, especialmente de abastecimento de água, porquanto a sua preservação a todos depende do uso racional do bem por todos. Isto é, a continuidade desse serviço essencial depende do consumo racional e com observância do desenvolvimento sustentável do meio ambiente e do princípio da solidariedade de que todos têm direito e necessidade essencial a esse bem.

Por essa razão justifica-se uma política tarifária que estimule a redução do consumo da água e desestimule o seu uso irracional, mas de forma nenhuma pode essa política colocar em risco o mínimo existencial da pessoa humana, tampouco representar um enriquecimento sem causa da prestadora do serviço.

Nomeadamente no saneamento básico, há de se estar atento à característica de monopólio natural, o que agrava a preocupação com os limites tarifários.

A tarifa, como contraprestação paga pelo usuário/consumidor de um serviço público essencial como o saneamento básico que atua em diversas esferas de direitos fundamentais (vida, saúde privada e pública, meio ambiente), não pode ter suas considerações restritas ao direito de receber pagamento e lucro por um serviço prestado, mas deve corresponder a um serviço que atenda aos fins sociais da cidadania.

Em outras palavras, o aspecto econômico da tarifa para com o concessionário é uma visão parcial e estratégica (egoística, visando os próprios e exclusivos interesses), o aspecto social da tarifa se sobrepõe, pois corresponde a um bem essencial à vida e saúde.

A tarifa deve ainda considerar as desigualdades sociais e regionais.

Assim, deve garantir o mínimo existencial das pessoas, não fazendo sentido uma limitação maior que cause risco à vida e à saúde das pessoas.

Se de um lado, é preconizada a tarifa mínima pela mera disponibilidade do serviço, de outro há de se manter o serviço mínimo, que impeça qualquer atentado a direitos fundamentais vitais.

O delimitador preciso no campo de atuação tarifária é a dignidade da pessoa humana, pelo que faz sentido o princípio da modicidade tarifária, pois tem por finalidade imediata dar acesso universal ao saneamento básico, garantindo direitos fundamentais como a vida, a saúde, a moradia.

4.13. Democracia participativa nos termos de Habermas para a equação tarifária

4.13.1. Bases normativas e fáticas de sustentação

Temos demonstrado, ao longo de todo presente trabalho – Capítulos I, II e III – que o saneamento básico envolve um bem e um serviço essenciais à vida e à dignidade humanas e que demanda um exercício mais participativo do seu maior interessado: o usuário, como pressuposto da democracia, com todas as premissas que lhe são necessárias.

Vimos apresentando fundamentadamente que a República prevista na Constituição Federal contempla os princípios liberais conquistados, mas também os de um Estado de bem estar social voltado mais à coletividade, à compreensão do ser humano de um para com o outro. O indivíduo inserido num contexto em que todos são iguais não apenas perante a lei (igualdade formal), mas uns perante os outros, todos dotados de uma mesma dignidade, o que invoca a proteção dos direitos fundamentais para fins de igualdade material, também nas relações privadas, como já acontecia anteriormente perante o Estado.

Uma das dificuldades de se alcançar uma verdadeira igualdade material é a disparidade de armas entre as pessoas, por não disporem, todas igualmente, de um mesmo instrumento jurídico ou com mesmo potencial protetor, defensivo e até conquistador. Pois a conquista de direitos demanda armas, assim como a sua proteção e defesa.

A legitimidade de um Direito, nos ensinamentos de Habermas, a partir da sua teoria discursiva, depende do consenso entre os concernidos. Nisso está a sua concepção de um Estado Democrático de Direito, que não retire a autonomia das pessoas (excesso de proteção, sendo paternalista), mas não as abandone sob o argumento de que todos já a tem (Estado Liberal, cuja concepção da autonomia é formal).

No caso, a tarifa é estabelecida por quem tem domínio técnico: as empresas e as autarquias. A proteção ao consumidor, usuário do bem e serviço que compõem o saneamento básico, fica limitada ao Código de Defesa do Consumidor, que não é suficiente dada a dimensão e importância da atividade econômica que se está diante.

Não apenas em relação às metas do Marco, como a universalização, mas todos os direitos fundamentais envolvidos nessa relação jurídica que não é restrita às partes (fornecedor e consumidor), e ainda que fosse já teria uma dimensão social significativa.

Basta pensar nos problemas de saúde que a falta de saneamento gera, impactando os outros e, portanto, seus direitos fundamentais, e o orçamento do Estado que é direcionado ao interesse público, isto é, aos outros também.

No entanto, apesar de todas essas dimensões e impactos que significam a tarifa – lembre-se, repita-se –, o seu não pagamento gera a interrupção, legal, do saneamento básico – ela tem uma conotação atual meramente individual, ainda que se considere as suas variáveis (faixa de consumo, categorias de usuários etc.) e até mesmo a tarifa social.

Na verdade, ainda que tenha todas essas peculiaridades, ela não pode se prestar à exorbitância dos lucros, que não podem ser ilimitados, porque o serviço, sendo público e essencial, serve para garantir uma série de direitos fundamentais.

Dito de outra forma, uma tarifa de saneamento básico que não esteja nos moldes das legítimas expectativas do usuário/consumidor o oprime.

Essa opressão lhe retira todo poder sobre a vida própria e a vida em coletividade, consigo mesmo e com os outros e para com os outros, vez que o saneamento básico afeta a todos, não é um item de consumo particular.

Outrossim, por estar sujeita ao monopólio natural[470], não tem sequer o consumidor a opção de ir se servir de outro prestador. Não há concorrência no setor.

Não por isso, mas principalmente porque "largar" é o abandono dos seus direitos fundamentais e de todos.

A concorrência possível, meramente no processo licitatório, é pouco demais para tudo que a atividade econômica impacta em níveis individuais, transindividual, social e político. Mesmo porque para uma concorrência minimamente justa tem que ser ampla e não pode ser dominada por um grupo de pessoas determinadas.

A ideia consagrada constitucionalmente da livre concorrência (art. 170, IV) como norma equilibradora da livre iniciativa e garantidora dos direitos do consumidor, não alcança a sua finalidade em totalidade no saneamento básico pelas próprias limitações desta atividade econômica.

Aliás, a ordem econômica não existe sozinha na Constituição da República, ela se insere no contexto do Estado Democrático de Direito, cuja legitimidade do Direito depende da observância dos objetivos fundamentais da República previstos no art. 3º, isto é, da construção de uma sociedade livre, justa e solidária; do desenvolvimento nacional; da erradicação da pobreza e da marginalização, bem como da redução das desigualdades sociais e regionais; e da promoção do bem de todos, sem preconceitos de origem, raça, sexo, cor, idade e quaisquer outras formas de discriminação.

[470] "O monopólio natural ocorre quando é mais barato atender o consumidor por um único prestador do serviço e não pela competição entre fornecedores.
É o caso de serviços de rede que demandem vultosos investimentos. Por exemplo, água ou gás canalizado. Se diversas empresas instalassem tubulações numa mesma rua para competir entre si, a confusão seria grande e o preço do serviço elevado devido à perda da economia de escala. Por outro lado, para evitar abusos, é preciso garantir uma tarifa justa, calculada por agência reguladora capaz e independente, e não o preço livremente fixado pelo monopolista." (Cfe. KELMAN, Jerson. *Constituição e Monopólio Natural. In* Brasil Energia.
Disponível em https://editorabrasilenergia.com.br/constituicao-e-monopolio-natural/. Publicado em 26/9/2020. Capturado em Agosto de 2022.

Cabendo a todos os poderes, ao operador do Direito e ao jurista encontrarem os caminhos adequados e justos para esses objetivos, como um compromisso republicano.

As empresas, quando participam de um processo licitatório nesse setor, já devem – ou deveriam saber – dos investimentos necessários e dos custos da operação, bem como a fonte de subsídio público, exatamente porque dotadas de capacidade técnica e expertise no setor, naquela atividade econômica em que se propõem atuar.

A tarifa, que já tem a sua característica de modicidade determinada pela lei, justamente pela essencialidade do bem e por ser público, o que demonstra a sua importância não apenas individual, mas transindividual, tem que se manter dentro dos parâmetros suportados pelas pessoas de uma determinada região e capacidade econômica, sob pena de colocar os direitos fundamentais em risco de um e de todos.

Não se trata apenas de transparência e direito à informação, repita-se, como já são direitos previstos no Código de Defesa do Consumidor e na própria Lei do Saneamento Básico[471].

É necessário que o usuário participe desse processo de construção tarifária não somente para controlar o que recebe e o que paga em contraprestação e por que paga, mas para garantir o processo democrático dos direitos fundamentais de si mesmo e de todos, verificando e atuando no sentido da sua emancipação como ser político, social e individual. De ser transformador e autor das normas jurídicas, além de mero destinatário.

Vamos demonstrar que a participação na tarifa constitui uma importante arma para esse exercício democrático, porque sobre ela recaem todos os direitos elementares do usuário e também a sustentação da empresa prestadora do serviço que ao mesmo tempo tem poder imenso sobre ela, vez que não se não for paga não presta o serviço.

Esse poder coloca em risco a dignidade humana e a vida. Sobretudo levando em conta os aumentos tarifários que ocorreram após a desestatização do setor em diversos lugares no mundo.

[471] De acordo com o art. 39 da Lei 11.445/07, "as tarifas serão fixadas de forma clara e objetiva, devendo os reajustes e as revisões serem tornados públicos com antecedência mínima de 30 (trinta) dias com relação à sua aplicação.
Parágrafo único. A fatura a ser entregue ao usuário final deverá obedecer a modelo estabelecido pela entidade reguladora, que definirá os itens e custos que deverão estar explicitados."

O serviço é público porque é de titularidade de um ente público, cabendo, nomeadamente após a Lei 14.026/20, a sua concessão, e cujos contratos de programa a nova lei determinou sua extinção no seu termo final, para que a partir de então esteja submetido ao processo concorrencial licitatório.

A finalidade das alterações ao Marco Legal do setor, como se vem repetindo, é precipuamente a universalização do saneamento básico, pelo que o Poder Legislativo, no exercício de sua função legiferante e de representação da sociedade brasileira, entendeu como melhor solução a sua desestatização, no sentido de que a iniciativa privada é dotada de maiores recursos e *know-how* para o objetivo proposto.

Para tanto, atribuiu, através da Lei 14.026/20, alteradora da lei 11.446/07, à original Agência de Águas a fiscalização e o controle do setor do saneamento básico, com a função primordial de estabelecer normas de referência que visam à harmonização do serviço, considerando, entretanto, as peculiaridades locais, pelo que os municípios devem direcionar as respectivas normas.

Isso porque a única forma de diminuir as desigualdades regionais (e também as sociais) brasileiras é considerar as dificuldades enfrentadas por cada território municipal, onde o serviço é prestado, muitas vezes, entretanto, em gestão associada, a depender dos interesses limítrofes.

O usuário, por sua vez, é quem suporta todos os impactos financeiros e econômicos da prestação do serviço: os custos do serviço, os investimentos realizados, a proteção ambiental, os tributos cobrados, a administração que todas essas despesas requer, tudo isso é o somatório que aparece na sua "conta de água".

Acrescenta-se a essa soma, os impactos da tarifa social, distribuídos entre os demais usuários do serviço público como subsídio cruzado, e ainda o lucro da empresa, que não é proibido, pelo contrário, a intervenção do Estado, nesse ponto, é limitada, sendo mesmo um dos fundamentos da República brasileira a livre iniciativa (art. 1º, §4º da Constituição da República), que também é um dos pilares da ordem econômica (art. 170, *caput*, CR).

Todavia, é também limitada a livre iniciativa pelos outros princípios fundamentais, tais como o pluralismo político, os valores sociais do trabalho, a cidadania, a dignidade humana e a soberania.

Todos, portanto, devem conviver entre si de forma harmônica.

De se ressaltar, entretanto, que a dignidade da pessoa humana requer observância dos direitos fundamentais, sem os quais não lhe é possível assegurar o mínimo existencial, e cuja inobservância retira do Estado o sentido da própria existência, sendo, aliás, cláusula pétrea, não passível de emenda constitucional restritiva (art. 60, §4, CR).

Nisso se insere, no contexto do saneamento básico, o direito à vida, à saúde, à educação, aos valores sociais do trabalho, à existência digna, à moradia, ao meio ambiente saudável e sustentável.

Sem água não se vive, assim como se põe em risco a vida sem a coleta e o tratamento do esgoto e sem o recolhimento adequado do lixo como sem a drenagem das águas pluviais.

Ao mesmo tempo são muitos os casos de internação hospitalar decorrentes de contaminação hídrica, pela água não potável e pela ausência de coleta e tratamento do esgoto, que põe a céu aberto, escorrendo pelas ruas asfaltadas ou de terra, o mau cheiro e todos os microorganismos infecto-contagiosos e pelo lixo não recolhido adequadamente também.

Fora os constrangimentos que a falta desse bem e serviço essenciais causam, especialmente às mulheres que muitas vezes contraem doenças ginecológicas e se submetem aos riscos da violência sexual para buscar água e fazerem suas necessidades fisiológicas em certos lugares, como se teve oportunidade de retratar. Meninas também estão mais expostas a essa situação, que acabam por faltar mais às aulas em decorrência que a falta de água e saneamento, de um modo geral, lhes provocam em particular.

Por conseguinte, aumenta a evasão escolar por falta do saneamento básico, repercutindo no atraso na inserção ou má colocação no mercado de trabalho de milhares de meninas e meninos, futuros adultos e "futuro da nação", retirando oportunidades de emprego e de crescimento profissional, pessoal, econômico e social.

Igualmente não se pode dizer que alguém tem moradia se, morar depende de uma infraestrutura de saneamento básico, que constitui as necessidades mais elementares do ser humano.

Mister destacar o período pandêmico da COVID-19, que alarmou a essencialidade da água e do saneamento básico como um todo, quando para as populações que não tinham acesso à água, os governos tiveram que disponibilizar caminhões-pipa.[472]

[472] Comunicação CEDAE. *CEDAE contrata 40 caminhões-pipa para atender comunidades.* 22 de Março de 2020. Disponível em: Notícias (cedae.com.br). Capturado em Junho de 2023.

A COVID-19 também trouxe um novo olhar para a autorização legal de interrupção do fornecimento do serviço por inadimplência como medida coercitiva para o pagamento da tarifa, vez que a proibiu e impôs aos prestadores do serviço o parcelamento e o adiamento do cumprimento da obrigação por parte do usuário.[473]

Nunca se pôde ver – infelizmente – sem a COVID-19, com tanta nitidez a essencialidade do acesso à água potável e do serviço de saneamento básico.

Outrossim, a atividade do saneamento básico – abastecimento de água e distribuição, coleta e tratamento do esgoto, drenagem das águas pluviais e recolhimento e destinação adequados do lixo, tem compromisso direto com as normas de proteção ambiental, de modo não apenas garantir à geração atual existência digna, mas também às gerações futuras através do uso racional dos recursos naturais e fazendo os devidos investimentos nesse sentido.

A escassez da água decorrente das mudanças climáticas associada às perdas d'água repercutem diretamente na tarifa, pois quanto mais escasso o bem maior o seu valor, mas não menos na vida e no futuro das pessoas, que aliás se veem cada vez mais em risco com o crescimento populacional, se medidas adequadas e enérgicas não forem tomadas.

Todas as questões aqui colocadas são direitos do usuário, que é a pessoa humana final da cadeia econômica, sendo a que paga a conta, portanto, o consumidor que tem a proteção do sistema jurídico em virtude da sua vulnerabilidade intrínseca.

A falta de domínio técnico do serviço que lhe é prestado demanda um arcabouço normativo e de políticas públicas a fim de proteger tanto a sua autonomia como assegurar a igualdade material.

Desta forma, apesar do contrato de adesão a que está sempre sujeito e que é o meio de lhe facilitar o acesso aos bens e serviços, a função social do contrato, balizadora da liberdade do conteúdo contratual, impõe o equilí-

[473] A Lei nº 6.551/2020, do Distrito Federal, assegura que os consumidores ou usuários de serviços públicos essenciais de água, luz, internet e gás canalizado, não podem ter o fornecimento dos mencionados serviços interrompidos, por falta de pagamento, durante situações de calamidade pública, como a epidemia do coronavírus.
Também a Lei 8.769, de 23 de Março de 2020, do Estado do Rio de Janeiro, que no seu art. 2º vedou a interrupção de serviços essenciais por falta de pagamento, pelas concessionárias de serviços públicos. Entendido como serviços essenciais para efeito do disposto no caput deste artigo, o fornecimento de água e tratamento de esgoto, gás e energia elétrica.

brio equitativo do negócio jurídico, mas principalmente um olhar para a pessoa humana não mais como sujeito de uma relação jurídica, mas como protagonista dos direitos na esfera privada e na esfera pública.

De modo que a cidadania, também objetivo fundamental da República, seja efetivada, nos moldes que a exprimem a autonomia privada e pública de Habermas.

A função social do contrato alia-se à função social da empresa, ambos direitos fundamentais, que têm como denominador comum o princípio da função social da propriedade privada, limitadora de uma liberdade egoística que se volta para um sujeito desconectado do seu coletivo e, portanto, desigual, materialmente, dos demais, sobre os quais tem vantagens.

A intervenção estatal se justifica não apenas para controlar as relações estritamente privadas, mas suas repercussões em sociedade, nas gerações atuais e futuras, impedindo a exploração do outro, igual formalmente, mas que tem que ser igualado materialmente como medida de dignidade humana e do meio ambiente no qual todos estão inseridos.

As incursões que o Estado faz visam garantir os direitos fundamentais de todos e as respectivas dignidades humanas, como forma de conferir cidadania e autonomia privada e pública não apenas para ser destinatário do Direito como também produtor do Direito, autor da própria vida. No sentido do Direito lhe conferir a emancipação enquanto ser ativo político.

As privatizações trouxeram o problema em diversos países onde ocorreu a desestatização do saneamento básico o aumento abusivo das tarifas e a má prestação dos serviços, constatando concomitantemente a ausência dos investimentos assumidos no processo licitatório e o acréscimo dos lucros dos acionistas.

Por todas as razões explanadas no decorrer dessa tese, insta estabelecer a participação do consumidor na equação tarifária.

4.13.2. A necessidade de participação do consumidor do serviço de saneamento básico no processo tarifário – falhas do sistema regulatório

Cumpre retomar a ideia de que o destinatário final do bem e do serviço é quem paga pela tarifa e todas as suas flutuações. Está na ponta da cadeia econômica ao mesmo tempo sustentando-a.

Desta forma, toda a população sofre a repercussão da tarifa, pois de uma forma ou de outra paga por ela. Ela está embutida em toda e qualquer entrega de bem e prestação de serviço ao consumidor em geral do que quer que seja, pois serviço público essencial e sem o qual nenhuma atividade econômica é possível de ser desempenhada.

Ao mesmo tempo, o consumidor direto do serviço de saneamento básico pode e deve ter o controle do que lhe é e não prestado e a contraprestação que paga por isso, ou seja, a tarifa.

O consumidor tem o direito de saber se a prestação cumpre os requisitos legais de acessibilidade física, financeira, de qualidade, de quantidade, em que medida suporta as tarifas sociais, os investimentos, os custos da operação, os tributos.

Não se trata apenas de transparência, de direito à informação, mas tanto quanto as empresas e as autarquias, o consumidor deve participar do processo tarifário.

As autarquias muitas vezes cedem ao que as empresas estabelecem como equação tarifária, seja pela captura técnica ou política.

Além disso, e principalmente, esse modelo, tal como estabelecido, retira da pessoa o esclarecimento, tal como explicado nos capítulos anteriores conforme Kant, dificultando ou eliminando os processos decisórios da própria vida e da vida política e coletiva.

Sob o argumento de que é um assunto extremamente técnico, a ser decidido pelo (melhor) perito, são escondidos todos os direitos fundamentais do usuário, assumindo o Estado, por meio das suas autarquias o papel de guardião desses direitos ocultados dos próprios titulares.

As autarquias seriam as vozes das pessoas sobre os direitos fundamentais que estão contidos no direito ao saneamento básico, que por si só, é um direito fundamental vez que sem ele outros não se concretizam.

No entanto, muitas vezes as próprias autarquias, como se disse, cedem à "técnica empresarial do setor", que tem o domínio acerca do assunto tarifário.

As empresas, por sua vez, visam o lucro e a medida do lucro é difícil de ser pautada à distância.

Ao mesmo tempo, o Estado Regulador, com as intervenções de ordem técnica que faz, está apenas ocupado com a estabilidade e o crescimento econômicos e preocupado em diminuir os riscos decorrentes, e, portanto, visa a resolução de questões técnicas.

Habermas explica:

> O programa substitutivo hoje dominante dirige-se só ao funcionamento de um sistema regulado. Exclui as questões práticas e assim a discussão acerca

> de critérios que só poderiam ser acessíveis a formação da vontade democrática. A solução de tarefas técnicas não está referida a discussão pública. As discussões públicas poderiam antes problematizar as condições marginais do sistema, dentro das quais as tarefas da atividade estatal se apresentam como técnicas. A nova política do intervencionismo estatal exige, por isso, uma despolitização da massa da população. E, na medida em que há exclusão das questões práticas, fica também sem funções da opinião pública política.[474]

No sentido de se implementar uma verdadeira politização da massa da população, nomeadamente os marginalizados e os que sofrem os maiores impactos da tarifação, já que o Direito tende a se direcionar, no seu conjunto normativo, para o cientificismo técnico, é mister criar as bases filosóficas de sustentação.

4.13.3. Justificativas filosóficas para a participação do consumidor no processo tarifário

Na época pré-moderna, a legitimação das normas tinha fundamentação metafísica ou religiosa. A ordem existente encontrava sua razão nos mandamentos ou nos ensinamentos da divindade veneradas pela comunidade.

Na modernidade, Weber denomina de "desencanto" o fenômeno de não haver mais uma verdade absoluta para todas as situações que se apresentam numa sociedade cada vez mais complexa e pluralista e que por isso passa a ter diversidade de convicções.

Habermas, em sua obra "Técnica e Ciência como Ideologia", salienta que:

> A «racionalização» progressiva da sociedade depende da institucionalização do progresso científico e técnico. Na medida em que a técnica e a ciência pervadem as esferas institucionais da sociedade e transformam assim as próprias instituições, desmoronam-se as antigas legitimações. A secularização e o «desencantamento» da cosmovisões orientadoras da ação, da tradição cultural no seu conjunto, é o reverso de uma «racionalidade» crescente da ação social.[475]

[474] Habermas,,Jürgen. *Técnica e Ciência como Ideologia*. Trad. Artur Morão. Suhrkamp Verlag: Frankfurt am Main, 1968 p. 71.

[475] Habermas,*op. cit.*, p. 45-46.

Essa racionalização seria uma forma determinada de dominação política oculta pois,

a racionalidade deste tipo só se refere à correta eleição entre estratégias, a adequada utilização de tecnologias e a pertinente instauração de sistemas (em situações dadas para fins estabelecidos), ela subtrai entrelaçamento social global de interesses em que se elegem estratégias, se utilizam tecnologias e se instauram sistemas, a uma reflexão e reconstrução racionais. Essa racionalidade estende-se, além disso, apenas as situações de emprego possível da técnica e exige, por isso,um tipo de ação que implica dominação quer sobre a natureza ou sobre a sociedade. A ação racional dirigida a fins é, segundo a sua própria estrutura, exercício de controles.[476]

Citando Marcuse, Habermas alude que:

> O método científico, que levava sempre a uma dominação cada vez mais eficaz da natureza, proporcionou depois também os conceitos puros e instrumentos para uma dominação cada vez mais eficiente do homem sobre os homens, através da dominação da natureza ... Hoje, a dominação eterniza-se e amplia-se, não somente mediante a tecnologia, mas como tecnologia; e esta proporciona a grande legitimação ao poder político expansivo, que assume em si todas as esferas da cultura. Neste universo, a tecnologia proporciona igualmente a grande racionalização da falta de liberdade do homem e demonstra a impossibilidade «técnica» de ser autônomo, de determinar pessoalmente a sua vida. Com efeito, esta falta de liberdade não surge nem irracional nem como política, mas antes como sujeição ao aparelho técnico que amplia a comodidade da vida e intensifica a produtividade do trabalho. A racionalidade tecnológica protege assim antes a legalidade da dominação em vez de a eliminar e o horizonte instrumentalista da razão abre-se a uma sociedade totalitária de base racional».[477]

Neste sentido, segundo Habermas, o capitalismo promete a justiça da equivalência nas relações de troca, vez que é a instituição do mercado em que proprietários privados trocam mercadorias, que inclui um mercado em que pessoas privadas e sem propriedade trocam como única mercadoria a sua força de trabalho. Aduz o filósofo:

[476] HABERMAS, *op. cit.*, p. 46.

[477] HABERMAS. *Técnica e Ciência...*, *op. cit.*, p. 49

> Com a categoria da reciprocidade, também está ideologia burguesa transforma ainda em base da legitimação um aspecto da ação comunicativa. Mas o princípio da reciprocidade é agora princípio de organização dos próprios processos de produção e, reprodução social. Por conseguinte, a dominação política pode doravante legitimar-se a «partir de baixo», em vez de ser «a partir de cima» (apelando para a tradição cultural).[478]

A compreensão acerca da evolução da sociedade moderna no marco de um capitalismo regulado pelo Estado não pode compreender-se se, primeiro, não se tiver conceptualizado o capitalismo liberal.[479]

Habermas sustenta que a regulação a longo prazo do processo econômico pela intervenção do Estado brotou da defesa contra as disfuncionalidades que ameaçam o sistema de um capitalismo abandonado a si mesmo, cuja evolução efetiva estava manifestamente em contradição com a sua própria ideia de uma sociedade civil que se emancipa da dominação e neutraliza o poder. O filósofo de Frankfurt ressalta, nesse contexto, que a ideologia básica da troca justa, que Marx desmascara teoricamente, sofreu também um colapso na prática. A forma de revalorização do capital em termos de economia privada só pode manter-se graças aos corretivos estatais de uma política social e econômica estabilizadora do ciclo econômico.[480]

Visto que o poder exercido indiretamente através do processo de troca é controlado, por seu turno, mediante uma dominação pre-estatalmente organizada e estatalmente institucionalizada, a legitimação já não pode deduzir-se de uma ordem apolítica, isto é, das relações de produção.[481]

Explica Habermas:

> A dominação em termos de democracia formal, própria dos sistemas do capitalismo regulado pelo Estado, encontra-se sob uma necessidade de legitimação, que já não pode resolver-se pelo recurso a forma pre-burguesa de legitimação. Assim, para lugar o da ideologia da troca livre, entra um programa substitutivo que se orienta pelas consequências sociais, não da instituição do mercado, mas de uma atividade estatal que compensa as disfunções do intercâmbio livre. Esse programa vincula o momento da ideologia burguesa

[478] HABERMAS. *Técnica e Ciência...*, *op. cit.*, p. 64.
[479] HABERMAS. *Técnica e Ciência...*,*op. cit.*, p. 68.
[480] *Idem.*
[481] HABERMAS. *Técnica e Ciência...*,*op. cit.*, p. 69.

do rendimento (que, sem dúvida, desloca a atribuição de estatuto segundo a medida do rendimento individual desde o mercado para o sistema escolar) coma garantia de um mínimo de bem-estar da estabilidade no posto de trabalho e da estabilidade dos rendimentos. Semelhante programa substitutivo obriga o sistema de dominação a manter as condições de estabilidade de um sistema global que garante a segurança social e as oportunidades de promoção pessoal, e a prevenir os riscos do crescimento. Isto exige um espaço de manipulação para as intervenções do Estado que, a custa da limitação das instituições do direito privado, asseguram no entanto a forma privada da revalorização do capital e vinculam esta forma ao assentimento das massas.

Na medida em que a atividade estatal visa a estabilidade e o crescimento do sistema econômico, a política assume um peculiar caráter negativo: orienta-se para a prevenção das disfuncionalidades e para o evitamento dos riscos que possam ameaçar o sistema; portanto, a política visa não a realização de fins práticos, mas a resolução de questões técnicas.[482]

Dessa forma, o Estado Regulador, ao se concentrar nas questões econômicas e técnicas[483] para manter a estabilidade e crescimento econômicos, acaba por deixar de fora diversos interesses legítimos, nomeadamente referidos aos direitos fundamentais dos titulares do direito à água potável e ao saneamento básico em geral, como direito essencial à vida e à saúde (individual) e pública.[484/485]

[482] Habermas, *op. cit.*, p. 70.

[483] Por tecnocracia entende-se que o poder é legítimo por obedecer a regras técnicas, das quais se exige eficácia e não justiça.

[484] Diz Habermas: "A consciência tecnocrática é ideologia de fundo, um tanto vítrea, hoje dominante, que faz da ciência um feitiço, e mais irresistível e de maior alcance do que as ideologias de tipo antigo, já que com a dissimulação das questões não só justifica o interesse parcial de dominação de uma determinada classe e reprime a necessidade parcial de emancipação por parte de outra classe, mas também afeta o interesse emancipador como tal do gênero humano." (Habermas. *Técnica e Ciência...*, *op. cit.*, p. 80).

[485] «O a priori tecnológico é um a priori político na medida em que a transformação da natureza tem como consequência a do homem, e em que «as criações derivadas do homem» brotam de uma totalidade social e a ela retornam. Pode, no entanto, insistir-se em que a maquinaria do universo tecnológico «enquanto tal» é indiferente perante os fins políticos – pode servir de acelerador ou de freio a uma sociedade. Uma calculadora eletrônica pode servir tanto a um regime capitalista como a um regime socialista; um ciclotrão pode ser um bom instrumento, tanto para um partido adepto da guerra como para um partido pacifista ... No entanto, se a técnica se transforma na forma englobante da produção material, define

Mais gravemente, como aponta Habermas:

> O capitalismo estatalmente regulado, que surgiu de uma reação contra as ameaças aos sistemas geradas pelo antagonismo aberto das classes, pacifica o conflito das classes. O sistema do capitalismo tardio está a tal ponto determinado para uma política de compensações que assegura a lealdade das massas dependentes do trabalho, ou seja, por uma política de evitação do conflito, que é precisamente esse conflito incrustado sem cessar na estrutura da sociedade com a regularização do capital em termos de economia privada,o que com a maior probabilidade de permanecer latente.[486]

E prossegue filósofo: "Prenhes de conflito são as necessidades que ficam na periferia do campo da ação estatal, porque estão afastadas do conflito central conservado em estado latente e por isso nenhuma prioridade se lhes concede na prevenção dos perigos."[487]

Como observamos anteriormente, foram muitos os casos de insucesso da privatização em determinados países. O mau êxito se deu pela má política tarifária e de ausência de controle adequado da prestação do serviço de saneamento básico e dos investimentos prometidos, causando uma reação popular de insatisfação e a consequente reestatização.

A não observância dos interesses dos usuários, através um agir egoístico por parte das empresas, com geração excessiva de lucros para os seus acionistas, numa visão estratégica comportamental, levou ao fracasso das privatizações assinaladas.

A função social da empresa, a defesa do consumidor, limitadores da propriedade privada (e do respectivo contrato) e que visam garantir direitos fundamentais restam desrespeitados nesses cenários.

O Estado fracassa no seu papel democrático, pois deixa dominarem os interesses de um grupo em detrimento dos direitos fundamentais de todos, e ao se substituir tecnocraticamente na legitimação desses interesses compromete a emancipação do gênero humano.

então uma cultura inteira; e projeta uma totalidade histórica – um «mundo» (HABERMAS. *Técnica e Ciência...*, *op. cit.*, p. 54-5).

[486] HABERMAS, *Técnica e Ciência...*, *op. cit.*, p. 76-77.

[487] HABERMAS. *Técnica e Ciência...*, *op. cit.*, p. 77.

4.13.4. Democracia deliberativa e participativa e o Agir comunicativo, de Habermas, para a tarifação do saneamento básico

Habermas advoga que as normas serão legítimas na medida em que seus destinatários sejam também os seus autores. Estaria aí a noção de democracia.

De acordo com a concepção liberal de democracia, o status de cidadão é determinado segundo o modelo das liberdades negativas, de direitos subjetivos livres de coação externa, ao passo que na concepção republicana, os direitos de cidadania, direitos de participação e comunicação política são direitos positivos, ou seja, eles não garantem liberdade em relação à coação externa, mas sim a participação em uma práxis comum, por meio de cujo exercício os cidadãos só então se tornam o que tencionam ser que são politicamente responsáveis de uma comunidade de pessoas livres e iguais.[488]

Nesse diapasão, Habermas sugere um terceiro modelo de democracia, no qual o processo político baseia-se nas condições comunicacionais, a partir do que alcança resultados racionais porque cumpre-se de modo deliberativo.[489]

A democracia – deliberativa e discursiva – concebida por Habermas depende de um procedimento comunicativo em esfera pública dos concernidos, tendentes à autonomia privada e também pública.

Nesse âmbito, discursivo e em esfera pública, os indivíduos decidiriam suas existências coletivas.[490]

O princípio moral fundamentado pela ética do discurso de Habermas tem a formulação de que toda norma válida tem que preencher a condição de que as conseqüências e efeitos colaterais que previsivelmente resultem de sua observância universal, para a satisfação dos interesses de todo indivíduo possam ser aceitas sem coação por todos os concernidos.[491]

Desta forma, sustenta que o agir comunicativo se dá quando os atores harmonizam internamente os seus planos de ação e só perseguem suas

488 HABERMAS, Jürgen. *A Inclusão do Outro.Estudos de Teoria Política*. Trad. George Sperber e Paulo Astor Soethe. São Paulo: Loyola, 2002. p. 271-272.

489 HABERMAS. *A Inclusão do Outro..., op. cit.*, p. 277.

490 Em Kant a soberania da vontade harmonizada e unificada dos cidadãos é limitada pelos direitos humanos fundamentados moralmente, ao passo que em Rousseau os direitos humanos estão subordinados à vontade geral. A teoria de Habermas vai além, numa espécie de conjugação das duas.

491 HABERMAS, Jürgen. *Consciência Moral e Agir Comunicativo*. Trad. Guido A. Almeida. Rio de Janeiro: Tempo Brasileiro, 1989, p. 147

respectivas metas sob a condição de um acordo existente ou a se negociar sobre a situação existente e as consequências esperadas (acordo comunicativo, entendimento mútuo, em que o Alter anexa suas ações à do Ego).[492]

Trata-se de um procedimento diverso do que ocorre com o agir estratégico, em que os atores estão voltados apenas para o sucesso e para tanto sopesam os cálculos de ganhos egocêntricos.[493]

As pretensões do proferimento inteligível com vistas ao entendimento mútuo são: a verdade, a correção e a sinceridade.[494]

Citando Kohlberg, Habermas explica que a razão para se fazer o que é direito é que a gente, enquanto pessoa racional, percebeu a validade dos princípios e se comprometeu com eles.[495]

O exercício da democracia exige também a compreensão dos valores éticos que formam a identidade pessoal e coletiva, dos princípios morais que conduzem à aplicação da justiça, com fins à interação social.[496]

A ideia de esfera pública, em Habermas, consiste num domínio no qual o consenso social pode ser alcançado pela prática do discurso racional entre sujeitos autônomos.

Habermas sugeriu que as forças necessárias para impulsionar a tomada de decisões públicas nas direções defendidas por sua filosofia provavelmente virão de cidadãos revigorados, ativistas e engajados, trabalhando juntos para criar novas instâncias comunicativas que, com o tempo, se fundem em outras maiores ou, pelo menos, unem forças.

Sustenta que a existência de procedimentos e condições de comunicação específicos é o que torna possível a utilização efetiva da liberdade comunicativa igualitária e ao mesmo tempo impõe o uso pragmático, ético e moral da razão prática, ou o equilíbrio justo de interesses.[497]

Desta forma, Habermas pondera que a ação comunicativa é suficiente para fornecer uma fundamentação procedimental para a concepção de instituições políticas fundamentais.

[492] HABERMAS. *Consciência Moral e Agir Comunicativo...*, *op. cit.*, p. 164-5

[493] *Idem.*

[494] HABERMAS. *Consciência Moral e Agir Comunicativo...*, *op. cit.*, p. 167-8.

[495] HABERMAS. *Consciência Moral e Agir Comunicativo...*, *op. cit.*,p. 154.

[496] BANNWART JÚNIOR, Clodomiro José e CACHICHI, Rogério Cangussu Dantas. *Sociologia Jurídica de acordo com a Resolução 75/2009 do CNJ indicado para concursos de Magistratura, Ministério Público e Defensoria Pública*. Belo Horizonte: Arroes Editores, 2015, p. 2.

[497] HABERMAS.*Consciência Moral e Agir Comunicativo...*, *op. cit.*, p. 353.

Habermas preconiza que somente quando os participantes são livres e não coagidos eles podem sujeitar reivindicações normativas ao tipo de discussão que produz resultados.

Desta forma, é preciso que haja um sistema que incentive as pessoas a tratar os outros como iguais no lugar de se tratarem como instrumentos de produção.

Para Habermas, a comunicação ocorre sempre que se enfrentam divergências, ou pelo menos o pluralismo de convicções diversas. Sempre em busca de uma resolução futura, sem necessariamente ser um acordo.[498]

Segundo o filósofo, o objetivo, na democracia, é institucionalizar-se, progressivamente, os processos de formação racional da vontade: os cidadãos devem criar as próprias leis que os vinculam, através de um processo democrático institucionalizado em que discursos e negociações são estruturados de tal modo que as questões políticas passam a ter um tratamento racional.

Para ele, apenas um sistema jurídico baseado nos direitos humanos e na soberania popular poderia produzir regras legítimas.

No cerne da abordagem de Habermas está uma teoria moral, uma tentativa construir um ponto de vista moral que as pessoas racionais empregam quando justificar e avaliar normas.

Esta postura, uma fusão de razão pura e a experiência vivida, em vez da razão kantiana pura, obriga a adoção de procedimentos que permitem um tipo especial de discurso como um meio de debater reivindicações de valor.

O uso de procedimentos discursivos que cumpre as restrições de Habermas também cria uma espécie de círculo virtuoso, à medida que os participantes se tornam socializados para assumir a responsabilidade por tomada de decisão coletiva e pensando mais claramente sobre os seus próprios e os interesses de outras pessoas.

No entanto, Habermas aceita um compromisso negociado se o resultado for melhor do que nenhum acordo em tudo. Considera, ao mesmo tempo, que as pessoas muitas vezes são vítimas de ações estratégicas, incluindo coerção econômica, nesses casos os indivíduos podem não reconhecer o que é melhor para eles, mesmo que lhes fosse explicado.

Assim, avança para uma propositura: para alcançar o discurso prático Habermasiano, os participantes devem chegar o mais perto possível de

[498] *Idem.*

um ideal em que: todas as vozes de qualquer forma relevantes sejam ouvidas; os melhores argumentos disponíveis para nós, dado o nosso presente estado de conhecimento são trazidos para fundamentar; e apenas a força não coagida do melhor argumento determina as respostas 'sim' e 'não' dos participantes.

Formula o princípio da universalização, segundo o qual:

> (U) Toda norma válida tem que preencher a condição de que as conseqüências e efeitos colaterais que previsivelmente resultem de sua observância universal, para a satisfação dos interesses de todo indivíduo, possam ser aceitas sem coação por todos os concernidos.[499]

Habermas argumenta que os compromissos exigidos para o discurso prático surgem de um compromisso de boa-fé com o debate honesto.

Uma vez que as partes se comprometam a debater um com o outro não estrategicamente, eles embarcam em um curso que exige que todas as partes afetadas deliberem juntas em uma conversa fundamentada que visa a um acordo fundamentado.

Este requisito, pondera Habermas, emana dos requisitos da razão e dos requisitos cognitivos da linguagem.

Especificamente, Habermas argumenta que a decisão de comunicar carrega quatro premissas implícitas que qualquer pessoa que honestamente busca se comunicar pressupõe: que o enunciado é compreensível; que o enunciado é verdadeiro; que o falante é sincero, e que o enunciado é o certo para a situação.[500]

Em outras palavras, que o falante não está tentando confundir o ouvinte, e que o falante acredita sinceramente que o que ele disse é relevante e capaz de ser entendido.[501]

Esses valores fundamentais compartilhados, sem os quais Habermas afirma que qualquer discurso real é impossível, são suficientes para fornecer uma base para uma ética de interação social.

[499] HABERMAS. *Consciência Moral e Agir Comunicativo...,op. cit.*, p. 147.

[500] HABERMAS. *Consciência Moral e Agir Comunicativo...,op. cit.*, p. 167-168.

[501] Habermas rejeita a ideia de que uma linguagem comum é necessária. Em vez disso, o que é necessário é a capacidade prática de compreender as declarações suficientemente para avaliar as razões para sua aceitação. Os membros da comunidade também devem concordar com os conceitos fundamentais para que uma comunicação significativa seja possível. Na verdade, os participantes precisam estar suficientemente familiarizados com as cosmovisões uns dos outros, ou pelo menos ser capaz de reconstruí-las mentalmente quando necessário.

Dada a multiplicidade de projetos de vida individuais e coletivos formas de vida, afirma Habermas que somente os pressupostos do procedimento do discurso para alcançar um acordo racional pode exigir consentimento universal.

A teoria de Habermas assume um encontro entre o liberalismo e o republicanismo, uma vez que "o liberalismo, que remonta a Locke, postulou uma primazia dos direitos humanos frente às tiranias e o republicanismo, que remonta a Aristóteles e ao humanismo político da Renascença, sempre deu primazia à autonomia pública dos cidadãos do Estado, em comparação com as liberdades das pessoas em particular que antecedem a política". [502]

Destarte, a soberania do povo nunca esteve tão potencializada. É preciso criar o território fértil e descrever claramente a finalidade desse povo.

Como salientado por Habermas no seu escrito "A Inclusão do Outro":

> O princípio da soberania popular expressa-se nos direitos à comunicação e participação que asseguram a autonomia pública dos cidadãos do Estado; e o domínio das leis, nos direitos fundamentais clássicos que garantem a autonomia privada dos membros da sociedade civil. O direito legitima-se dessa maneira como um meio para o asseguramento equânime da autonomia pública e privada.[503]

A legitimidade do Direito está, assim, no exercício permanente do poder comunicativo, cujas normas se fundam em argumentos racionais aceitáveis pelos seus destinatários, porquanto identifica-se no Direito tensão entre faticidade e validade, ou seja "entre a coerção do Direito, que garante um nível médio de aceitação da regra, e a ideia de autolegislação – ou da suposição da autonomia política dos cidadãos associados – que resgata a pretensão da legitimidade das próprias regras, ou seja, aquilo que as torna racionalmente aceitáveis.".

Em outras palavras, a partir dos pontos de vista da Teoria do Discurso, considera-se o processo democrático, que confere força legitimadora ao processo de criação do Direito.[504]

A legitimação do processo tarifário do saneamento básico demanda a participação não apenas das empresas, legitimadas por serem as prestado-

[502] Habermas. *A Inclusão do Outro, op. cit....*, p. 291.

[503] Habermas. *A Inclusão do Outro..., op. cit.*, p. 290-291.

[504] Habermas. *A Inclusão do Outro, op. cit....*, p. 291-292.

ras do bem e do serviço, não apenas do Estado enquanto de um lado titular do serviço – público – e de outro como regulador dessa atividade econômica, mas também e principalmente dos que suportam a tarifa, tanto no seu aspecto econômico-financeiro como enquanto contraprestação que deve equivaler uma prestação condizente.

Nesse caso, seria criado, por exemplo, um Comitê de Consumidores ou de Usuários do Saneamento Básico e por meio colegiado efetivamente participariam desse processo tarifário, não corroborando ou assinando abaixo do que já vem pronto, mas com voz ativa, votante, como eleitor desse processo, que tem o direito e o dever de direcionar os caminhos da sociedade em que se está inserido. Considerando, sobretudo, as peculiaridades regionais e sociais e com vistas à universalização do serviço.[505]

Uma norma construída a partir dos direitos de comunicação, da esfera pública, visando não somente a sua legitimação, mas também a sua estabilidade como consequência daquela.

O procedimento a que alude Habermas visa dar voz ativa e efetiva a todos os concernidos, como membros iguais (formalmente) de uma sociedade de desiguais para a qual se deve instrumentalizar a igualdade material e a qual não pode ser baseada na coerção, nos meros cálculos de riscos e eficiência das decisões, mas nomeadamente nos direitos fundamentais que conduzem à autonomia privada para a autonomia pública e da autonomia pública para fazer valer a autonomia privada.

Essa participação é conglobante do que integra o serviço em si (a prestação), em termos de acesso físico e financeiro, qualidade e quantidade adequadas; do preço em si, que abrange os custos operacionais, os investimentos, o compromisso com o meio ambiente, com a saúde pública e o lucro.

A transparência e a distribuição correta dos valores que compõem a tarifa, a equivalência das prestações, a modicidade tarifária e a solidariedade social manifestada pela tarifa social através de subsídios cruzados não podem estar nas mãos e decisões exclusivas do prestador privado do serviço e do agente regulador.

[505] A Lei 11.445/07 descreve participação no art. 47: "O controle social dos serviços públicos de saneamento básico poderá incluir a participação de órgãos colegiados de caráter consultivo, nacional, estaduais, distrital e municipais, em especial o Conselho Nacional de Recursos Hídricos, nos termos da Lei nº 9.433, de 8 de janeiro de 1997, assegurada a representação:...; IV – dos usuários de serviços de saneamento básico.

O lucro há de ser medido em função da modicidade tarifária, da sustentabilidade social e também ambiental, pois embora a atividade seja econômica e prestada por particulares é serviço público essencial com grande impacto social e ambiental e nos direitos humanos fundamentais, dos quais não se pode excluir seus titulares com meras aceitações e sob alegações de dominação tecnicista.

A discussão em todos os âmbitos é necessária. Como diz Habermas, não se trata, na teoria discursiva, de conteúdo, mas de procedimento, o qual faz participar todos os concernidos como modelo emancipatório.

Uma participação que é de interesse de todos e que deve reunir todos os concernidos, mesmo para prospecções, haja vista o cenário que já se apresenta de escassez hídrica, poluição, crescimento populacional e perdas d'água.

Quaisquer decisões que a essa altura exclua interesses legítimos está fadada ao fracasso democrático, levando a crises ou ilegitimidades porque violadoras de direitos fundamentais.

Como se extrai dos ensinamentos de Habermas, a concepção atual de democracia supera a predominância do interesse coletivo sobre o particular baseada exclusivamente na legitimação do contrato social, ou na predominância dos direitos individuais frente às opressões estatais.

Ambos se reúnem para através do procedimento discursivo entre os concernidos e de acordo com os critérios habermasianos estabelecidos fazerem da soberania popular a razão de ser do Estado de Direito Democrático: a autonomia privada e pública do gênero humano.

CONCLUSÕES

Demonstramos nesse trabalho de pesquisa para a obtenção do grau de Doutorado que para se alcançar uma justiça maior nos contratos de saneamento básico – que envolve naturalmente o poder concedente, titular do serviço público, o concessionário, fornecedor do bem água e do serviço de esgotamento sanitário, a autarquia ANA, agente regulador nacional e os demais dos entes federados, e o consumidor, que paga a tarifa pela prestação do serviço – é necessária uma releitura ou uma (re)interpretação do Direito tal como posto.

Essa justiça não se refere propriamente à justiça comutativa restrita aos contratos de um modo geral em que perquire tão somente a equivalência das prestações de um contrato bilateral e oneroso no sentido de se alcançar o equilíbrio econômico-financeiro esperado pelas partes contratantes.

Já há muito, como se viu, essa visão limitada foi superada por uma visão mais abrangente que perquire o bem que o contrato faz à coletividade, uma vez que já não se admitem fins egoísticos. O contrato é o principal instrumento de acesso à propriedade privada, mas especialmente no caso do saneamento básico que tem por objeto bem e serviço essenciais, existenciais, tem um alcance muito superior às partes diretamente envolvidas, pois nele estão inseridos diversos direitos fundamentais de órbita individual, transindividual e coletiva: a vida, a saúde, a moradia e o meio ambiente.

Dessa forma, a justiça a que se refere acima é a justiça social, vez que o saneamento básico, com a meta da universalização consagrada no Novo Marco Regulatório imprimida pela Lei 14.026/20 que alterou a Lei 11.445/07, visa à diminuição das desigualdades regionais e sociais e à erradicação da pobreza, garantindo à população brasileira acesso à água potável e ao esgotamento sanitário.

Ao mesmo tempo objetiva a cidadania e a dignidade da pessoa humana, esculpidas na Constituição da República como seus fundamentos.

A República brasileira constituída num Estado Democrático de Direito precisa, então, ter um olhar mais voltado para as pessoas que compõem a soberania estatal e menos para sobre o que recaem as relações jurídicas, sendo a pessoa não mais um elemento desta, mas sujeito que requer autonomia e emancipação para que seja o autor do processo democrático e não apenas o destinatário das normas.

Isso decorre da evolução que se verificou do Estado Liberal para o Estado do Bem-Estar Social, culminando numa necessidade para além das proteções individuais e coletivas, em que o indivíduo, pertencente a uma coletividade e integrador da soberania popular, busca legitimidade nas normas que lhe são endereçadas, em sociedades que se mostram cada vez mais plurais e complexas, o que torna mais aparente a insuficiência de uma democracia baseada precipuamente na representatividade.

O próprio Estado Regulador, nas economias capitalistas, diante dos desafios ambientais que se apresentam, precisa se reinventar de mero controlador e fiscalizador das normas cogentes para ter a resiliência como atitude fundamental para se traçar estratégias de recuperação e não perdas ambientais.

Além disso, deve assumir o papel de um Estado facilitador, que ouça e apresente diversos interesses e soluções para diminuir o efeito estufa causador de graves danos ambientais como a poluição e a escassez hídrica, no que toca ao tema desta pesquisa.

Nomeadamente no que concerne à água, a escassez hídrica passa a ser pauta das organizações internacionais e de diplomas nacionais, vislumbrando uma "guerra pela água", um bem que antes não era tido como limitado recebe olhares das mais variadas ordens, sobretudo econômica.

O saneamento básico, que também não tinha o devido valor, se insere no contexto da disputa por água e do desenvolvimento sustentável do meio ambiente. A Agência Nacional de Águas –ANA-, que antes se ocupava com a gestão dos recursos hídricos, passa a acumular a função de regular também o referido setor.

Concomitantemente se reconhecem as injustiças sociais que a falta de saneamento básico causa na vida de milhares de pessoas, no Brasil e no mundo, sendo responsável por muitas mortes e internações hospitalares, sobretudo de crianças, o que compromete o futuro da humanidade e o orçamento estatal, em sociedades que avançam com medo, sob riscos e com tecnologia.

A ANA quando assume sua veste de Estado Regulador diante do saneamento básico despe-se ao mesmo tempo de mero agente normativo, fiscalizador e controlador de uma dada atividade econômica passada das mãos do Estado à exploração do particular que tem à sua disposição a livre concorrência para frear os abusos do poder econômico.

A atividade econômica do saneamento básico não tem concorrentes no seu dia a dia, porque atividade monopolista natural, e está inserido no contexto dos direitos fundamentais vitais e existenciais.

A concorrência que se faz no procedimento licitatório deve ser mais ampla e garantir que não haja dominação no setor. O contrato que ali se estabelece deve ser mais controlado em prol dos direitos fundamentais que a atividade toca.

A ética do resultado, própria da análise econômica do Direito, tão estudada na doutrina, utilizada na jurisprudência e na aplicação do Direito de um modo geral, sendo preconizada na Lei de Introdução às Normas do Direito Brasileiro como consequencialismo, não pode substituir a ética do fundamento prevista na Constituição da República, ou seja, a dignidade da pessoa humana, que constitui um dos fundamentos do Estado Democrático de Direito Brasileiro.

Uma opção interpretativa nesse sentido assume o mesmo dilema sobre os erros dos paradigmas do direito liberal e do Estado Social, pois ambos entendem a constituição jurídica da liberdade como distribuição e a equiparam ao modelo a repartição igual de bens adquiridos ou recebidos, quando na verdade a questão não gira em torno de bens, mas de direitos, nomeadamente da garantia da liberdade e da dignidade humana que são privadas quando se retira ou impede as condições institucionais necessárias ao desenvolvimento e ao exercício das capacidades individuais, da comunicação e da cooperação coletiva.

Por seu turno, o agente regulador tem uma responsabilidade maior para com esses direitos fundamentais e, portanto, com o contrato que também se estabelece entre o prestador do serviço e o consumidor.

No entanto, foram observadas as falhas do agente regulador determinadas pela expertise do regulado, pela assimetria informacional entre ambos, pela captura das agências reguladoras.

Nesse gap se alimentaram diversas privatizações que voltaram às mãos do Estado depois de má prestação de serviços de saneamento básico, aumento tarifário, falta de investimentos no setor e uma população altamente insatisfeita e violada nos seus direitos fundamentais vitais e existenciais.

As falhas desse processo desde o seu nascimento conduzem não apenas à morte de pessoas e de seus diversos direitos fundamentais, mas também ao enfraquecimento da democracia e da autonomia e da emancipação do indivíduo.

Afastá-lo desse processo é, portanto, tornar o processo ilegítimo desde sua origem, pois diz respeito antes de tudo aos direitos fundamentais dos indivíduos, cuja titularidade não se substitui, como fica evidenciado, pela democracia representativa.

A sustentabilidade econômica, social e ambiental do saneamento básico depende sim de um Estado Regulador e até facilitador, mas tem como suporte econômico-financeiro o pagamento das tarifas por parte do destinatário final do bem e do serviço, o consumidor.

Nesse diapasão, o consumidor se apresenta como pessoa central nesse processo. Uma vez que paga as tarifas, têm direitos correlatos, não apenas em relação à prestação do bem e do serviço em si, que lhe devem garantir acessibilidade física e financeira, qualidade, quantidade, eficiência, cortesia, segurança, regularidade, continuidade, como todo serviço público e essencial, mas todos os direitos que estão representados pela tarifa.

Na tarifa estão os custos e despesas do fornecimento, os investimentos também para a universalização e o lucro. Tudo deve ser controlado como prestação de contas e o lucro porque não se pode aceitar o enriquecimento desmedido pelo particular, embora seja esse o fito de uma atividade empresarial, diante de um bem e serviço vitais e existenciais que colocam em risco direitos fundamentais sem os quais não há pessoa.

O contrato deve se importar não apenas com a prestação e contraprestação obrigacionais, nucleares, mas também e principalmente com os impactos ambientais, sociais e com a promoção da cidadania como essencial ao Estado Democrático de Direito.

Nisso, embora se diga desde o modelo liberal que o contrato opera efeitos relativos – *interpartae* –, não beneficiando nem prejudicando terceiros, ele tem repercussões para além das partes, formando uma rede solidária entre as pessoas.

No que tange aos contratos específicos de saneamento básico, há em destaque o compromisso legal da universalização, ou seja, com a erradicação da pobreza e a redução das desigualdades sociais e regionais.

Bem como o compromisso com o meio ambiente, que atinge diretamente a vida de todos, no que se refere à produção do lixo, ao esgotamento sanitário, ao mau uso da água com o risco de perdas e escassez. O meio ambiente sofre impactos de todas as atividades econômicas. A responsabilidade sobre ele é de todos e, portanto, se insere na função social do contrato porque atinge a dignidade de cada um.

A justiça do contrato de fornecimento do bem e serviço essenciais em questão precisa ser redobrada no ambiente das populações menos favorecidas, de modo a impedir discriminação que pode ter como última consequência a morte dessas pessoa sou o adoecimento das mesmas por falta ou deficiência do bem e serviço de água e esgoto.

Porque na tarifa estão contidos todos os direitos fundamentais vitais e existenciais, não só do pagador, consumidor, mas de toda a coletividade (vida, moradia, saúde pública, meio ambiente, universalização do saneamento básico), a participação popular é medida de justiça nessa equação.

A participação popular no processo tarifário do saneamento básico, então, visa a promover a autonomia privada e pública do indivíduo, a que a teoria de Habermas se refere, como necessária à emancipação e ao processo democrático.

A ideia preconcebida do Direito fixada na atividade do Estado não é mais suficiente para solucionar problemas da sociedade de riscos que ultrapassam as capacidades analíticas e de prognose dos especialistas e a capacidade de elaboração, vontade de ação e velocidade de reação da administração encarregada de prevenir os riscos.

A soberania popular com seus direitos fundamentais se fazendo ouvir e valer no Estado de Direito Democrático para fins de legitimação das normas jurídicas.

Para tanto a esfera pública é o ambiente onde todas essas questões serão colocadas e debatidas entre os concernidos e onde se é possível chegar a um consenso.

Sendo a formação política da opinião e da vontade das pessoas privadas constituidora do *médium* através do qual a sociedade se estabelece como um todo estruturado politicamente, sendo democracia sinônimo de auto-organização política da sociedade.

Dentro de um agir comunicativo, não estratégico em que cada um pensa, coloca e age conforme seus interesses únicos e egoísticos e para o que é desnecessário o discurso.

Não se propõe, dentro da teoria habermasiana, um conteúdo de justiça, mas um procedimento através do qual a justiça possa ser alcançada, em esfera pública em que os concernidos por meio comunicacional conduzam seus direitos fundamentais à valoração, de modo a produzirem a partir daí as normas jurídicas das quais serão destinatários.

A legitimidade das normas jurídicas nasce desse procedimento comunicativo, da Ética do Discurso, em que os concernidos todos façam igualmente parte. O uso de procedimentos discursivos cria uma espécie de círculo virtuoso, na medida em que os participantes se tornam socializados para assumir a responsabilidade por tomada de decisão coletiva e pensando mais claramente sobre os seus próprios e os interesses de outras pessoas.

Assim, avança-se na teoria habermasiana para uma propositura para alcançar o discurso prático, em que os todos os participantes tenham voz, sejam ouvidos de acordo com a relevância ali estabelecida e sejam tomadas escolhas e decisões sem coação.

Consubstancia-se o princípio universal, segundo o qual toda norma válida que vai geral efeito universal para todos os indivíduos seja aceita sem coação por todos os concernidos.

Os compromissos exigidos para o discurso prático surgem de um compromisso de boa-fé com o debate honesto. E uma vez que as partes se comprometam a debater um com o outro não estrategicamente, eles embarcam num curso que exige que todas as partes afetadas deliberem juntas em uma conversa fundamentada que visa a um acordo fundamentado.

Este requisito emana dos requisitos da razão e dos requisitos cognitivos da linguagem. A decisão de comunicar carrega quatro premissas implícitas que qualquer pessoa que honestamente busca se comunicar pressupõe: que o enunciado é compreensível; que o enunciado é verdadeiro; que o falante é sincero, e que o enunciado é o certo para a situação. Em outras palavras, que o falante não está tentando confundir o ouvinte, e que o falante acredita sinceramente que o que ele disse é relevante e capaz de ser entendido.

Desse agir comunicativo se extrai a opinião pública qualificada, porque oriunda de um procedimento discursivo qualificado. Assim pode exercer influência sobre o sistema político.

De modo a que se unam autonomia privada e autonomia pública, uma com e para com a outra, pois conglobam o liberalismo e o republicanismo, ou seja, a proteção dos direitos humanos contra quaisquer opressões e o composto social que remete ao Estado.

Nesse sentido se manifesta o princípio da soberania popular, no direito à comunicação e participação, dentro do procedimento discursivo acima descrito.

A teoria discursiva torna as normas jurídicas racionalmente aceitáveis, legítimas, e não mais objetos de coerção, o que garante apenas um nível médio de aceitação do Direito.

Uma norma construída a partir dos direitos de comunicação, da esfera pública, visando não somente a sua legitimação, mas também a sua estabilidade como consequência daquela.

Para o caso do saneamento básico, propomos a criação de um Comitê de Consumidores ou de Usuários do Saneamento Básico e por meio colegiado efetivamente participantes desse processo tarifário, não corroborando ou assinando abaixo do que já vem pronto, mas com voz ativa, votante, como eleitor desse processo, que tem o direito e o dever de direcionar os caminhos da sociedade em que se está inserido. Considerando, sobretudo as peculiaridades regionais e sociais e com vistas à universalização do serviço.

Esse Comitê participaria do processo tarifário como medida de verificar os custos, as despesas, os investimentos, os subsídios, o cumprimento da prestação adequada do bem e do serviço, a responsabilidade ambiental, o lucro, a universalização e à observância das necessidades decorrentes das desigualdades regionais e sociais.

A meta da universalização, que visa conferir dignidade à pessoa humana traz um compromisso de solidariedade, fonte da integração social na perspectiva republicana, haja vista que nem todos podem pagar as mesmas tarifas. Ao mesmo tempo, a tarifa tem que ser, nos termos do Marco Regulatório, módica para todos, de modo que o direito ao saneamento básico seja de todos.

É mister que o consumidor participe efetivamente do processo, não só ao nível do esclarecimento receptivo, mas da intervenção que se faça necessária para os objetivos do alcance da cidadania preconizada no Estado Democrático de Direito.

Nesse diapasão, a experiência própria da proteção do direito passa a ser um processo político, na medida em que o seu titular participa da construção e articulação dos interesses sociais.

Um Comitê do qual todos os afetados com o saneamento básico e a falta dele participariam – participação popular – mas que o pagamento da tarifa é o principal instrumento para dar acesso a todos a esse direito e os direitos fundamentais que dele decorrem.

Assim, a esfera pública constitui o âmbito onde os problemas transparecem na pressão social exercida pelo sofrimento que se reflete no espelho de experiências pessoais de vida.

Convertendo a reivindicação do direito ao saneamento básico e dos direitos fundamentais nele concernentes a uma preocupação central e a um discurso que interessa a todos.

Uma participação que é de interesse de todos e que deve reunir todos os concernidos, mesmo para prospecções, haja vista o cenário que já se apresenta de escassez hídrica, poluição, crescimento populacional e perdas d'água.

Porquanto, uma sociedade justa implica a promessa de emancipação e de dignidade humana, e a de que a distribuição simétrica dos direitos (não bens) resulta do reconhecimento de todos como membros livres e iguais.

A contrário sensu, a injustiça significa primariamente a limitação da liberdade e atentado à dignidade humana. Ela pode se manifestar através de um prejuízo que priva os oprimidos e submetidos daquilo que os capacita a exercer sua autonomia privada e pública.

Portanto, o conceito de justiça passa pela teoria discursiva como garantia às autonomias privada e pública das pessoas a fim de alcançar a dignidade humana.

A participação popular no processo tarifário representa um desafio direto à circulação e a acumulação de capital, que atualmente dita quais transformações ocorrem.

Destarte, a presente tese promove uma releitura ou uma (re)interpretação do Direito ao Saneamento Básico a partir da Teoria Discursiva do filósofo Habermas no intuito de aprimorar as normas jurídicas, torná-las legítimas e estáveis aos seus destinatários, porquanto autores, garantir os direitos fundamentais nele concernentes, tornar os indivíduos autônomos (privada e pública) e emancipados com vistas ao exercício democrático duradouro e à dignidade humana, fundamento da República.

REFERÊNCIAS

AGÊNCIA NACIONAL DE ÁGUAS E SANEAMENTO BÁSICO. *Atlas Esgotos revela mais de 110 mil km de rios com comprometimento da qualidade da água por carga orgânica.* Publicado em 25 de Setembro de 2017. Disponível em: https://www.ana.gov.br/noticias/atlas-esgotos-revela-mais-de-110-mil-km-de-rios-com-comprometimento-da-qualidade-da-agua-por-carga-organica. Dados de 03/11/2017.

AGÊNCIA NACIONAL DE ÁGUAS E SANEAMENTO BÁSICO. *Conjuntura dos Recursos Hídricos no Brasil.* Brasília. 2012.

ALARCÃO, Rui de. *Breve Motivação do Anteprojecto de Negócio Jurídico. In* Boletim do Ministério da Justiça, nº 138, nº9.

ALMEIDA COSTA. *Direito das Obrigações.* 11ª edição revista e atualizada. Coimbra: Almedina, 2002.

ALMENO DE SÁ. *Cláusulas Contratuais Gerais e Directiva sobre Cláusulas Abusivas.* Coimbra: Almedina, 2005.

AMARAL, Francisco. *Direito Civil – Introdução.* Renovar: Rio de Janeiro, 2006.

ANTUNES VARELLA. *Direito do Consumo. In* Estudos de Direito do Consumidor, nº 1, Almedina: Coimbra, 1999.

ARAÚJO FILHO, Valdemar Ferreira de Araújo Filho. *O Quadro Institucional do Setor de Saneamento Básico e a Estratégia Operacional do PAC: Possíveis Impactos sobre o Perfil dos Investimentos e Redução do Déficit. In* Repositório IPEA, 01 de Dezembro de 2008, p. 61-62. Disponível em: https://repositorio.ipea.gov.br/bitstream/11058/5521/1/BRU_n1_quadro_institucional.pdf

BANNWART JÚNIOR, Clodomiro José e CACHICHI, Rogério Cangussu Dantas. *Sociologia Jurídica de acordo com a Resolução 75/2009 do CNJ indicado para concursos de Magistratura, Ministério Público e Defensoria Pública.* Belo Horizonte: Arroes Editores, 2015.

BAUMAN, Zygmunt. *Vida para Consumo – A Transformação das Pessoas em Mercadoria.* Rio de Janeiro: Zahar, 2007.

BARROSO, Luís Roberto. *Curso de Direito Constitucional Contemporâneo. Os conceitos fundamentais e a construção do novo modelo.* São Paulo: Saraiva, 2009.

BARROSO, Luís Roberto. *Interpretação e aplicação da Constituição: fundamentos de uma dogmática constitucional transformadora.* São Paulo: Saraiva, 1999.

BECK, U. *A reinvenção da política: rumo a uma teoria da modernização reflexiva. In*: BECK, U.; GIDDENS, A.; Lash, S. (orgs). Modernização reflexiva. São Paulo: Editora da Unesp, 1997.

Beck, Ulrich. *Qué es la globalización? Falacias del globalismo, respuestas a La globalización.* Barcelona: Paidós, 1998.

Bobbio, Norberto. *O futuro da democracia; uma defesa das regras do jogo.* Tradução de Marco Aurélio Nogueira. São Paulo: Editora Paz e Terra, 1997.

Bonavides, Paulo. *Do Estado Liberal ao Estado Social.* Saraiva: São Paulo, 1961.

BRASIL. Ministério da Saúde. O que é a Covid-19? Publicado em 08/04/2021. Disponível em: https://www.gov.br/saude/pt-br/coronavirus/o-que-e-o-coronavirus

Cabral Barreto, Irineu. *A Convenção Europeia dos Direitos do Homem anotada.* 3. ed. Coimbra: Coimbra Editora, 2005.

Calvão da Silva, José. *Compra e Venda de Coisas Defeituosas (Conformidade e Segurança),* 5ª edição. Coimbra: Almedina, 2008.

Câmara, Jacintho Arruda. *Tarifa nas Concessões.* São Paulo: Melhoramentos, 2009.

Campos, Diogo Leite de. *NÓS – Estudos sobre o Direito das Pessoas.* Coimbra: Almedina. 2004.

Canaris, Claus-Wilhelm. *Direitos Fundamentais e Direito Privado.* Trad. Ingo Wolfgang Sarlet e Paulo Mota Pinto. Coimbra: Editora Almedina, 2008.

Canotilho, José Joaquim Gomes. *Direito Constitucional e Teoria da Constituição.* Coimbra: Almedina, 1998.

Canotilho, J.J. Gomes. *A Governance do Terceiro Capitalismo e a Constituição Social (Considerações Preambulares). In* Entre Discursos e Culturas Jurídicas. Coimbra: Boletim da Faculdade de Direito da Universidade de Coimbra, 2006.

Carvalho, José Murilo de. *Cidadania no Brasil. O longo Caminho.* 3ª ed. Rio de Janeiro: Civilização Brasileira, 2002.

Carvalho Filho, José Santos. *Manual de Direito Administrativo.* Rio de Janeiro: Lumen Juris, 2007.

Castro y Bravo, Frederico de. *El Negocio Juridico.* Civilitas: Madrid, 1985, p. 27, *apud* Custódio da Piedade Ubaldino Miranda. *Interpretação e Integração dos Negócios Jurídicos.* RT: São Paulo, 1989.

Cocolo, Ana Cristina e Sudré, Lu. *Água é recurso cada vez mais escasso no mundo. In* Entre Teses. São Paulo (e o mundo) pede água. São Paulo: Revista UNIFESP. Nº 4, Junho 2015, p. 23). Disponível em: https://www.unifesp.br/reitoria/dci/edicoes-anteriores-entreteses/item/1759-revista-entreteses-ed-04.

Conceição, Maria Collares Felipe da *et all.* O Direito Ambiental: Desafios e Soluções. Rio de Janeiro: Móbile, 2011.

Costa, André Monteiro *et all. Impactos na saúde e no Sistema Único de Saúde decorrentes de agravos relacionados a um saneamento ambiental inadequado. In* Caderno de Pesquisa em Engenharia de Saúde Pública. Brasília:FUNASA, 2004.

Cruz, Karlos Arcanjo da e Ramos, Francisco de Souza. Evidências de Subsídio Cruzado no Setor de Saneamento Básico Nacional e suas conseqüências. Nova Economia 26 (2)-My-Aug 2016. Disponível em: https://www.scielo.br/j/neco/a/vstH66FQ8mRGV8NLznjSyjB/# . Capturado em Março de 2023.

EUROPEAN ENVIRONMENT AGENCY. *Alterações climáticas e água – Oceanos mais quentes, inundações e secas.* Disponível em: Alterações climáticas e água – Oceanos mais quentes, inundações e secas – Agência Europeia do Ambiente (europa.eu).

Ferreira de Almeira, Carlos. *Os Direitos dos Consumidores.* Coimbra: Almedina, 1982.

Ferrer Correia, A. *Erro e Interpretação na Teoria do Negócio Jurídico.* Almedina: Coimbra, 2001.

Funasa. *Manual de Saneamento.* Coord. Patrícia Valéria Vaz Areal e Filomena

Kotaka Brasília: Ministério da Saúde, 2015, p. 78. Disponível em Manual de Saneamento (funasa.gov.br).

GALVÃO TELLES, Inocêncio. *Manual dos Contratos em Geral.* Coimbra, 2002.

GIDDENS, Anthony. *A Política da Mudança Climática.* Trad. Vera Ribeiro. Zahar, 2009.

GOMES, Fabio Luiz. *Política Energética na Comunidade Europeia. In* Estudos Multidisciplinares sobre Integração. Org. Fabio Luiz Gomes. Rio de Janeiro: Lumen Iuris, 2004.

GOMES, Fabio Luiz. *Tributação no Saneamento Básico após a Privatização. In* Seminário sobre Análise Econômica do Direito. Direito, Instituições e Regulação. Rio de Janeiro: Universidade Federal do Rio de Janeiro, 13 de Setembro de 2019.

GOUVEIA, Rodrigo. *Serviço de Interesse Geral em Portugal.* CEDIPRE. Direito e Regulação 2. Coimbra Editora, 2001, p. 25.

GRAU, Eros. *A Ordem Econômica na Constituição de 1988.* 17. ed., São Paulo: Editora Malheiros, 2015.

GROSSEN, J. M. *Introduction Générale. In Les Conditions Générales de Contrat, Actes du 8º Colloque de Droit Européen,* Strasbourg, 1979.

HABERMAS, Jürgen. *A Crise de Legitimação no Capitalismo Tardio.* Trad.Vamireh Chacon. Rio de Janeiro: Edições Tempo Brasileiro, 2002.

HABERMAS, Jürgen. *A Inclusão do Outro – Estudos de Teoria Política.* Trad. George Sperber e Paulo Astor Soethe. São Paulo: Edições Loyola, 1997.

HABERMAS, Jürgen. *Consciência Moral e Agir Comunicativo.* Trad. Guido A. de Almeida. Rio de Janeiro: Tempo Brasileiro. 1989.

HABERMAS, Jürgen. *Direito e Democracia: entre faticidade e validade.* V.II. Trad. Flávio Beno Siebeneichler. Rio de Janeiro: Tempo Brasileiro, 1997.

HABERMAS, Jürgen. *Técnica e Ciência como Ideologia.* Trad. Artur Morão. Suhrkamp Verlag: Frankfurt am Main, 1968.

HANSEN, Gilvan. *O Direito enquanto instância de confluência das tensões entre empresa e sociedade. In* História e Direito – Instituições Políticas, Poder e Justiça. Org. CAMPOS, Adriana Pereira; NEVES, Edson Alvisi e HANSEN, Gilvan Luiz. Vitória: GM Editora, 2012.

HARVEY, David. *Justicia, Naturaleza y la Geografía de la Diferencia.* Trad. Jose María Amoroto. Ecuador: Instituto de Altos Estudios Nacionales, 2018.

HELLER, Léo *et all. A busca pela universalização do acesso. In* Saneamento e Saúde: Saneamento: entre os direitos humanos, a justiça ambiental e a promoção da saúde. Org. Guilherme Franco Netto, Juliana Wotzasek Rulli Villardi e Virginia Maria Leite de Almeida. Fundação Oswaldo Cruz, Ministério da Saúde, 2018, p. 29. Disponível em https://portal.fiocruz.br/sites/portal.fiocruz.br/files/documentos/06_saneamento.pdf.

INSTITUTO TRATA BRASIL. *O Saneamento e a Vida da Mulher Brasileira.* Relatório do Instituto Trata Brasil, em parceria com a BRK Ambiental. Disponível em:brk-ambiental-presents_women-and-sanitation_PT.pdf (tratabrasil.org.br).

JADE, Líria. *Onde está a água do Brasil? In* 8ºForum Mundial da Água. Brasília, 2018. Disponível em: https://www.ebc.com.br/especiais-agua/agua-no brasil/#:~:text=De%20acordo%20com%20dados%20do,Roraima%2C%20Par%C3%A1%20e%20Mato%20Grosso.

JUNTOS PELA ÁGUA. *Do PLANASA ao PLANSAB. In* Juntos pela Água. Disponível em https://www.juntospelaagua.com.br/saneamento-no-brasil/

KANT, Emmanuel. *Fundamentação da Metafísica dos Costumes.* Trad. Paulo Quintela. *In:* Os Pensadores: Kant (II). São Paulo: Abril Cultural, 1980.

KANT, Immanuel. *Resposta à Pergunta: Que é «Esclarecimento»? In* Immanuel Kant. Textos Seletos. Trad. Floriano de Sousa Fernandes. Petrópolis: Vozes, 1985.

KELMAN, Jerson. *Constituição e monopólio natural – STF decidirá se transportar gás liquefeito ou comprimido por caminhão é uma maneira de explorar o serviço de gás canalizado. In* Brasil Energia, de 26/9/2020.

KISHIMOTO, Satoko e PETITJEAN, Olivier. *Reconquistar os Serviços Públicos. Como estão as cidades e os cidadãos a reverter as privatizações?* Informação à Comunicação Social – Junho de 2017. TNI, ESPU e PSI. Disponível em: rps_pt_rgb (tni.org).

KOTTOW, MH. *Comentários sobre bioética, vulnerabilidade e proteção. In:* Garrafa V, Pessini L, organizadores. Bioética: poder e injustiça. São Paulo: Loyola; 2003.

MACKLIN R. *Bioética, vulnerabilidade e proteção. In:* Garrafa V, Pessini L, organizadores,Bioética: poder e injustiça. São Paulo: Loyola; 2003, p. 59, *apud* SANCHES, Mario Antonio; MANNES, Mariel; CUNHA, Thiago Rocha Da. *Vulnerabilidade moral: leitura das exclusões no contexto da bioética. In:* Revista Bioética. vol.26 nº.1, Brasília, Jan./Mar. 2018.

MANNES, Mariel; CUNHA, Thiago Rocha Da. *Vulnerabilidade moral: leitura das exclusões no contexto da bioética. In:* Revista Bioética. vol. 26 nº.1, Brasília, Jan./Mar. 2018.

MARQUES, Cláudia Lima; BENJAMIN, Antônio Herman V. e MIRAGEM, Bruno. *Comentários ao Código de Defesa do Consumidor.*São Paulo: RT, 2005.

MARSHALL, T. H. *Cidadania, Classe Social e Status.* Trad. Metox Porto Gadelha, Rio de Janeiro: Zahar Editores.

MARTINS, Raildy. *As ações de saneamento no âmbito do PAC. In* Programa de Acesso aos Recursos de Saneamento. Fundação Escola Nacional de Administração Pública. Brasília, 2015. Disponível em: https://repositorio.enap.gov.br/bitstream/1/2315/1/Modulo%201%20-%20As%20a%C3%A7%C3%B5es%20de%20Saneamento%20no%20%C3%A2mbito%20do%20PAC.pdf

MEDEIROS, Júlio César. *Os Desafios das Alterações Climáticas para o Mundo.* 2017. Disponível em: Prof. Júlio César Medeiros (uff.br).

MELLO, Celso Antônio Bandeira de. *Curso de Direito Administrativo.* São Paulo : Malheiros, 2000.

MENEZES CORDEIRO, António. *Tratado de Direito Civil Português. I-Parte Geral. Tomo I.* Almedina: Coimbra, 2005

MERÊA, Paulo. *Evolução dos Regimes Matrimoniais I. Parte Geral.* Imprensa da Universidade de Coimbra, 1913. VII *apud* António dos SANTOS JUSTO. *Vontade e Negócio Jurídico no Direito Romano. Breve Referência ao Direito Português. In* Comemorações dos 35 Anos do Código Civil e dos 25 Anos da Reforma de 1977. V.III. Direito das Obrigações. Coimbra, 2007.

MONTEIRO, António Pinto. *O Novo Regime dos Contratos de Adesão. In* Revista da Ordem dos Advogados, Ano 62, Janeiro, 2002.

MONTEIRO, Engenheiro José Roberto do Rego. *Plano Nacional de Saneamento – PLANASA – Análise de Desempenho.* Novembro de 1993. Disponível em: http://docplayer.com.br/11187037-Plano-nacional-de-saneamento.html.

MORAIS, Fabíola Vianna. *A disciplina dos contratos de adesão no Código Civil brasileiro. In* Mitteilungen der Deutsch-Brasilianischen-Juristenvereinigung, Heft 1/2009. Frankfurt: DBJV, 2009.

MOTA PINTO, Carlos Alberto da. *Teoria Geral do Direito Civil*. Coimbra, 1999.

MOTA PINTO, Paulo. *Interesse Contratual Negativo e Interesse Contratual Positivo*. Coimbra, 2008, v. I e II.

NUNES, Rizzatto. *Comentários ao Código de Defesa do Consumidor*. São Paulo: RT, 2015.

OLIVEIRA, Aline Albuquerque S. de e CARREIRO, Natália Maria Soares. *Interconexão entre Direito e bioética à luz das dimensões teórica, institucional e normativa*. *In* Revista Bioética 21 (1), 2013.

OLIVEIRA ASCENSÃO, José de Oliveira. *Cláusulas Contratuais Gerais, Cláusulas Abusivas e o Novo Código Civil*. Revista da Faculdade de Direito da Universidade Federal do Paraná: Paraná, 2003.

—.*Direito Europeu do Consumidor e Direito Brasileiro*. *In* Revista Trimestral de Direito Civil, Ano 8, Volume 32. Padma. Out/Dez 2007.

ORGANIZAÇÃO DAS NAÇÕES UNIDAS. Agência para Refugiados. *Entenda os principais desafios das pessoas refugiadas no Brasil*. 18 de Novembro de 2021. Disponível em: Entenda os principais desafios das pessoas refugiadas no Brasil - UNHCR ACNUR Brasil.

ORGANIZAÇÃO DAS NAÇÕES UNIDAS. Painel Intergovernamental sobre Mudanças Climáticas. *Mudanças Climáticas 2022: Impactos, Adaptação e Vulnerabilidade*. Contribuição do Grupo de Trabalho II para o Sexto Relatório de Avaliação do IPCC. Disponível em AR6 Climate Change 2022: Impactos, Adaptação e Vulnerabilidade - IPCC.

ORGANIZAÇÃO DAS NAÇÕES UNIDAS PARA A ALIMENTAÇÃO E A AGRICULTURA. *Como superar os desafios relacionados à água na agricultura*. De 26/11/2020. Disponível em: https://www.fao.org/brasil/noticias/detail-events/pt/c/1333398/

ORGANIZAÇÃO MUNDIAL DA SAÚDE. *Guías para el saneamiento y la salud.[Guidelines on sanitation and health]*.OMS: Suíça, 2019.

PÊGAS, Paulo Henrique. *Manual de Contabilidade Tributária*. São Paulo: Atlas, 2022.

PIAGET, Jean. *The epistemology of interdisciplinary relationship*. *In*: CERI (Org.). Interdisciplinarity: problems of teaching and research in universities. Paris: OECD, 1972.

PINTO, Carlos Alberto Mota. *Teoria Geral do Direito Civil*. Coimbra: Almedina, 1999.

PORTAL SANEAMENTO BÁSICO. *Esquistossomose é considerada doença endêmica no Brasil*. Disponível em: https://www.saneamentobasico.com.br/esquistossomose-doenca-brasil/Dado de 20/2/2020.

PNUD. Relatório do Desenvolvimento Humano 2006 – *A água para lá da escassez: poder, pobreza e a crise mundial da água*. New York: PNUD, 2006).

PRATA, Ana. *A Tutela Constitucional da Autonomia Privada*. Almedina: Coimbra, 1982.

REALE, Miguel. *Filosofia do Direito*. São Paulo: Saraiva, 1986, p 60.

RANOUIL, Veronique. *L'autonomie de lavolonté. Naissance et évolution d'unconcept*. PUF:Paris, 1980.

ROCHA, Sandoval, *A Tragédia da Privatização do Saneamento Itu/São Paulo*.Amazonas Atual, 1 de Novembro de 2019. Disponível em: https://amazonasatual.com.br/a-tragedia-da-privatizacao-do-saneamento-itu-sao-paulo/.

ROPPO, Enzo. *Contratti Standard*. Milano: Giuffrè Editore, 1975º

ROSITO, Carlos Alberto. *Do PLANASA ao PLANSAB – Os últimos 50 anos da água e do esgoto no Brasil*. 10 de Junho de 2019. Disponível em: Do PLANASA ao PLANSAB – Os últimos 50 anos da água e do esgoto no Brasil | Saint-Gobain Canalização (sgpam.com.br).

SADDY, André. *Regulação Estatal, Autorregulação Privada e Códigos de Conduta e Boas Práticas.* Rio de Janeiro: CEEJ, 2020.

SAKER, João Paulo Pellegrini. *Serviços Públicos e Saneamento.* Porto Alegre: Sergio Antonio Fabris Editor, 2008, pp. 25 e 26.

SANCHES, MA, VIEIRA JO, MELO EA. *A dignidade do embrião humano: diálogo entre teologia e bioética.* São Paulo: Av/e Maria; 2012. p. 226, *apud* SANCHES, Mario Antonio; MANNES, Mariel; CUNHA, Thiago Rocha Da. *Vulnerabilidade moral: leitura das exclusões no contexto da bioética. In:* Revista Bioética, vol.26 nº.1, Brasília, Jan./Mar. 2018.

SANCHES, Mario Antonio; MANNES, Mariel; CUNHA, Thiago Rocha Da. *Vulnerabilidade moral: leitura das exclusões no contexto da bioética. In:* Revista Bioética. vol.26 nº.1, Brasília, Jan./Mar. 2018.

SANTOS JUSTO, António dos. Direito Privado Romano-III. Stvdia Ivridica 26. Boletim da Faculdade de Direito: Coimbra, 1997.

SARMENTO, Daniel. *Direitos Fundamentais e Relações Privadas,* Rio de Janeiro: Lumen Juris, 2004.

SAVIGNY, Friedrich Von *apud* Guido ALPA. *Corso di Sistemi Giuridici Comparati.* G.Giappichelli Editore: Torino, 1996.

SENA, Cristina. *Saúde Menstrual e Saneamento.* Instituto Água e Saneamento. 6 de Dezembro de 2021. Disponível em: https://www.aguaesaneamento.org.br/pobreza-menstrual-e-saneamento-basico/

SÉROUSSI, Roland. *Introdução ao Direito Inglês e Norte-Americano.* Landy: São Paulo, 2006.

SILVA, Cândido Francisco Duarte Santos E e MORAIS, Fabíola Vianna. *O serviço público essencial de fornecimento de água potável – Responsabilidade civil pela interrupção indevida.* No prelo.

SINGER, Paul. *Economia Política da Urbanização.* São Paulo: Editora Brasiliense.

SOUSA RIBEIRO, Joaquim de. *Cláusulas Contratuais Gerais e o Paradigma do Contrato. In* Separata do volume XXXV do Suplemento ao Boletim da Faculdade de Direito de Coimbra. Coimbra, 1990.

SOUSA RIBEIRO, Joaquim de. *O Problema do Contrato-As Cláusulas Contratuais Gerais e o Princípio da Liberdade Contratual.* Almedina: Coimbra, 2003.

STIGLER, George. *Law or Economics?* The Journal of Law and Economics, v. 35, n. 2.

TESAURO, Francesco. *Instituições de Direito Tributário.* São Paulo: Instituto Brasileiro de Direito Tributário, 2017.

THENEVARD, Lucas. *Análise Econômica do Direito na Jurisprudência do STJ.* FGV Direito Rio. 21 Janeiro 2021. Disponível em: Análise Econômica do Direito na Jurisprudência do STJ | Direito, Economia e Justiça (fgv.br). Acesso em Dezembro 2021.

TUROLLA, Frederico Araújo. *Provisão e Operação de Infraestrutura no Brasil: O Setor de Saneamento.* Dissertação apresentada ao curso de mestrado em Economia de Empresas da EAESPIFGV como requisito para obtenção do título de mestre em Economia. São Paulo, 1999. Disponível em https://bibliotecadigital.fgv.br/dspace/bitstream/handle/10438/5424/1199902570.pdf?sequence=1&isAllowed=y

VITAL MOREIRA. *Serviço Público e Concorrência.* A Regulação do Sector Eléctrico. Boletim da Faculdade de Direito da Universidade de Coimbra. Os Caminhos da Privatização da Administração Pública. STVDIA IVRIDICA 60 – COLLOQUIA-7, 2001.

Wald, Arnold. *Direito Civil. Direito das Obrigações e Teoria Geral dos Contratos.* São Paulo: Saraiva, 2010.

ZWEIGERT, K.&KÖTZ,H.*An Introduction to Comparative Law.* Third Edition. Translated by Tony Weir. Clarendon Press: Oxford, 1998.